A toda vela.
El viaje científico de los Estados Unidos:
U.S. Exploring Expedition (1838-1842)

Mary Anne Junqueira

A toda vela
El viaje científico de los Estados Unidos:
U.S. Exploring Expedition (1838-1842)

Argus-*a*
Artes & Humanidades
Arts & Humanities

*Buenos Aires, Argentina - Los Ángeles, USA*
*2021*

A toda vela. El viaje científico de los Estados Unidos:
U.S. Exploring Expedition (1838-1842)

Traducción al español de la versión original en portugués, realizada por Marisa Montrucchio:

Junqueira, Mary Anne. *Velas ao mar. U.S. Exploring Expedition (1838-1842). A viagem científica de circum-navegação dos norte-americanos.* São Paulo: Intermeios, 2015.

ISBN 978-1-944508-36-4

*Ilustración de tapa*: "Vincennes in Disappointment Bay, 1844" seleccionada por la autora del Dominio Público
*Diseño de tapa*: Argus-*a*.

© 2021 Mary Anne Junqueira y Marisa Montrucchio

All rights reserved. This book or any portion thereof may not be reproduced or used in any manner whatsoever without the express written permission of the publisher except for the use of brief quotations in a book review or scholarly journal.

**Editorial Argus-*a***
16944 Colchester Way,
Hacienda Heights, California 91745
U.S.A.

Calle 77 No. 1976 – Dto. C
1650 San Martín – Buenos Aires
ARGENTINA
argus.a.org@gmail.com

## ÍNDICE

Introducción .................................................. 1

**Parte I – En nombre de la ciencia.
Entendiendo a la U.S. Exploring Expedition** .......... 15

1. Por un lugar en el mundo:
   la U.S. Exploring Expedition
   entre otras expediciones científicas de la época ..... 17
2. Mapear el mundo otra vez: la cuestión
   de la longitud en altamar y la instauración
   de las coordenadas geográficas modernas ........... 33
3. Tensiones en la configuración del "saber local":
   mapeo náutico y ciencias naturales ................. 49

**Parte II – Cultura imperial: las Américas
en la narrativa de viaje de la U.S. Exploring
Expedition** .................................................. 89

4. Elementos para una discusión metodológica
   sobre los relatos de viaje ........................... 91
5. Sobre la construcción de la narrativa oficial
   de viaje de la U.S. Exploring Expedition .......... 105
6. En nombre de la raza anglosajona. Las Américas
   en la narrativa oficial de la U.S.
   Exploring Expedition ............................... 137
7. Una escuela en el mar: el viaje exploratorio
   y las expectativas de oficiales y marineros ....... 201

Consideraciones finales ................................. 241
Fuentes y Bibliografía .................................. 249
Lista de imágenes ....................................... 269
Lista de mapas .......................................... 275

## AGRADECIMIENTOS

El trabajo que el lector tiene en manos fue elaborado inicialmente como Tesis para el concurso de Libre Docencia en Historia de los Estados Unidos, en el Departamento de Historia de la USP (Universidad de São Paulo). Defendida en noviembre de 2012, la tesis fue el resultado de ocho años de investigación que demandaron dos períodos de larga estadía en Estados Unidos y una inmersión en el uni-verso marítimo del siglo XIX, con sus navíos, navegantes y proyectos de ultramar.

Durante el transcurso de la investigación, conté con muchos y definitivos apoyos.

Agradezco las inestimables contribuciones de la mesa evaluadora, compuesta por Janaína Amado, Leila Mezan Algranti, Lúcia Pascoal Guimarães, María Helena Capelato, profesora que despertó mi interés por la Historia y la Política cuando aún estaba en la graduación, y a María Ligia Coelho Prado, a quien le debo mis primeros años de formación como investigadora, además de la amistad y el cariño, que me permitieron llegar hasta este lugar académico.

Le agradezco a Barbara Weinstein por la oportunidad post-doctoral en la University of Maryland, USA, donde comenzó esta inves-tigación. Allí, tuve el cálido apoyo de las historiadoras Patricia Acerbi y Laura Lenci.

Al personal de Smithsoniana Institution (Natural History Library y American History Library), del Naval Historical Center, del National Archives I, de la Library of Congress, en Washington, y a Michael Lear de la Library Franklin and Marshall College, Lancaster, quienes amablemente me enviaron la documentación digitalizada.

A mis alumnos, fuente de inspiración y orgullo.

Al geógrafo Mateus de Almeida Sampaio, por el cuidado en la preparación de los mapas que forman parte de la obra.

Finalmente, agradezco el apoyo de FAPESP (Fundação de Amparo à Pesquisa do Estado de São Paulo) y de CNPQ (Conselho Nacional de Desenvolvimento Científico e Tecnológico) sin el cual este trabajo no habría sido posible.

## INTRODUCCIÓN

En agosto de 1838, soltó amarras del puerto de Norfolk, Virginia, Estados Unidos, la U.S. Exploring Expedition. Se trató de la primera expedición científica de circunnavegación llevada a cabo por la U.S. Navy, la Marina de Guerra, realizada en tiempos de paz.[1] El proyecto tuvo lugar exactamente 62 años después de la declaración de independencia de los Estados Unidos, cuando la joven República aún no había consolidado la organización del Estado Nacional y, dentro de un contexto en el cual la conquista territorial del país avanzaba a pasos agigantados: las fronteras, prácticamente, llegaban hasta las Montañas Rocosas, pero la intención de fondo que les motivaba era avanzar hacia el Pacífico.

Bajo el mando del joven y polémico capitán (*Lieutenant*) Charles Wilkes, de 42 años, la expedición incluía seis embarcaciones: las balandras de guerra (*sloop of war*) Vincennes y Peacock, el bergantín (*brig*) Porpoise, la nave de almacenamiento (*store ship*) Relief, y las gabarras (*tender*) Sea Gull y Flying Fish, todos cuidadosamente restaurados para recibir a los expedicionarios.

El comandante se hizo cargo personalmente de la nave principal del escuadrón, el Vincennes, mientras que los oficiales subalternos tomaron el mando de los demás navíos, siguiendo las órdenes de Wilkes. Embarcaron un total de 346 hombres, entre ellos: cuarenta oficiales, siete científicos, dos artistas, y los marineros. Esta tripulación superó ampliamente en número a las expediciones científicas europeas de circunnavegación, que generalmente partían con uno o dos veleros. La U.S. Exploring Expedition fue la primera empresa científica de circunnavegación de los Estados Unidos, interesada en alcanzar conocimientos sobre el planeta, incluyéndose regiones y países de las Américas.[2]

---

[1] La nave Vincennes, el mayor velero de la U. S. Exploring Expedition, ya había realizado una circunnavegación, pero sin los propósitos científicos de un viaje de estudios.

[2] La U. S. Navy realizó varios viajes científicos a América Latina durante el siglo XIX. En la primera mitad del siglo, los intereses se centraron en América del Sur, considerada todavía "desconocida"; en la segunda, los esfuerzos se concentraron en América

Capitán Charles Wilkes.³

El mapeo de ciertas costas, la ubicación de posibles puertos y la identificación de bajíos y demás accidentes acuáticos, con el objetivo de garantizar la seguridad de los buques comerciales y militares del país, fueron los trabajos de primer orden que la expedición declaró oficialmente. Desde principios de siglo, los balleneros de las islas y de la costa noreste del país presionaban al gobierno para que rehiciera las cartas náuticas existentes, debido a los constantes accidentes que sufrían los barcos cazadores de cetáceos, de los cuales extraían, además de otras sustancias, un lucrativo aceite utilizado para la iluminación urbana. También tenían objetivos vinculados al trabajo de los científicos, los civiles de la operación, dedicados a las ciencias naturales. Y, por último, el capitán del barco tenía como

---

Central, donde examinaron el sitio para planear la construcción del canal interoceánico. Junqueira 2007.
³ Wilkes v1 página de portada.

responsabilidad establecer relaciones diplomáticas, en nombre de su país, con culturas, naciones y países en los cuales no existían aún representaciones del gobierno estadounidense.

Los principales intereses de la exploración se concentraron en dos regiones del mundo en particular: en el aún desconocido Océano Pacífico y en la costa noroeste de América del Norte (California, por entonces provincia mexicana, y Oregón, región que se encontraba en disputa con México). A lo largo del presente libro veremos que la U. S. Exploring Expedition realizó un viaje científico-estratégico, así como lo fueron otras circunnavegaciones llevadas a cabo por los países europeos en la misma época. Una empresa de ese género y porte, normalmente, tenía otros objetivos además de los que eran declarados oficialmente.

Debidamente aprobados por el Congreso en 1836, los preparativos demoraron dos años, entre aparejar y equipar los barcos y planear eficientemente el curso de la navegación. Cuando el viaje llegó a su fin, en 1842, los hombres de la U. S. Exploring Expedition habían cartografiado más de 280 islas y diseñado alrededor de 180 cartas náuticas. Habían reunido miles de especímenes, los que, debidamente clasificados y agrupados de acuerdo con los criterios de las ciencias naturales de la época, dieron lugar al complejo de museos de Washington, el Smithsonian Institution, principalmente el Museo de Historia Natural y el Jardín Botánico, creados años después de la llegada de la expedición.

El material resultante de la expedición, es extraordinario. Además del número de especímenes recolectados y de los artefactos producidos por otras culturas que también reunieron, al final del viaje, Charles Wilkes y los científicos proporcionaron un informe de veintitrés volúmenes. Los primeros cinco volúmenes fueron dedicados a la narración del viaje en sí, en la cual el comandante describió los lugares visitados y el trabajo de los expedicionarios. Los otros dieciocho volúmenes son esencialmente científicos, dedicados a la clasificación de especímenes, la distribución de razas humanas en todo el mundo, la Meteorología y la Hidrografía, entre otros temas.

Los seis veleros de la expedición, anclados en Orange Harbour, Tierra del Fuego.[4]

La investigación que le dio origen a este libro se dedicó a utilizar y discutir la fuente "relato de viajes". Mi trabajo tuvo como eje central la narrativa de viaje de cinco de los volúmenes de la expedición, pero también utilicé los dieciocho volúmenes científicos. El total de veintitrés volúmenes (entre narrativa y científicos) constituyen el informe de viaje oficial de la expedición. No obstante, fueron analizados también los relatos de viaje de marineros y oficiales que embarcaron en la expedición, así como cartas, periódicos de la época y, principalmente, la autobiografía de Charles Wilkes, que me ayudó intensamente para comprender no sólo al viaje exploratorio, sino también y principalmente, la posible consciencia que se tenía sobre la propia época.

Los caminos de la investigación se concentraron en dos frentes principales: en el primero, me he dedicado a discutir los saberes que los cartógrafos y científicos militares querían aprender sobre el mundo, así como sus intentos de inserción en las redes transnacionales de conocí-

---

[4] Wilkes v1 124.

miento; en el segundo, he acompañado las impresiones e interpretaciones sobre las Américas construidas por Charles Wilkes, comandante de la expedición.

La periodización de la investigación se estableció entre 1838, cuando los barcos zarparon de la costa este de los Estados Unidos, y 1842, año en que anclaron de vuelta en aguas nacionales. Los años anteriores y posteriores al período mencionado fueron considerados en el análisis para permitir una buena comprensión de los objetivos del viaje y de la publicación del informe oficial de la expedición.

## La bibliografía sobre la expedición

Aunque estupendamente grandiosa, la expedición fue prácticamente relegada al olvido. Resulta posible comprobar este hecho cuando confirmamos que la experiencia de la circunnavegación cuenta con una ínfima historiografía. La ausencia puede resultar sorprendente a primera vista, siendo que buena parte de los estadounidenses suele explorar los grandes acontecimientos de su pasado, engrandeciéndolos y, al mismo tiempo, manteniendo encendidas las simbólicas llamas de la "excepcional narrativa de la nación".[5] Sin embargo, deberá considerarse que no es un trabajo sencillo estudiar los viajes de circunnavegación, y son muchas las razones que lo justifican, entre ellas, el hecho de que los expedicionarios permanecían poco tiempo en tierra, con lo cual la mayoría de los escritos eran básicamente descriptivos, más que analíticos. Además, el voluminoso material reunido en viajes científicos de tamaño porte, impone recortes necesarios para que puedan profundizarse ciertos temas, incidiendo en trabajos de carácter analítico que, a veces, no permiten comprender esas jornadas más ampliamente.

A pesar de que la U.S. Exploring Expedition haya sido una importante empresa gubernamental, no fue tratada como tal. En otras palabras, el viaje cayó en el olvido nacional, un abandono que llegó incluso a los círculos académicos. Actualmente, el libro más conocido sobre el tema es

---

[5] Junqueira 2001 111-119.

el del distinguido historiador estadounidense Nathaniel Philbrick, basado en investigaciones y dirigido al público en general.[6]

Uno de los objetivos de Philbrick era comprender por qué la expedición prácticamente desapareció de la memoria nacional. Le atribuyó las causas del olvido al conjunto de órdenes y contraórdenes del capitán Charles Wilkes, agregando que el temperamento inestable del comandante probablemente contribuyó negativamente para que tal omisión ocurriera. Cuando el viaje finalmente terminó, Charles Wilkes, en lugar de haber sido recibido con las esperadas glorias, fue conducido a los tribunales marciales, debido a las acusaciones emitidas por sus subordinados, en su mayoría oficiales, por abuso de poder durante esos cuatro años. En su trabajo, Philbrick también tuvo la intención de restituirle a los propios estadounidenses la grandeza del "primer viaje de descubrimiento del país".

Del mismo modo, aunque dirigido a un público mayor, se destaca el magistral libro publicado por la Smithsonian Institution, citado anteriormente, de los autores Herman Viola y Carolyn Margolis, *Magnificent Voyagers*.[7] El complejo museístico de la capital Washington, como fue mencionado, tuvo su origen garantizado gracias a las colecciones recogidas por la expedición. En 1985, en conmemoración del 75° aniversario del Museo de Historia Natural, el equipo de investigadores de la institución organizó una exposición para recuperar los logros del viaje exploratorio.[8] El libro de Viola y Margolis fue publicado como parte de las celebraciones promovidas por el museo.

La primera gran obra dedicada al viaje expedicionario, dentro del ámbito académico, fue la de William Stanton, *The Great United States Exploring Expedition*. El texto sobresale por la cantidad de detalles y de datos, destacándose especialmente los conocimientos que el investigador poseía sobre el tema. Stanton se propuso entender los objetivos que lleva-ron a las instituciones estadounidenses –el gobierno, el Congreso, las universidades, las instituciones científicas y la U. S. Navy– a empeñarse en un

---

[6] Philbrick 2003. Otros libros populares sobre la expedición fueron impresos en los Estados Unidos. Ver, por ejemplo, Jenkins.
[7] Viola y Margolis 1985.
[8] Viola y Margolis 1985.

proyecto oceánico de tamaña envergadura.[9] Los citados historiadores se depararon más con la grandiosidad de la empresa y con la osadía de Estados Unidos en promoverla, que en cuestionar a qué intereses sirvió la obra y cuáles fueron los propósitos de tal operación, en términos mundiales.[10] No obstante, destaco mi deuda con los tres trabajos citados, dado que mi investigación no habría sido posible sin las informaciones, los datos y las discusiones presentadas por Philbrick, Viola, Margolis y Stanton.

Bajo una perspectiva crítica vale citar la tesina de Roberta A. Sprague, donde la autora se dedicó a los intereses estadounidenses en el Pacífico, considerando que el escuadrón de Wilkes permaneció durante más de un año en ese océano –mapeando costas, reconociendo islas e identificando nativos–, antes de regresar a las márgenes estadounidenses. Sprague concluye que uno de los objetivos de la expedición fue plantar las banderas de los Estados Unidos en el Pacífico, al contemplarse que las descripciones y los datos obtenidos informaron sobre las posteriores decisiones que asumirían los estadounidenses en Hawái, en las islas Fiyi, en las islas Samoa, etc.[11]

Por su parte, la obra de Barry Alan Joyce, *The Shaping of American Ethnography. The Wilkes Exploring Expedition, 1838-1841,* se trata de un material más específico. Como bien lo señala el título, a la autora le interesaba investigar el trabajo de observación de los especialistas sobre la distribución de las "razas humanas" por diferentes partes del mundo con la consabida jerarquización existente entre ellas.[12] La expedición exploratoria catalogó datos referidos a las culturas nativas de diferentes regiones del mundo y, muchos de los científicos que embarcaban en aquellos navíos, sin lugar a dudas, construyeron sus carreras basándose en los materiales recolectados durante el viaje.

También tuvo un abordaje más centralizado la tesis de doctorado de Anita M. Hibler, intitulada *The publications of the Wilkes reports, 1842-*

---

[9] Stanton 1975.
[10] Para otros trabajos sobre viajes estadounidenses en el siglo XIX, ver: Harvey; Ziff.
[11] Sprague; Philbrick, ya citado, llega a las mismas conclusions.
[12] Joyce.

*1877*. Como lo señala en el libro, la autora recuperó las publicaciones de la narrativa de los viajes, su circulación y repercusión en los medios científicos. Dicha perspectiva permite que se consideren los saberes adquiridos sobre el mundo –consustanciados bajo la forma de textos, clasificaciones científicas, informaciones y datos seleccionados en los informes de viaje– que circularon por los Estados Unidos y, seguramente, también en las universidades de otros lugares del planeta.[13]

Algunos historiadores y estudiosos de otras áreas, incluso periodistas, han optado por dedicarse a este tipo de narrativa, tratando a los viajeros como si fueran los héroes de su tiempo, capaces de notables hazañas y engrandeciendo al país que financió tal proeza. Los viajes de circunnavegación son un tema que permite este tipo de lecturas: eran grandiosos e innegablemente espectaculares para la época. Algunos reivindicaron para sus respectivos países ciertos descubrimientos, arrastrando hasta el presente las rivalidades de antaño, si bien que algunas resisten hasta el presente, como lo son las disputas entre Inglaterra y Francia.[14]

Un buen ejemplo de lo antedicho es el libro de Jacques Brosse que, aunque se refiera en general a la circunnavegación de algunas naciones, no ocultó su predilección por los viajes franceses.[15] Por su parte, el inglés Derek Wilson, un apasionado por los viajes de su país, afirma que el explorador, también inglés, James Clark Ross, aún durante el siglo XIX, logró optimizar las cartas náuticas del comandante de la U.S. Exploring Expedition, Charles Wilkes, famoso por su precisión y su método.[16] Brosse y Derek publicaron libros de divulgación donde narraron los viajes de circunnavegación de la época y cargaron las tintas al referirse a sus propios países, respectivamente, Francia e Inglaterra. Ambos no mencionan, a modo de muestra de uno de los vacíos de estos trabajos, el viaje español de Alejandro Malaspina hacia fines del siglo XVIII. Brosse des-

---

[13] Hibler.
[14] Wilson.
[15] Brosse 1983.
[16] Wilson.

cribe los viajes de circunnavegación de los rusos, Derek los cita brevemente, sin embargo, cada uno de ellos enfatiza más las proezas de sus propios países.

## El abordaje teórico-metodológico

La narrativa de viaje de cinco volúmenes de la expedición es el documento principal de esta investigación, tal como ya fue mencionado. En primer lugar, porque se trata de un documento oficial –además de los dieciocho tomos científicos– de la U.S. Exploring Expedition; en segundo, porque en esos cinco volúmenes, además de informar al lector sobre la expedición científica, el comandante describió e interpretó a las sociedades por donde pasó –y para mis objetivos de investigación en este trabajo, importan mucho los países y regiones de América que fueron estudiados–; en tercer lugar porque esos dieciocho volúmenes, rápida-mente circularon por las universidades europeas y latinoamericanas. Los dieciocho volúmenes fueron publicados gradualmente y a lo largo de los años, según el ritmo de lectura y escritura de los científicos que prepararon el estimulante material recogido.

En las últimas décadas, los relatos de viajes se han transformado en importantes fuentes de estudios para la Historia, la Crítica Literaria, la Antropología, la Geografía y demás áreas. Una discusión más detallada sobre las posibilidades y límites de este tipo de obras se llevará a cabo en el cuarto capítulo, donde analizaré algunas interpretaciones de especialistas en el tema, relacionándolas con los relatos de viajes que fueron analizados para el conjunto de la obra.

En su enfoque teórico, esta investigación se amparó en los estudios poscoloniales: un campo fructífero que reúne a intelectuales de-dicados a las cuestiones planteadas por la globalización, preocupados por cuestionar los discursos existentes sobre las relaciones entre el norte y el sur (categorías tales como: centro y periferia, modernidad y atraso, etc.), y sobre las formas de conocimiento que abarcan los textos y la oralidad. Dichos estudios han colaborado con la renovación de temas clásicos de la Historia, las Relaciones Internacionales y las Ciencias Sociales en general, incluyéndose el enfoque cultural otorgado a las dimensiones de la política y de la economía.

Dipesh Chakrabarty en *Provincializing Europe,* discute el hecho de que las categorías explicativas utilizadas por los historiadores europeos no funcionan para entender países como la India, por ejemplo. En tal sentido, rechaza la pretensión "universalista" del "historicismo" por parte de los intelectuales que analizaron el mundo a partir de categorías creadas en los países europeos, tales como las de clase social, campesinos, etc., consideradas como universales. Además, estos pensadores refutan los hitos históricos europeos (como, por ejemplo, la Revolución Francesa y el papel de la burguesía), a modo de marcos para la interpretación de otras sociedades que no se basaron en estos principios dentro de sus propios procesos históricos.[17]

Aunque las cuestiones planteadas por dichos autores sean de gran relevancia para este trabajo, es necesario verificar las posibilidades y límites de las propuestas que fueron presentadas. Barbara Weinstein señala los límites del ideario de Chakrabarty: la autora se pregunta si la deconstrucción "de la centralidad de Europa", que ha organizado durante tanto tiempo el conocimiento histórico, no habría sido el resultado de una insondable cantidad de "historias fragmentadas y desconectadas".[18]

Considerado el "manifiesto fundacional del campo", el libro de Edward Said *Orientalism*, publicado por primera vez en 1978, continúa siendo una referencia ineludible, por haberle abierto las puertas a una discusión que planteó de qué modo, el discurso europeo, básicamente el construido por los "orientalistas", creó un ideario sobre Oriente, constituyéndose en una autoridad sobre esa otra parte del mundo. Se instituyeron como criterios las desigualdades económicas (la economía como categoría de valoración) y la inferioridad discursiva relacionada a los orientales.[19] Lo que fue valorizado en este trabajo es la problemática colocada

---

[17] Chakrabarty.
[18] Weinstein.
[19] Said. Sobre la importancia del trabajo del autor dentro de los estudios poscoloniales, Williams y Chrisman 1994.

por el autor sobre los límites del conocimiento moderno. La cuestión interesa porque en la investigación considero a la *U.S. Exploring Expedition* una precursora en la constitución de un conjunto de conocimientos elaborados por el gobierno de los Estados Unidos sobre América Latina y otras regiones del mundo. Sin embargo, destaco que deben considerarse las condiciones políticas de los Estados Unidos en aquel momento a la hora de realizar interpretaciones: se trataba de una joven República que estaba movilizando sus fuerzas en el sentido de consolidar un Estado nacional y construir el mapa político del país. Además, la dimensión del cuerpo científico nacional era reducido, porque los campos del conocimiento estaban aún en formación. En otras palabras: el incipiente grupo de especialistas estadounidenses no tenía el mismo espacio ni el poder que tenían, en la misma época, los "orientalistas" europeos.

Aunque me dedicaré a discutir los límites y posibilidades de los relatos de viaje como fuente para el historiador –y para esta investigación– en el quinto capítulo, comentaré el trabajo de Mary Louise Pratt quien, así como Said, continúa siendo una auténtica referencia debido al vínculo que la autora estableció con los temas de los estudios poscoloniales y con los propósitos del conocimiento producido sobre América Latina. Para Pratt, los viajes y sus relatos fueron responsables de la construcción, no sólo del "otro mundo", sino también de la propia Europa.[20] Ella incluye la perspectiva relacional y dialógica en el debate, explicitando la cantidad de puntos de contacto y sus imprevisibles resultados.

Importantes intelectuales de los Estados Unidos recuperaron la permanencia de una cultura imperial en el país. Amy Kaplan, una de las organizadoras de la colección *Cultures of United States imperialism*, considera significativa la ausencia de la palabra "imperio" en los *American Studies*. Ella propuso que el fenómeno, para ser bien entendido, debería estudiarse a partir del prisma cultural, exponiendo la complejidad que el tema suscita.[21] Para la autora, en el país existe una "cultura imperial" desde los orígenes de la nación, y sus desdoblamientos nos informan sobre las actitudes y las iniciativas del gobierno y la sociedad estadounidenses.

---

[20] Pratt 1973.
[21] Kaplan 11.

En la misma dirección se encuentra el trabajo de Gilbert M. Joseph, uno de los organizadores de la colección *Close encounters of empire. Writing the cultural history of U.S.-Latin american relations*, cuyo desarrollo tuvo lugar en el contexto de las relaciones entre Estados Unidos y América Latina. El autor defiende que los diferentes tipos de lazos interamericanos sean entendidos como un complejo campo, que incluye múltiples agentes y se ve afectado por elaboradas construcciones culturales. También para Joseph, la cultura imperial es un elemento importante para entender la sociedad americana desde el origen del Estado nacional hasta la actúalidad.[22]

Ricardo Salvatore, también en sintonía con los estudios poscoloniales, reflexiona sobre la cuestión del conocimiento y los lugares del saber. Para el autor, los saberes y sus lugares de enunciación se ven traspasados por discusiones sobre el "universalismo" de las teorías. Al mismo tiempo que se demuestra una búsqueda por internacionalizar los resultados de las disciplinas científicas, existe una demanda por la constitución de los saberes locales o que se encuentran al servicio de lo nacional. Dentro de esta concepción, la característica central del conocimiento moderno es el hecho de ser transnacional, a pesar de que la tensión con lo local, o nacional, también le sea inherente. Según Salvatore, el conocimiento debe comprenderse como una red, tensionada sincrónicamente por lo local y lo global.[23] Siguiendo esta línea de pensamiento, resultaría posible comprender que los saberes de cartógrafos y científicos militares que embarcaron en la U. S. Exploring Expedition en la primera mitad del siglo XIX, formaron parte de los flujos transnacionales de conocimientos, al mismo tiempo que estaba presente la afirmación de lo nacional.

Dentro de lo que se viene discutiendo como transnacional, aún tenemos el trabajo de las politólogas Margareth Keck y Kathryn Sikkink. *Activists beyond borders. Advocacy networks in international politics*, donde las autoras señalan que el fenómeno de las redes transnacionales de activistas –como la de los derechos humanos, por ejemplo– es un fenómeno evidente del siglo XX que, no obstante, plausible de detectarse ya en el siglo XIX,

---

[22] Joseph.
[23] Salvatore.

y caracterizan al movimiento abolicionista como transnacional. Consideran además que "algunas interacciones se estructuran en términos de redes transnacionales, las cuales son crecientemente visibles en la política internacional. Algunas incluyen actores económicos y empresas. Otras, son redes de científicos y especialistas profesionales con ideas en común y que confirman sus esfuerzos para influir en la política".[24] Reitero que, como ocurre con otras constituciones de saberes, considero transnacional al conocimiento adquirido sobre el planeta, entre la segunda mitad del siglo XVIII y la primera del XIX, a partir del esfuerzo de diferentes naciones, a pesar de las tensiones creadas por las afirmaciones nacionales. Ese saber fue producto de la dinámica de la actividad en las redes de científicos y militares cartógrafos de las Marinas de Guerra de los países involucrados.

Veremos que la U.S. Exploring Expedition formaba parte de una afirmación nacional, cuyas bases, sin embargo, prescindían del reconocimiento internacional y de la inserción de científicos y militares en las redes de conocimiento transnacionales de la época.

* * *

Antes de presentar los capítulos del presente libro, merece atención una nota sobre la documentación. Resulta posible encontrar el informe oficial de viaje de la U.S. Exploring Expedition en varios archivos y bibliotecas de los Estados Unidos.[25] Sin embargo, a efectos del presente libro, me he valido del que se encuentra *online* en la página oficial del Smithsonian Institution, para facilitarle la consulta al lector, en caso de que sea necesario.[26]

---

[24] Keck y Sikkink.

[25] Bibliotecas del Naval Historical Center, del Smithsonian Institution, del National Archives I, de la University of Maryland, entre otras.

[26] Disponible en: https://www.sil.si.edu/DigitalCollections/usexex/follow-01.htm Consulté ejemplares de la primera edición del informe de viajes de la U.S. Exploring Expedition. Fueron cotejados con la que está online en la página del Smithsonian Institution. El museo disponibilizó al público los 23 volúmenes del informe de viaje, en su versión integral. Acceso en 02/08/2020.

Los fragmentos seleccionados sobre los relatos de viaje, en inglés, se mantuvieron en las notas de pie de página y fueron traducidos en el cuerpo del texto. También con relación a los originales en inglés, mantuve la grafía utilizada en el siglo XIX, conservando las palabras y expresiones tal como fueron escritas por sus autores.

A partir de ahora, denominaré *informe de viaje* a los veintitrés volúmenes publicados después del regreso de los veleros, compuesto por una narrativa de viaje y dieciocho volúmenes científicos. El núcleo central de esta obra, como se ha mencionado, es la parte que llamaré, de ahora en adelante, *narrativa de viaje* y consiste en los primeros cinco volúmenes del informe de viaje.[27]

En el primer capítulo, se muestra la expedición en el contexto de las expediciones científicas de circunnavegación llevadas a cabo por los europeos entre la segunda mitad del siglo XVIII y la primera mitad del XIX. En el segundo, se discute la institución de las longitudes –el meridiano cero–, de las coordenadas geográficas modernas y el mapeo realizado por los Estados Unidos y las potencias de la época. En el tercero, son analizados los saberes que el viaje científico se propuso aprehender.

En el cuarto capítulo discuto algunos aspectos que, desde mi punto de vista, juzgo imprescindibles para una buena comprensión de las fuentes denominadas *relatos de viajes* y para el desarrollo de los capítulos siguientes. En el quinto, muestro algunas estrategias que fueron seguidas por el comandante para construir los cinco volúmenes de la narrativa de viaje. En el sexto, acompaño cómo Charles Wilkes describió e interpretó los países y las regiones de las Américas y de qué manera, basándose en ciertas premisas, evaluó lo que vio. Por último, en el séptimo, presento algunos aspectos de la vida a bordo y, aunque sea brevemente, desarrollo las impresiones de un marinero y de un aspirante a oficial, también sobre las Américas.

---

[27] Wilkes 1845.

# PARTE I

# EN NOMBRE DE LA CIENCIA

## Entendiendo a la U.S. Exploring Expedition

# 1
# POR UN LUGAR EN EL MUNDO: LA U.S. EXPLORING EXPEDITION ENTRE OTRAS EXPEDICIONES CIENTÍFICAS DE LA ÉPOCA

En este capítulo, me propuse comprender a la U. S. Exploring Expedition en medio de viajes del mismo tipo –las circunnavegaciones científicas– llevados a cabo por los europeos, predominantemente entre la segunda mitad del siglo XVIII y la primera del siglo XIX. Veremos que hubo una acelerada carrera hacia el Pacífico, considerado aún desconocido por parte de los países que compitieron por la conquista de las colonias de ultramar.

Propuesta por primera vez durante el gobierno de John Quincy Adams (1825-1829), un importante entusiasta del emprendimiento, pero solamente aprobada por el Congreso en 1836 y gracias a los esfuerzos del presidente Andrew Jackson (1829-1837), la U.S. Exploring Expedition partió de los puertos de Norfolk cuando Martin van Buren (1837-1841) se hizo cargo de la Casa Blanca. La aprobación de la U.S. Exploring Expedition en el Congreso fue difícil, dada la oposición de los legisladores que desconfiaban de las intenciones de fondo: temían que fuese un intento del gobierno de Estados Unidos para establecer colonias en el mundo, así como lo hacían los europeos.

Vale considerar que Andrew Jackson, presidente que se empeñó personalmente para que la expedición fuera aprobada, fue elegido durante una campaña electoral orientada a captar los deseos del "hombre común", basada en una acelerada colonización del oeste, con la intención de favorecer las demandas de tierras de Estados Unidos.[28] Sin embargo, fue tam-

---

[28] Considerado demagogo por algunos y democrático por otros, Andrew Jackson quedó registrado como el presidente que ayudó a extender el voto para todos los hombres blancos. Por otro lado, dueño de esclavos, Jackson defendió la esclavitud y programó la desestructuración de gran parte de las comunidades indígenas, particularmente en la región sureste del país, con un proyecto de confinamiento de los grupos en reservas

bién el mismo hombre que percibió la importancia de que el país conquistase el dominio de las ciencias y de las técnicas exploratorias de ultramar, por lo cual argumentó, en el Congreso, que Estados Unidos necesitaba mercados para su producción de granos y manufacturas.

Al principio nombraron como coordinador de la expedición a un amigo de Andrew Jackson, Thomas Catesby Jones, héroe de la Guerra de 1812 entre Estados Unidos e Inglaterra, así como también lo era Jackson. Mientras Jones preparaba la expedición en Estados Unidos, el jefe del Depot of Charts and Instruments, Charles Wilkes, viajaba a Inglaterra para adquirir instrumentos de precisión. En 1837, debido a problemas de salud, Jones desistió de comandar la U.S. Exploring Expedition.

Charles Wilkes fue nombrado al frente de la expedición debido a sus buenas relaciones con la cúpula de la Marina de Estados Unidos (U.S. Navy) y en virtud de ser considerado uno de los más agudos cartógrafos, integrante del grupo de especialistas de dicha repartición. Como veremos en los próximos capítulos, el capitán se había perfeccionado en sus habilidades técnicas de Hidrografía y Cartografía en los años inmediatamente anteriores a la partida, 1838.

La circunnavegación de la U. S. Exploring Expedition fue una oportunidad para la formación de especialistas en los campos militar y científico, y de entrenamiento para la Marina de Guerra de Estados Unidos, tanto para épocas de guerra como de paz.

## 1.1 Los escuadrones y la seguridad de los intereses nacionales.

Antes de entrar en el tema propiamente dicho, es importante destacar el hecho de que el gobierno de Estados Unidos, desde principios del siglo XIX, se había preocupado en habilitar a la U.S. Navy, con el propósito de asegurar el flujo del comercio estadounidense en "aguas internacionales". En otras palabras, es necesario considerar la aprobación de la U.S. Exploring Expedition en circunstancias en las cuales la Marina de

---

situadas al oeste (donde hoy se encuentra Oklahoma). Sobre la evolución del sufragio universal en Estados Unidos: Keyssar. Sobre la desestructuración de los grupos indígenas en el citado gobierno: Saunt.

## A toda vela

Guerra se instaló como guardián del comercio del país en diferentes regiones del mundo. Una de estas iniciativas fue la aprobación de escuadrones de ultramar, los cuales lucían la bandera de Estados Unidos en los océanos Atlántico, Pacífico, Índico y Mar Caribe. El objetivo de esas estaciones era proteger, además del comercio, a las embarcaciones de la Marina de Guerra y a la Marina Mercante del país.

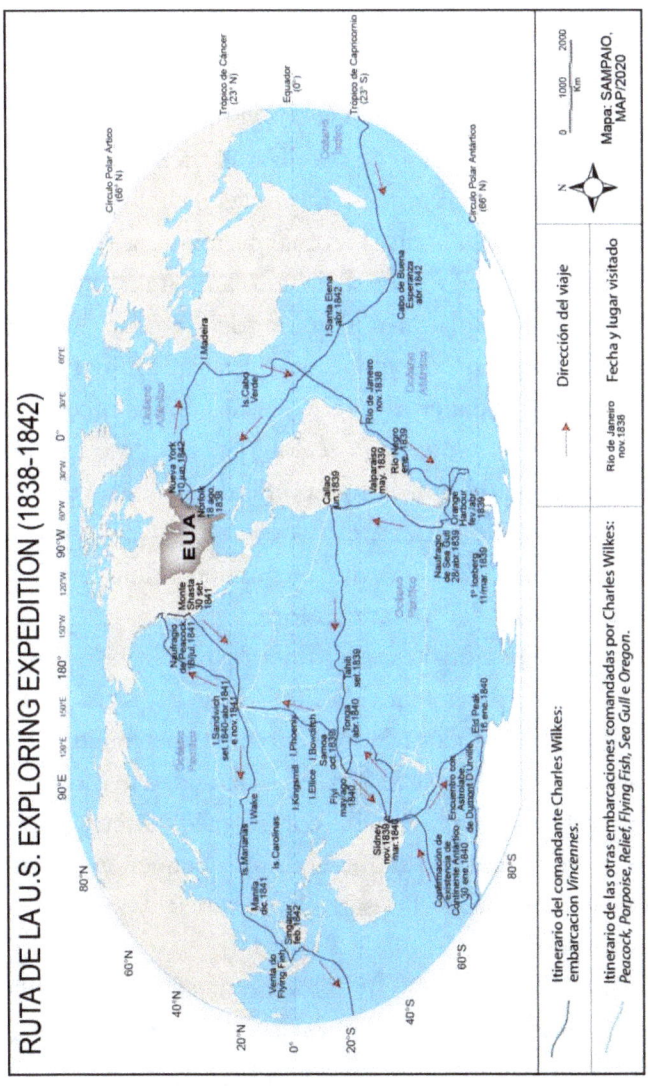

**Ruta seguida por la U. S. Exploring Expedition (1838-1842)**

Treinta y nueve años después de la independencia de Estados Unidos, en 1815, el Congreso aprobó la creación de la *Mediterranean Squadron* (Escuadrón del Mediterráneo) con el objetivo de contener la piratería existente en el norte de África (Argelia, Túnez y Trípoli), así como los recurrentes ataques a naves comerciales del país. Después de reprimir el robo de mercaderías en la conocida *Barbary Wars* (Guerras Bárbaras), algunos navíos de la U.S. Navy permanecieron anclados en el lugar, configurándose en el primer escuadrón norteamericano de ultramar.

En 1822, se creó la *West Indian Squadron* (Escuadrón de las Indias Occidentales), con la intención de fiscalizar el tránsito de los buques en el Caribe. En 1821, debido al aumento de la caza de ballenas, se creó el *Pacific Squadron* (Escuadrón del Pacífico), el cual permanecía generalmente ancorado en Valparaíso, Chile, y se trasladaba solamente en algunas ocasiones, por cuestiones de necesidad. En 1826, le tocó al *Brazil Squadron* (Escuadrón del Brasil, también conocido como Escuadrón del Atlántico Sur), que generalmente anclaba en el puerto de Río de Janeiro, protegiendo el comercio de Estados Unidos en la región. En 1835 fue aprobado el *East Indian Squadron* (Escuadrón de la India Oriental), el cual verificaba el tránsito de los navíos nacionales en el sur de Asia y, en 1841, fue la *Home Squadron* (Escuadrón de la Casa), que aseguraba el flujo de mercaderías en la costa Este del país y del Atlántico Norte.[29]

Además de garantizar el flujo del comercio norteamericano por los mares, los escuadrones tenían la función de proteger y auxiliar naves nacionales que se habían extraviado o que estaban averiadas. Para su configuración, Estados Unidos se inspiró en la actividad marítima inglesa, que ya había formado escuadrones para controlar los intereses británicos en algunas partes del mundo. Aunque eran más pequeños, los escuadrones norteamericanos revelaban el desarrollo comercial y los intereses geopolíticos del joven país.

Cuando la U. S. Exploring Expedition salió de Norfolk, Virginia, los escuadrones estadounidenses ya estaban operando lejos de las playas

---

[29] Charfield; Sprout y Sprout 117-140.

nacionales, excepto el *Home Squadron,* aprobado recién en 1841. O sea, se constata que la U. S. Exploring Expedition fue aprobada en las mismas circunstancias en que la U. S. Navy –y el gobierno de Estados Unidos– insistían en marcar presencia en aguas internacionales.

Mientras los escuadrones protegían las embarcaciones y garantizaban la presencia del gobierno norteamericano, los seis veleros de la expedición exploratoria escudriñaban los mares, mapeando costas, puertos, bajíos, describiendo culturas y colectando especímenes, entre otras actividades.

## 1.2 Por un lugar en el mundo.

El secretario de Marina, James Kirke Paulding, le envió órdenes al comandante Charles Wilkes, informándole sobre los propósitos de la U.S. Exploring Expedition. En las primeras páginas de la narrativa, el capitán reprodujo dichas instrucciones:

> El Congreso de Estados Unidos, teniendo en cuenta los importantes intereses de nuestro comercio de pesca de ballenas y otras aventuras en el gran Océano Austral [Pacífico], por un acto del 18 de mayo de 1836, autorizó una expedición equipada con el propósito de explorar y estudiar dicho mar, así como para verificar la existencia y la posición exacta de los sumergidos [bajíos y demás accidentes marítimos] -que a los navegantes científicos les puedan haber pasado por alto- cercanos o en la ruta de nuestros barcos en la región.[30]

---

[30] Paulding, apud Wilkes v1 XXV. *"The Congress of the United States, having in view the important interests of our commerce embarked in the whale-fisheries, and other adventures in the great Southern Ocean, by an Act of the 18th of May, 1836, authorized an Expedition to be fitted out for the purpose of exploring and surveying that sea, as well to discover and accurately fix de position of those which lie in or near the track of our vessels in that quarter, and may have escaped the observation of scientific navigators".*

Los responsables de la caza de ballenas, especialmente los de la región de Nantucket, Massachusetts, que entre otros productos proporcionaba aceite para iluminación, presionaron al Congreso para mapear islas y mares con la esperanza de encontrar seguridad para su comercio.[31] Los historiadores reconocen, sin embargo, que los objetivos de la expedición científica norteamericana de ultramar, no se limitaban únicamente a mapear partes del mundo. Los miembros del viaje exploratorio también pretendían, a través de los instrumentos científicos de la época, registrar, conocer, clasificar el mundo que veían y trataban de aprehender. En otras palabras, se proponían construir un saber peculiar sobre el mundo. El propio secretario de la Marina admitía la existencia de otros objetivos en el viaje y creía que, al igual que las demás naciones, Estados Unidos tenía el derecho de llevar a cabo su propia expedición exploratoria:

> Una expedición constituida de ese modo, y para tales objetivos, armada para la defensa, no para la conquista, y comprometida en la búsqueda de aquello en lo que todas las naciones iluminadas están igualmente interesadas, tiene el derecho de esperar la buena voluntad y los buenos oficios de todas las naciones civilizadas del mundo.[32]

En este pasaje, Paulding insertaba a la expedición norteamericana en medio de otras iniciativas europeas y afirmaba que no se estaba atrás de la colonización, sino del "conocimiento". Confirmaba que era una expedición armada para la defensa, no para la conquista, e incluía a Estados Unidos entre "todas las naciones civilizadas". Desde mi punto de vista, sin embargo, lo más curioso de este pasaje es el hecho de que el secretario de Estado reivindicase el derecho de la joven República a explorar el mundo; es decir, se estaba dirigiendo a los europeos, señalándoles que los

---

[31] Innecesario recordar que el tráfico de esclavos era ampliamente practicado en los dos océanos: Grandim.

[32] Paulding, apud Wilkes v1 XXIX., *"an Expedition so constituted, and for such purposes, armed for defense, not conquest, and engaged in pursuits in which all enlightened nations are equally interested, has a right to expect the good-will and good offices of the whole civilized world"*.

estadounidenses esperaban una disposición favorable a su iniciativa. Es verdad que Estados Unidos estaba buscando su lugar en medio de la disputada carrera europea por el mundo. Sostengo, inclusive, que los estadounidenses no sabían de qué manera los europeos recibirían ese audaz gesto de colocar sus seis barcos en la ruta de las circunnavegaciones científicas.

## 1.3 Los viajes científicos de circunnavegación y la disputa del Pacífico.

Entre la segunda mitad del siglo XVIII y la primera del XIX, como ya se ha mencionado, los europeos realizaron varios viajes de circunnavegación científica. Por lo tanto, defiendo que la exploración estadounidense también debe comprenderse en el contexto de estas iniciativas. No se trata de agotar el tema, sino de recuperar algunos de los importantes viajes de circunnavegación llevados a cabo por los países europeos, con lo cual destaco que Estados Unidos actuaba en el escenario de los viajes internacionales, estratégicos y coloniales, en búsqueda de la "aprehensión del mundo" donde se planteaba la dicotomía existente entre, por un lado, las "naciones iluminadas" y, por el otro, el mundo considerado desconocido, inculto y salvaje.[33]

Las expediciones eran realizadas por países que poseían una Marina con un porte determinado, los que dominaban ciertas tecnologías, instrumentos de precisión, tales como brújulas, cronómetros y relojes marítimos. Por lo tanto, era esencial contar con un grupo de oficiales entrenados por las academias de la Marina para realizar las mediciones astronómicas que permitían fijar la posición de un barco en alta mar en función de los cálculos entre latitud y longitud. Los viajes de circunnavegación fueron considerados "protagonistas" del Siglo de las Luces.[34]

Debido a las dificultades para concluir la hazaña, los riesgos a los cuales se enfrentaban y los altos costos, comparo las circunnavegaciones

---

[33] Para una narrativa de los viajes y circunnavegaciones a lo largo de los siglos: Chaplin.
[34] Bernabeu.

con los viajes a la luna realizados en la segunda mitad del siglo XX. Al igual que los de los siglos XVIII y XIX, los países protagonistas en el ámbito internacional (Estados Unidos y URSS) y los que controlaban la investigación de vanguardia, llevaban a cabo viajes fuera del sistema terrestre. Tanto aquellos como éstos funcionaban a modo de *escaparate* para el país promotor, destacando la supremacía tecnológica y económica de los partícipes de la carrera y, en consecuencia, el poder mundial –o el lugar en el mundo– que había logrado o que le gustaría conquistar. O ejercer.

Si bien conocemos las rivalidades existentes entre Inglaterra y Francia por el liderazgo del mundo, poco se sabe sobre la actuación de otros países en la búsqueda de posiciones prominentes en el ámbito mundial. Resaltar algunos de los importantes viajes de circunnavegación llevados a cabo por los países europeos de la época, le permite al historiador comprender el alcance de las disputas en cuestión, así como el empeño de Estados Unidos por entrar en la carrera.

Entre 1750 y 1850, hubo un esfuerzo por programar viajes de mapeo científico, muchos de los cuales daban la vuelta al mundo, debido a la inexactitud de ciertos parajes y debido al creciente interés de los europeos en las islas del Pacífico.[35] Se pensaba, correctamente, que existían islas y cantidad de tierras aún no exploradas. En ese tipo de empresas, se destacaba Inglaterra, que buscaba expandir sus dominios sobre el Pacífico y Asia.[36] Poco después del final de la Guerra de los Siete Años (1756-1763) ocurrida en Europa, Francia e Inglaterra mantuvieron su rivalidad, realizando viajes de circunnavegación con declarados intereses en el Pacífico.

Pocos meses después del tratado de paz, Inglaterra envió una expedición con el propósito de reconocer esas aguas. En 1764, el *Dolphin* comandado por John Byron navegó por una ruta conocida en la época.[37]

---

[35] Se sabe que los portugueses, desde el siglo XV, conocían la región del Índico, pero gran parte del Pacífico carecía de cartas precisas: Vilardaga. Sobre otros viajes interesados por el Pacífico, y no específicamente de circunnavegación: Bernabeu; San Pio.

[36] En 1713, cuando fue firmado el Tratado de Utrecht, se la confirmaba a Inglaterra como potencia emergente y con creciente dominio militar en Europa y, consecuentemente, con la posibilidad de crecimiento de su poder comercial a nivel mundial: O´Brian (65).

[37] Bradley.

Debido a los riesgos que entrañaba viajar por mares inexplorados, los expedicionarios trataban de seguir rutas ya navegadas y atracar en puertos también conocidos, especialmente aquellos que garantizaban un cierto calado de agua. Se aventuraban un poco, pero siempre siguiendo algunas rutas consideradas seguras y teniendo como referencia determinadas islas o puertos.[38]

El historiador Glyndwr Williams afirma que Byron, en su informe de viaje, no mencionó "descubrimientos" dignos de ser registrados. Byron llegó a ser reconocido simplemente por haber llevado a cabo la expedición de la manera más rápida realizada hasta entonces. Sin embargo, el inglés insistió en la existencia de una gran masa de tierra que debería estar ubicada más al sur, en el Pacífico.[39]

La información de Byron fue transmitida como nueva instrucción para los viajes de circunnavegación que le sucedieron. En 1767, fue el turno de los comandantes ingleses Philip Carteret y Samuel Wallis, quienes se dirigieron al Pacífico y navegaron más hacia el sur, por regiones remotas y aún inexploradas, con el propósito de encontrar las tierras que supuestamente existían. Volvieron en 1768 con la animada noticia de que habían llegado a Tahití, la mayor isla de la actual Polinesia francesa (Islas Tuamotu), reconocida por los españoles en el siglo XVII.

Entre 1766 y 1769, fue el ilustre militar Louis Antoine Bougainville quien llevó a cabo el viaje francés de circunnavegación al mando de los veleros La Boudese y L'óile. Cruzó el Estrecho de Magallanes, reconoció las islas del Pacífico, en franca competencia con Inglaterra, con la intención de asegurar el poder francés sobre una parte de la región. El comandante también describió la isla de Tahití, presentada románticamente como un lugar exótico y sensual. Bouganville luchó contra Inglaterra en

---

[38] Vale destacar la actuación de los oficiales en las colonias británicas y su designación para determinados puestos, una vez realizadas las expediciones. Hombre del imperio, Byron fue gobernador de Newfoundland (Terranova), en América del Norte, y comandante en jefe del escuadrón británico en las Indias Occidentales, entre 1778 y 1779, durante las guerras de independencia de las 13 colonias. A su vez, Robert FitzRoy, capitán del *Beagle*, fue gobernador de Nueva Zelanda, después de haber mapeado la región: Passetti.

[39] Williams 2001 556.

América del Norte en 1781, cuando los colonos avanzaron en las guerras de independencia de las 13 colonias inglesas. En otras palabras, la rivalidad entre Inglaterra y Francia se manifestó en diferentes oportunidades: en la Guerra de los Siete Años; en el apoyo de los franceses a los colonos insurgentes con motivo de las luchas por la independencia de las 13 colonias en América del Norte; y también en las disputas sobre las islas del Pacífico, tal como vengo mencionando.

La convicción de Byron sobre la existencia de grandes extensiones de tierras aún desconocidas, añadidas a las descripciones de Carteret y Bouganville sobre Tahití, agitó los ánimos europeos y más expediciones fueron programadas para explorar el Pacífico.[40] Una vez más, Inglaterra tomó la delantera y envió al capitán James Cook a bordo del Endeavour hacia aquella región, en 1768. Según las instrucciones de la Marina británica, el propósito del viaje era reconocer los Mares del Sur –otro nombre dado al Pacífico Sur– y observar el tránsito de Venus desde Tahití.[41]

La gran victoria de James Cook, como se sabe, fue haber descubierto lo que hoy conocemos como Nueva Zelanda y Australia. El velero del comandante regresó a Inglaterra en 1771, y muy rápidamente tuvo reconocimiento internacional por su gran hazaña. También es de público conocimiento que otros navegantes ya habían desembarcado en esas tierras, aunque sin haber dimensionado verdaderamente su tamaño. Cook realizó tres circunnavegaciones en la segunda mitad del siglo XVIII. Consideradas por los británicos y estadounidenses como los "viajes científicos más extraordinarios de la época", las tres expediciones de Cook se convirtieron en una referencia para las empresas de navegación que vinieron después, aumentando aún más las disputas entre los europeos sobre el Pacífico y, en particular, las rivalidades entre Inglaterra y Francia.[42]

---

[40] Bradley.

[41] El Tránsito de Venus estimuló viajes de científicos desde el siglo XVII. El fenómeno ocurre cuando Venus se interpone entre el astro sol y la Tierra. Y en ese momento, los científicos se trasladan hacia las regiones donde resulta posible realizar las mediciones de forma más precisa. Las calibraciones resultantes del Tránsito de Venus auxiliaban en los cálculos que permitían la correcta localización de los navíos en altamar.

[42] La primera circunnavegación de James Cook ocurrió entre 1768 y 1771, la segunda entre 1772 y 1775, y la tercera entre 1776 y 1779: Richardson.

## A toda vela

En 1789, con el estallido de la Revolución Francesa y la profundización de la crisis de los regímenes monárquicos, fue el turno de la corona española, preocupada por su imperio de ultramar, la que realizó un viaje alrededor del mundo enviando como comandante de los barcos Descubierta y Atrevida, al italiano Alejandro Malaspina y al oficial José Bustamante. Los oficiales recibieron la instrucción de diseñar cartas náuticas más precisas sobre las regiones del Imperio español en las Américas y en las Filipinas.[43] Además, con una Europa estremecida por la inestabilidad política, el capitán debía verificar la capacidad que la región tenía para hacerle frente a las posibles invasiones extranjeras.

España no economizó esfuerzos para realizar una grandiosa expedición científica con el objetivo de confirmar sus posesiones en el Pacífico. No obstante, otro imperio se asomaba en el horizonte con el fin de disputar su porción en esas aguas: Rusia preparó dos expediciones científicas de circunnavegación, la primera de ellas fue realizada por los buques Nadezhda y Neva, capitaneada por Otho von Kotzebue a bordo del Rurik.[44]

Los dos viajes señalaban la expansión del imperio ruso, además de abrirle posibilidades comerciales al país. Los dos comandantes elaboraron mapas, divisaron islas en el Pacífico y rediseñaron cartas náuticas. Los rusos tenían intereses específicos en la costa noroeste de América del Norte. Alaska les pertenecía y pretendían expandir sus dominios aún más hacia el sur. Ciertamente, también estaban buscando un lugar para el imperio de Alejandro I en el nuevo mundo que estaba configurándose en el horizonte, a partir de los viajes científicos y de los "nuevos descubrimientos" en el Pacífico.[45]

Inglaterra volvió a realizar expediciones de exploración durante la primera mitad del siglo XIX. Entre ellas, se destaca el famoso viaje de circunnavegación del navío Beagle. Entre 1831 y 1836, bajo el mando de

---

[43] Sobre la expedición de Malaspina: Baeza y Leiva.

[44] El naturalista y miembro de la Academia de Ciencias de San Petersburgo, George Heinrich von Langsdorff, el barón de Langsdorff -posteriormente, cónsul general de Rusia en Río de Janeiro y conocido por su famosa expedición por el interior de Brasil, en 1826- formó parte de la expedición de Krusenstern, en 1813.

[45] Sobre los viajes realizados por rusos: Vinkovetsky 191-210.

Robert FitzRoy, participó en la expedición el joven naturalista Charles Darwin, autor del tratado científico: *On the origin of species by means of natural selection, or the preservation of favoured races in the struggle for life*, un texto que sacudió las estructuras del conocimiento, de los círculos académicos y del universo religioso de la época. El terremoto causado por las afirmaciones del naturalista hizo que el viaje del Beagle fuera conocido a través de la teoría de Darwin publicada en 1859, veintitrés años después que el barco regresó a Inglaterra. El evento ensombreció los primeros objetivos de la expedición, que, como otras, tenía como blanco mapear determinadas regiones del mundo.

También durante la primera mitad del siglo XIX, los franceses enviaron dos veces al comandante Jules Dumont D'Urville a bordo de L'Astrolabe para viajes de circunnavegación. El primero, entre 1826 y 1829 y el segundo, entre 1837 y 1840. Como en las expediciones mencio-nadas, D'Urville llevó a cabo innumerables inspecciones, diseñó nuevas cartas náuticas y corrigió las antiguas. Las cartas se rehacían constantemente con el fin de lograr más y más precisión para los navegantes, como veremos en el próximo capítulo. El comandante francés fue reconocido por haber estado en la Antártida, donde, en una coincidencia increíble, se encontró con uno de los buques de la U.S. Exploring Expedition, de Charles Wilkes.[46]

De ese modo, las circunnavegaciones de la época presentaban algunos objetivos y características comunes: en general, eran expediciones de gran interés gubernamental, llevadas a cabo por las Marinas de Guerra, en tiempos de paz. Los viajes se financiaban con la intención principal de mapear regiones del mundo, destacándose el particular interés en la exploración del Pacífico, donde los oficiales-cartógrafos ocupaban un papel central. Aprovechándose la ocasión, también se atendían los obje-tivos

---

[46] Los navíos de diferentes países navegaban por rutas conocidas y ancoraban en puertos reconocidamente seguros. Mientras tanto, el encuentro de un navío francés y uno estadounidense en el medio de la neblina y el hielo de la Antártida, y encontrándose ambos en tareas científicas con el objetivo de constatar si aquella región era o no otro continente, es expresivamente singular. El encuentro fue documentado en los cuadernos de bitácora y en la narrativa de viaje de la U.S. Exploring Expedition. También en el relato de viaje de un aspirante a oficial que estaba en la expedición.

científicos (de las Ciencias Naturales) y diplomáticos. Sin embargo, estos últimos quedaban en segundo plano en los proyectos de las potencias de la época, en lo que se refiere a los viajes científicos tratados. También había intereses poco declarados en los informes de viaje y en otros documentos oficiales, porque se trataba de operaciones científico-estratégicas con claros intereses geopolíticos.[47] Al relacionarse las expediciones inglesas, francesas, rusas, españolas y americanas, ocurridas entre la segunda mitad del siglo XVIII y principios del siglo XIX, resulta extremadamente nítido que la disputa por el poder que algunas potencias tenían entre sí, no se practicaba solamente en tierra firme, sino también en "aguas internacionales".

Por lo tanto, resulta importante incluir al primer viaje de circunnavegación estadounidense en medio de las disputas de las potencias de la época, que estaban interesadísimas en generar saberes sobre el mundo. Evidentemente, el país que tuviera una Marina conside-rable, un personal entrenado para expediciones de gran envergadura (tanto oficiales como científicos) así como también el dominio de un determinado caudal técnico-científico, se destacaría sobre los demás. El gobierno de Estados Unidos se estaba esforzando por adquirir habilidades en ese sentido.

Por consiguiente, podemos sugerir que a pesar de que en la década de 1830 Estados Unidos era un joven país que estaba construyendo su propio Estado nacional con sus fronteras en expansión, dentro de una difícil conquista territorial, al mismo tiempo estaba buscando su propio lugar en el mundo. Más adelante podremos ver que los objetivos de la circunnavegación, los de mapear algunas áreas, estaban directamente relacionados con la conquista territorial del país: el capitán de la U.S. Exploring Expedition le dedicó un tiempo significativo al mapeo de la costa noroeste de América del Norte, predominantemente de la Alta California, y de una amplia región al norte de la misma, Oregón. Ambos lugares fueron anexados al país apenas seis años después del retorno de la expedición a tierra.

---

[47] Mello.

Al armar una expedición exploratoria tan imponente, como lo fue la U.S. Exploring Expedition, los estadounidenses estaban tratando de plantar su bandera en el mundo, compitiendo con los europeos, tanto con relación al posible control de las regiones estratégicas, como en el campo del conocimiento sobre los diversos lugares del planeta. Veremos también que la relación con los europeos, en particular con Inglaterra, fue ampliamente ambigua: a veces adquiría contornos de consideración y se ubicaba en busca de reconocimiento; otras veces se situaba en franca competencia.

Disputando el primer lugar se encontraban los ingleses y los franceses, con sus viajes de circunnavegación, luchando por los conocimientos y por el mapeo de regiones específicas. Los comandantes trataban de registrar en sus *logs books* (cuadernos de bitácora) los "nuevos descubrimientos", otorgándole los laureles de la victoria al capitán del barco, a los científicos –dependiendo del caso– y, finalmente, al país que había financiado la proeza.

Inglaterra y Francia no fueron las únicas que soltaron sus barcos al mar. España, Rusia y Estados Unidos también lo hicieron, con confianza y determinación. Rusia con la intención de ampliar sus dominios y proteger territorios propios, como Alaska. España, en primer lugar, trataba de asegurar su imperio en las Américas y Filipinas; y, en segundo lugar, se preocupaba con las reacciones independentistas, como la ocurrida con las 13 colonias británicas en 1776, además de temer el progresivo avance de Inglaterra y Francia en el mundo. Estados Unidos –al mismo tiempo que se proponía adquirir un conocimiento genuino sobre ultramar– pretendía conquistar su porción del mundo en otros lugares. Estados Unidos y Rusia eran países que buscaban garantizar un lugar en un mundo dominado predominantemente por británicos y franceses.

Reitero, finalmente, que estas expediciones de circunnavegación eran viajes científico-estratégicos, con intereses geopolíticos en algunas partes del mundo, cuyos propósitos estaban directamente relacionados a las disputas entre las potencias europeas que escudriñaban el planeta, rastreaban posibilidades, mapeaban costas y mares y fundaban colonias por aquí y por allá. Estados Unidos decidió, con empeño y objetividad, entrar a la carrera.

## 2
## MAPEAR EL MUNDO OTRA VEZ: LA CUESTIÓN DE LA LONGITUD EN ALTAMAR Y LA INSTAURACIÓN DE LAS COORDENADAS GEOGRÁFICAS MODERNAS[48*]

Después de tratar de comprender el lugar de la U.S. Exploring Expedition entre los viajes de circunnavegación que fueron llevados a cabo por Inglaterra, Francia, España y Rusia durante la segunda mitad del siglo XVIII y la primera del XIX, mi interés se ha centrado en entender los motivos del extenso mapeo náutico ejecutado por la U.S. Exploring Expedition y por otras empresas del mismo rango.[49] Considerando que existió una carrera por la colonización de África y Asia, además de otras posibilidades en el Pacífico que impulsaron viajes hacia esas partes del mundo, la pregunta continúa siendo: ¿Por qué también mapearon el Atlántico, ya relativamente conocido, así como las costas de América del Sur y América del Norte, por ejemplo?

Desde mi punto de vista, el hecho de que muchas de las zonas del mundo eran "aún desconocidas" para los europeos no explica por completo el dinámico tránsito de buques de diferentes banderas que recorrieron océanos, investigaron accidentes geográficos sumergidos, señalaron puertos, destacaron determinadas corrientes marinas, confirmaron la velocidad de los vientos y verificaron la temperatura ambiente y de las aguas por las que viajaron. Como veremos, lo que permite en parte la comprensión de dicho tránsito está relacionado con la cuestión de las longitudes, exacerbada durante el siglo XVIII, y con la instauración de las coordenadas geográficas modernas del siglo XIX.

El capitán, Charles Wilkes, era un aguzado especialista en mapeo náutico y le interesaban particularmente las posibilidades de la Meteorología, un campo que en aquel momento empezaba a esbozarse. Entre los

---
[48*] Versión reformulada del artículo publicado en Revista *História, Saúde, Ciência*. Junqueira 2012.
[49] Wilkes 1845b.

40 oficiales de la U.S. Exploring Expedition, muchos eran cartógrafos, algunos aún en fase de entrenamiento. Ellos fueron los responsables del trabajo de primer orden de la expedición: el mapeo náutico.

**Primer anclaje de la expedición en el Atlántico, Madera (Estroza Pass), por Joseph Drayton.**[50]

---

[50] Wilkes v1 2.

¿Por qué en aquella época las naciones tuvieron interés y realizaron abultadas inversiones en mapeos de tamaña envergadura? Esta inquisición me llevó a conocer aspectos de la ciencia de dicho período, cuyos debates se centraban en la correcta ubicación que podía lograrse en altamar. Los altos riesgos de algunos viajes junto con las pérdidas financieras impuestas por los accidentes marítimos desconocidos tornaron preeminente que se realizara un minucioso mapeo náutico y una precisa localización de los lugares descubiertos en los viajes de larga distancia. En el centro de las discusiones se situaba encontrar la precisión de la longitud en altamar.

## 2.1 Incertidumbres sobre la orientación en altamar y la disputa por el Pacífico.

Para cuando estas expediciones se pusieron en marcha, existía un consenso entre los navegantes occidentales sobre las latitudes, que también eran convenciones compartidas por militares, científicos y navegantes de diversas naciones. Con la ayuda de algunos instrumentos y de las observaciones astronómicas – el movimiento del sol y el de otras estrellas– era posible calcular la latitud con precisión.

Apoyándose además en otros puntos fijos, los polos Norte y Sur, se verificaba el círculo máximo de la esfera terrestre y se delimitaba la línea del Ecuador, con latitud cero. Sin embargo, las convenciones geográficas conocidas actualmente como longitudes aún no se habían configurado. En otras palabras, había un consenso entre las naciones con respecto a los paralelos de la Tierra, pero se divergía sobre la instauración de los meridianos.

Antes de dedicarme a la discusión sobre el establecimiento exacto de la longitud en altamar, cabe señalar que la forma precisa de la Tierra fue objeto de debates durante la primera mitad del siglo XVIII. Hubo discusiones en los ámbitos científicos, donde se defendían teorías que exigían viajes para confirmar si estaban correctos los franceses o los ingleses. Mientras que los astrónomos franceses creían que la Tierra tenía la forma de una esfera, los ingleses, basados en las propuestas de Isaac Newton, argumentaban que se trataba de un esferoide aplanado en los polos (o un elipsoide de revolución aplanada). Esta hipótesis era rechazada por el astrónomo italiano, con sede en Francia, Giovanni Domenico Cassini. En medio de las disputas y rivalidades que marcaron las posiciones de poder entre las dos potencias, existieron avances en la ciencia de la época que hacían que la balanza pendiera hacia un lado o hacia el otro.

Los franceses tomaron la delantera en la carrera y la Académie des Sciences apoyó dos expediciones científicas para hacer mediciones y comprobar las teorías. En 1735, un grupo de científicos se dirigió a Sudamérica con el propósito de realizar mediciones en las proximidades del Ecuador (región de Perú y Quito), bajo licencia de España. Dirigido por el matemático Louis Godin de Odonnais, se hizo más conocido como el viaje del geógrafo Charles-Marie de La Condamine, quien de hecho asumió el liderazgo de la acción y que fue, al final, uno de los pocos sobrevivientes del viaje científico.[51] En 1736, la Académie envió al científico Pierre Louis Moreau de Maupertuis hacia Laponia, en el Polo Norte, para que efectuara el mismo tipo de mediciones.

En 1737, antes del regreso de La Condamine, Maupertuis le mostró sus resultados a la academia francesa, reconociendo como verdadera la hipótesis del inglés Isaac Newton.[52] En un momento en que Europa escaneaba el mundo para establecer colonias, la navegación todavía se basaba en el conocimiento de la latitud, las cartas geográficas pormenorizadas y la gran experiencia de los pilotos. Estando en tierra firme se podía dibujar la latitud y la longitud, pero no había manera de establecer la longitud con precisión al encontrarse en altamar. En otras palabras, había una cantidad considerable de cartas náuticas sin ningún tipo de precisión.

La búsqueda de un consenso internacional sobre la longitud fue una gran cuestión de los siglos XVIII y XIX. Pero desde la antigüedad el ser humano trataba de calcular y trazar las líneas de los meridianos, siendo Ptolomeo uno de los científicos que más se dedicó al tema. En el siglo XVII Galileo Galilei emprendió la tarea a partir de la construcción de péndulos en relojes mecánicos, después de observar la evolución y los

---

[51] La Condamine. Sobre la expedición francesa a América del Sur: Safier.
[52] Pratt 1999 52-55.

eclipses de las lunas de Júpiter.[53] No obstante, la cuestión de la instauración de los meridianos se había vuelto indispensable en el período mencionado. Los portugueses, que precedieron a los españoles en las grandes navegaciones, como sabemos, dominaron hábilmente la ciencia náutica, mantuvieron y reconstituyeron el Imperio favoreciendo la circulación de personal cualificado en técnicas y ciencias durante el siglo XVIII e inicios del XIX.[54]

A finales del siglo XV, con España entrando en escena, las dos naciones cerraron un acuerdo por sus posesiones en el Nuevo Mundo. Como sabemos, la línea imaginaria del Meridiano de Tordesillas determinó la repartición de tierras desde 1494.[55] Una importante referencia para la navegación de la época era el meridiano de El Hierro, ubicado en el cabo de Orchilla, el punto más occidental de España.

A partir del siglo XVIII, amparados por la racionalidad del Iluminismo y por los cálculos matemáticos que permitieron determinar las ubicaciones y el formato mismo del mundo, los objetivos de los europeos eran establecer con mayor precisión la ubicación en altamar, definir y mapear determinados puntos de interés o que le ofrecían riesgos a la navegación, reducir costes, garantizar el libre tránsito de las mercaderías y evitar las pérdidas consecuentes de los viajes de larga distancia. En otras palabras, el propósito era hacer que los viajes fueran más seguros y que se evitaran pérdidas financieras de diversas índoles.

Para que podamos tener una definición más apropiada sobre el alcance del problema, resulta revelador el caso de las Islas Salomón, una parte de Melanesia, ubicadas cerca de Nueva Guinea, en el Pacífico. Fueron vistas por primera vez en 1568 por el navegante español Álvaro de Medaña y Neyra. Después de reconocer las islas, el navegante trató de dibujar una carta con su ubicación. Sin embargo, en viajes posteriores, las islas no fueron encontradas. Cuando finalmente se las localizó, los errores de distancia comprometieron el desembarque, ya que oscilaban entre 180°

---

[53] Bedini; Rossi.
[54] Kantor (289-299).
[55] Cortesão 1957 y 1960.

y 170°, lo que correspondía a un error equivalente a una distancia entre 300 o 700 millas náuticas.[56]

Fueron muchas las imprecisiones sobre la ubicación de estas islas. En 1768, el navegante escocés Alexander Dalrymple las confundió con Nueva Guinea. En el mismo año, el francés Louis Antoine de Bougainville "descubrió las mismas islas de nuevo", pero no las reconoció como las Islas Salomón y las nombró –como era de esperarse–, con su propio nombre: *Islas Bougainville*.[57] Quien "descubría" las islas, hacía una carta y las renombraba.

En la época de la U.S. Exploring Expedition se tenían muchísimas dudas sobre el archipiélago. El reconocido comandante ruso Adam Johann Ritter von Krusenstern, que ya había hecho viajes de circunnavegación en 1837, les informó a los estadounidenses, en un memorando debidamente incluido en la narrativa de viaje estadounidense, las incertidumbres que se tenían sobre estas islas. Según él, aunque el mapeo náutico había avanzado, parte del Pacífico carecía de precisión, incluyéndose las Islas Salomón:

> IV. Las Islas Salomón – Las islas fueron parcialmente visitadas por D'Urville y Shortland, en parte por D'Entrecasteaux; y diversos barcos ingleses en diferentes períodos navegaron entre ellas, pero el relevamiento más completo de todas las islas que componen este gran archipiélago todavía está a la espera. De hecho, es muy singular que ninguno de los navegantes que visitaron al Pacífico últimamente haya realizado algún tipo de estudio más sistemático de estas islas, con la excepción de D'Entrecasteaux, quien al menos navegó a lo largo de las islas del sur, de este a oeste, y de ese modo mejoró en gran medida los conocimientos hidrográficos del lugar. En 1827 publiqué una carta de las islas

---

[56] Las millas náuticas eran medidas itinerantes que variaban según el período y según el gobernante, inclusive de nación a nación.
[57] Brosse 20.

(*Carte systématique de l'Archipe des Isles Salomon*). Todo el material que existía en ese momento fue recogido: muchos registros en aparente contradicción entre sí. Me he preocupado en tornarlos coherentes y en diseñar las islas pertenecientes a este archipiélago según lo que mejor me indicó mi propio juicio.[58]

Las dificultades provocaron que el comandante ruso reuniera todas las cartas existentes hasta entonces. Aunque se trataba de informaciones inexactas y en contradicción entre sí, Krusenstern preveía completar un mapeo más preciso de las islas basado en sus propias mediciones y cotejándolas con las cartas ya existentes. Como pudimos percibir, la tarea les sobró a los viajeros que lo sucedieron. Los militares y científicos rusos, europeos y estadounidenses mantuvieron un intenso intercambio de informaciones y sugerencias sobre los viajes de circunnavegación que realizaban. En la narrativa de viaje de Wilkes, existen varias referencias a Krusenstern. Lo primero que merece destacarse es el agradecimiento que le realiza el secretario de la Marina, James Kirke Paulding, ya citado, al comandante ruso por la valiosa información que les envió a los estadounidenses (tres volúmenes de memorandos, mapas y cartas) lo cual permitió

---

[58] Wilkes v1 369. El inglés John Shortland y el francés Antoine Raymond Joseph de Bruni d'Entrecasteaux, mapearon Oceanía durante la última década del siglo XVIII. El segundo tenía instrucciones de buscar también los vestigios de la expedición de La Pérouse –desaparecida en un viaje de circunnavegación de 1788, en las cercanías de las Islas Salomón, eran dos navíos con alrededor de 200 tripulantes- probablemente, víctimas de un naufragio. *"The Solomon Islands. - These islands have partly been visited by D'Urville and Shortland, partly by D'Entrecasteaux; and several English ships have at different times sailed through them; but a complete survey of all the islands composing this great archipelago is still wanting. It is indeed very singular that, of all the navigators who have lately visited the Pacific Ocean, none have ever attempted anything like a systematic survey of these islands, with the exception of D'Entrecasteaux, who, at least, sailed along the southern islands, from east to west, and thus greatly improved the hydrography of them. I have published, in the year 1827, a chart of these islands, (Carte Systématique de l'Archipel des Isles Salomon). Having collected all the material that were to be had at that time, many of them in apparent contradiction to each other. I endeavored to reconcile them, and to delineate the islands belonging to this archipelago, to the best of my judgment"*

una buena planificación de la U.S. Exploring Expedition. En el documento citado, Krusenstern elaboró una lista de regiones e islas que debían ser verificadas para concretizar el mapeo.

Los problemas de cartografía y de ubicación eran cuestiones transnacionales y afectaban a varios países. Aunque Cook ya había anunciado la precisión de la longitud en altamar, aún restaba mucho para ubicar y mapear, particularmente en el Pacífico. Además de las Islas Salomón, Krusenstern les señaló a los estadounidenses, en su memorando, una cantidad de islas en el Pacífico, tales como las Paumotu (en la actualidad, Tuamotu, Polinesia Francesa) con el fin de que verificaran la exacta ubicación y mapeo.[59]

Las naciones competían entre sí, particularmente en la disputa sobre el Pacífico, al tiempo que compartían dudas y discutían soluciones a través de memorandos, oficios diplomáticos, pero principalmente a través de informaciones y consideraciones expuestas en los informes de viaje. Algunos confirmaban las cartas de otros en un esfuerzo conjunto por unificar el conocimiento sobre el mundo, aunque manteniéndose la debida pugna y disputa de poder.

## 2.2 Las longitudes en altamar y la instauración de las coordenadas geográficas modernas.

El tema de la búsqueda por la precisión de las longitudes ya es conocido por los investigadores en la Historia de la Ciencia y la Historia de la Cartografía, pero para el propósito de esta investigación, merece ser más destacado. Como se ha señalado, la busca de soluciones al problema movilizó gobiernos, científicos, militares, diplomáticos y demás sectores interesados. Desde el siglo XVII, varias naciones invirtieron en la construcción de observatorios astronómicos, contrataron astrónomos, crearon

---

[59] A pesar de las recomendaciones del comandante ruso, las Islas Salomón no recibieron una atención especial de la Exploring Expedition. Los estadounidenses mostraron más interés en las islas Tuamotu, principalmente en Taití, y Hawái, además de Oceanía y Nueva Zelanda.

organismos especializados, entre otros propósitos, presionados por la urgencia de especificar la longitud, especialmente las potencias marítimas de la época, Inglaterra y Francia. Esta última instituyó el Observatoire de París en 1669 y la primera, el Royal Observatory of Greenwich, en 1675. Los demás países no se quedaron atrás. España inauguró el Real Observatorio Astronómico de Madrid en 1790. En Portugal, la Real Academia de Ciencias estableció el Observatorio Astronómico de Lisboa en 1787, y el observatorio exclusivo de la marina entró en funcionamiento en 1798.

A su vez, el Observatorio Nacional de Rio de Janeiro fue inaugurado en 1827, el de los Estados Unidos, en Washington, en 1842, el mismo año en que la U.S. Exploring Expedition volvió de su viaje exploratorio.[60] Los rusos crearon el Observatorio de Polkovo, en 1839. A lo largo del siglo XIX, muchos países construyeron sus propios observatorios astronómicos con idéntica finalidad, tal como el Observatorio Astronómico Nacional de México, en 1878.[61]

Inglaterra, en 1714, creó el Board of Longitude, nombre bajo el cual se hizo conocido el Commissioners of Discovery of the Longitude at Sea, confirmando la urgente necesidad de una determinación precisa del meridiano. Tal como vengo sosteniendo, el desconocimiento que se tenía sobre el Atlántico era considerable, inclusive para la propia Gran Bretaña. En días de baja visibilidad, habitual en la región, los desastres eran comunes. Entre los comentados naufragios de la época –y uno de los acontecimientos que impulsaron la creación del Board of Longitude– se encuentra el de las Islas Scilly, vecinas de Inglaterra (aproximadamente a unos 40 km.). En 1707, bajo una densa niebla, zozobró el escuadrón de cuatro grandes buques de guerra británicos, comandados por el capitán Cloudesley Shovell, quitándole la vida a unos 1.400 hombres.

El Board of Longitude concentraba lo que había de más notable en términos de saberes y tecnología centrados en la navegación, la astronomía y las matemáticas. Reunió a científicos influyentes, entre ellos el ya citado Isaac Newton. A pesar de los esfuerzos, el problema persistió y se

---

[60] El observatorio astronómico de la Universidad de Harvard era considerado una referencia antes de crearse el observatorio nacional.
[61] Rieznik.

prolongó como tema de debate entre políticos, militares, científicos, comerciantes, entre otros, durante los siglos XVII, XVIII e inicios del XIX.

Desde principios del siglo XVIII las naciones estimularon el desarrollo de cálculos en mediciones de navegación marítima para la fabricación de cartas más precisas. Inglaterra –la mayor Marina de la época– salió en primer lugar. El octante, así llamado debido a la forma del instrumento construido como un octavo de círculo, fue propuesto por el inglés John Hadley a la Royal Geographical Society, en 1731. El dispositivo permitía calcular la longitud al adoptar como referencia la altura de los astros observables a partir de dos espejos. Fue el primer instrumento de doble reflexión capaz de leer ángulos de hasta 90°. También en 1714, el Parlamento inglés votó la Longitude Act, que instituía un premio de 20.000 libras esterlinas para quien inventase un método capaz de determinar la longitud de un lugar, con un error inferior a medio grado.

La promoción de premios para quienes resolvieran el problema no se limitó apenas a Inglaterra: en 1598 el rey Felipe III de España ofreció un premio y una pensión de por vida a quien resolviese la exactitud de la longitud. Quien respondió al llamado fue Galileo, en 1616, proponiendo utilizar los eclipses de las lunas de Júpiter para resolver la cuestión. El debate movilizó a científicos y oficiales, ya que había una divergencia en cuanto a si la solución era astronómica o mecánica. El reloj de péndulo ya había sido descartado porque, en general, perdía precisión en altamar; por lo tanto, si la solución era mecánica, el aparato aún necesitaba ser inventado.

A diferencia de la latitud, ya establecida a partir de los instrumentos y de la posición del Sol (cuando se encuentra en su punto más alto, el cenit), la longitud se instituía a partir de las horas y, para ello, era necesario fijar un meridiano de referencia. Si bien se consideraba "natural" reconocer que la línea de mayor circunferencia del globo fuera la de latitud cero (el Ecuador), el diseño de la línea del meridiano era más arbitrario y podía trazarse en diferentes lugares, dependiendo de los cálculos que decidieran adoptarse.

Por lo tanto, para poder establecer una ubicación exacta en altamar eran necesarias la latitud y la longitud. Y para obtener la longitud se requería una operación más compleja. Era necesario tomar dos referencias simultáneamente, en dos lugares diferentes: una en el meridiano de referencia (generalmente en la capital del país) y la otra en el lugar donde estaba el barco (en el mar o en costas distantes).

La precisión era inherente al proceso, porque, al identificárselo como hora, un grado de longitud podía corresponder, si se encontraba cercano al Ecuador, a 125,93 km. Debido a la forma del planeta, mientras que un grado de longitud en el Ecuador era equivalente a la distancia mencionada, la misma disminuía en gran escala cuando la medición se efectuaba cerca de los polos. No se divisaban soluciones a corto plazo. ¿Cómo resolver la cuestión de la precisión de una medición dada en grados estando los barcos en movimiento? ¿Cómo se podían construir instrumentos de precisión resistentes a las diferentes condiciones climáticas a las cuales se veían sometidos los navíos?

Es conocida la hazaña del relojero John Harrison que se dedicó a sus mecanismos durante cuarenta años, hasta llegar a inventar el cronómetro marítimo de alta precisión, asegurando la precisión en las mediciones de longitudes en viajes marítimos de larga distancia. Siendo muy creativo, inventó una especie de reloj dispuesto en una caja de madera, donde un conjunto de resortes permitía compensar las desviaciones y llegar a una medición precisa.[62]

Muchos científicos que apostaron por una solución astronómica rechazaron la invención mecánica de Harrison y demoraron bastante tiempo para reconocer que alguien sin la educación intelecto-científica de oficiales y científicos, pudiera haber llegado a la solución del problema. Mientras que la latitud se resolvió por la observación de las estrellas (especialmente del Sol), la solución que garantizó hallar la longitud fue mecánica. El primer viaje de circunnavegación que utilizó el instrumento inventado por Harrison fue la segunda expedición del comandante inglés James Cook, entre 1772 y 1775.[63]

Después de reconocer que el tema movilizó coronas e involucró a científicos renombrados, la pregunta que permanece en pie es: ¿Qué era

---

[62] Sobel.
[63] Richardson.

lo que las naciones estaban emprendiendo entre finales del siglo XVIII y comienzos del XIX? Basándonos en lo expuesto anteriormente, además de adquirir conocimientos y control sobre el espacio geográfico del mundo, es posible afirmar que, sin lugar a dudas, las naciones estaban estableciendo las coordenadas geográficas modernas. Instituir dichas coordenadas se relacionaba con la rivalidad desarrollada por las potencias de la época, particularmente la existente entre Inglaterra y Francia.

¿Qué hicieron estos viajeros, especialmente los que circunnavegaron el mundo entero? Volvieron a mapear el mundo. Con respecto a la región del Océano Pacífico, donde se concentraban las mayores inexactitudes, se creó una cartografía prácticamente a partir de cero. Así fue cómo la Marina de Guerra, en posesión de los cronómetros, comenzó a confirmar y a rehacer su cartografía. No fue diferente con los Estados Unidos.

Una vez que se encontró la forma de trazar de manera exacta la línea de longitud, persistió un problema: para la ubicación precisa y la construcción de las cartas, era necesario admitir un meridiano de referencia –el meridiano cero–. No existían normas internacionales relativas a este problema. Londres utilizaba el que atravesaba su observatorio astronómico, el Royal Observatory of Greenwich; Francia se basaba en otro que cruzaba el Observatoire de París. Mientras tanto, algunos países musulmanes usaban La Meca, otros católicos, Jerusalén, y así sucesivamente. En definitiva: las cartas no eran uniformes, no había convenciones internacionales para el diseño de los mapas del globo terráqueo, cada país los trazaba teniendo como referencia su propio meridiano cero, que podía pasar por Londres, París, Jerusalén, La Meca, Copenhague, etc.

La elección de un único meridiano no suponía la reverencia que observamos hoy cuando mencionamos Greenwich, un lugar de turismo y un punto de referencia de la memoria nacional británica. Para muchos, es emocionante poner un pie en el meridiano cero que divide el mundo entre Occidente y Oriente. Si durante el día se puede observar una fuerte línea dibujada en la tierra, por la noche un láser de luz verde intensa corta el cielo oscuro, representando el meridiano central para la orientación de las coordenadas geográficas modernas. Fue durante el siglo XX que se creó la ceremonia con relación a Greenwich. Antes de esta época, instituir un meridiano era trazar una línea como cualquier otra. En general, los países trazaban más de una de estas líneas imaginarias, dependiendo del trabajo que iba a ser realizado.

El trabajo de mapeo llevado a cabo por la U.S. Exploring Expedition fue guiado por la referencia del meridiano de Greenwich, aunque, según William Ragan Stanton, algunos "patriotas" hubieran reclamado por un "meridiano republicano", en 1819, y en suelo nacional. Para algunos, Greenwich era un meridiano "vinculado a la Monarquía" e inadecuado para ser utilizado como referencia por parte de los estadounidenses.[64] Sin embargo, en su narrativa de viaje, Charles Wilkes demostró el cuidado que tuvo con la hora marcada en Greenwich.

En 1841, encontrándose en Oregón, en la costa noroeste de América del Norte, Wilkes expresó una profunda indignación debido a que la hora de uno de sus cronómetros había sido modificada. Él se encontraba hospedado en la casa de un colono, el Sr. Forrest, en Cowlitz, lugar que llevaba el nombre de un río y que congregaba colonos estadounidenses y misioneros. Wilkes narra que estaba bastante malhumorado porque había llovido mucho, algo que complicaba sus planes de realizar observaciones:

> Forrest fue muy amable e hizo todo lo que estaba a su alcance para distraerme, pero como me sentía predispuesto a dormir, me rendí al sueño y, después de un corto tiempo, me desperté con la sensación de haber dormido más de lo que debía. Me levanté de un salto para buscar mi cronómetro de bolsillo, el cual había dejado cuidadosamente en la mesa. A su lado había un pequeño reloj de plata, en el que no había reparado anteriormente, y fue una fantástica sorpresa descubrir que ambos estaban mostrando la misma hora. Expresé mi sorpresa en voz alta y en ese momento Forrest entró en la habitación y me dijo que había notado que mi reloj

---

[64] Stanton 1975 7.

estaba con la hora completamente equivocada (anteriormente, mostraba la hora de Greenwich) y que él me lo había acertado [al cronómetro]. No pude evitar una exclamación de estupefacción. Nos miramos uno al otro, él pareció sorprenderse tanto como yo cuando le dije que había cambiado mi hora de Greenwich por la de Cowlitz y, que con ello había interrumpido la serie de observaciones que venía realizando. A Forrest le resultó extraño que yo prefiriera la hora de Greenwich a la de Cowlitz y me dijo que su reloj estaba bien, ya que las horas habían sido establecidas exactamente con la posición del sol. Este incidente fue muy perturbador en su momento, pero nos proporcionó mucha diversión después que pasó, y fue también una gran lección: nunca más iba a permitir que un accidente similar volviera a ocurrirme con un cronómetro.[65]

El pasaje extenso, y divertido, muestra el cuidado que Wilkes tenía en mantener el horario de Greenwich en un cronómetro de bolsillo. Forrest no se dio cuenta del significado que tenía la hora de Greenwich para el capitán, ni tampoco notó que el instrumento que había modificado no era un reloj común y corriente, sino un cronómetro. El hecho de que la hora de Greenwich hubiese sido modificada comprometía las observaciones del comandante y, por lo tanto, los cálculos que estaba realizando para

---

[65] Wilkes v4 389-399. *"Mr. Forrest was very attentive, and did all in his power to amuse me; but feeling disposed to sleep, I lay down, and after a short time awoke, with the feelings of having overslept myself. I humped up to look at my pocket-chronometer, which to be careful of, I had placed on the table. Lying near by it was a small silver watch, which I had not before observed, and my surprise was great to find that they both showed the same hour. I uttered my surprise aloud just as Mr. Forrest entered the room, and told me that he had found my watch altogether wrong, (it showed Greenwich time,) and he had set it for me. I could not help making an exclamation of astonishment. We stood looking at each other, and he appeared fully surprised as I was, when I told him that he had changed my Greenwich time for that of Cowlitz, and had interrupted my series of observations. He thought it passing strange that I should prefer Greenwich time to that of Cowlitz, and told me that he was surge his watch was right, for it kept time with the sun exactly! This incident, though sufficiently provoking at the time, afforded me much amusement after it was over, and was a lesson to me never to trust a chronometer to such an accident again.*

determinar algunas localizaciones. También resultó posible verificar la centralidad que tenía Greenwich como primer meridiano en las cartas construidas durante el recorrido de la U.S. Exploring Expedition.

En general los expedicionarios, además de atenerse al meridiano de Greenwich como referencia, utilizaban también *The Nautical Almanac and Astronomical Ephemerides*, del Royal Greenwich Observatory de Londres, el primer almanaque náutico, publicado desde 1767. Poco después, otras naciones comenzaron a producir sus propias referencias. Se trataba de publicaciones que informaban sobre efemérides y datos astronómicos de gran utilidad para los navegantes en lo que se refería a cálculos y, por consiguiente, en las decisiones que deberían tomarse en altamar. El octante, el telescopio, el cronómetro, el barómetro, entre otros instrumentos, así como el almanaque náutico, se convirtieron en herramientas imprescindibles para la navegación mundial.

Aunque en expediciones como la estudiada, los estadounidenses hubieran optado por utilizar el meridiano londinense, los Estados Unidos ya habían instituido en su territorio otros meridianos que dirigían el mapeo que hacían dentro del país. En la capital, Washington, se trazó un meridiano que atravesaba la cúpula del Capitolio y otro que cruzaba la Casa Blanca. Además de esos dos, fueron demarcados otros tantos en diferentes ciudades, tales como Filadelfia, Nueva York y Boston. Los mapas de la época revelan que las opciones para la construcción de los Atlas del país dependían de un u otro meridiano. En septiembre de 1850, el Congreso estadounidense decidió que el meridiano que atravesaba el observatorio astronómico de Washington sería utilizado con fines astronómicos y el de Greenwich, con fines náuticos.[66]

### 2.2.1 Las disputas de poder en el escenario internacional y el meridiano cero.

Instituir el meridiano cero –o "meridiano universal"– fue aceptado por las potencias y el mismo fue utilizado por los navegantes. Sin embargo, la cuestión merece algunos comentarios. Hasta la segunda mitad

---

[66] Pratt 1942.

del siglo XIX, si bien ya era posible determinar el meridiano con la ayuda del cronómetro, aún no existía un consenso internacional sobre el establecimiento de un meridiano cero que fuese adoptado por todos los países. En general, para viajes de larga distancia, las Marinas de los diferentes países adoptaban los meridianos de Greenwich, Londres o París con sus respectivos almanaques náuticos. Pero como hemos visto, ese tipo de opción generaba incoherencias con respecto a la confección de los mapas, porque cada país los diseñaba con una referencia particular de ubicación.

Dentro de dicho proceso de búsqueda para decidir estándares para las coordenadas geográficas modernas –y por invitación del presidente Chester Alan Arthur (1881-1885)– los Estados Unidos organizaron, en octubre de 1884, la *International Meridien Conference* en su capital, Washington, a la que asistieron delegados de varios países: Austria, Brasil, Colombia, Costa Rica, Francia, Alemania, Gran Bretaña, Guatemala, Italia, Japón, México, Paraguay, Rusia, República Dominicana, Salvador, España, Suecia, Suiza, Venezuela y Chile.

Una vez más, la gran contienda se libraba entre las dos potencias marítimas de la época: Inglaterra y Francia. Ambos países compitieron vehementemente para que el meridiano a adoptarse fuera el trazado por sus propios astrónomos y en sus respectivas capitales. Finalmente, y con un contundente apoyo por parte de los Estados Unidos –que en la época ya era una potencia mundial extraeuropea– Greenwich fue elegido como el meridiano cero, y los que votaron a su favor se comprometieron a reconocer, a partir de entonces, las coordenadas votadas en la conferencia.

No es mi objetivo entrar en aspectos específicos de la *International Meridien Conference*, pero es interesante notar que los países de las Américas eligieron inicialmente los meridianos de París o Londres. Por ejemplo, los barcos brasileños, en viajes de larga distancia, solían utilizar el meridiano de Francia, en París. Entre otros, Brasil y Francia se abstuvieron de votar en la conferencia mencionada. Inclusive, cuando Francia percibió que los delegados internacionales se estaban inclinando hacia el lado inglés, argumentó que no sería necesario tener un meridiano estándar.[67] Los que no

---

[67] Andrewes.

participaron en la reunión y los que votaron en contra de la alternativa inglesa, demoraron para aceptar las reglas que fueron votadas. Los franceses, por ejemplo, mantuvieron el meridiano de París como referencia aún durante muchos años.

Paulatinamente, los que se opusieron a Londres fueron adoptando la norma internacional y verificando la longitud a partir del meridiano que pasaba por Greenwich.

Recién con el establecimiento del meridiano cero fue posible dibujar la cuadrícula de líneas del planeta, conocidas como meridianos (longitud) y paralelos (latitud), referencias que se mantienen hasta el presente. Se acordó que el meridiano de Greenwich dividiría el globo entre el este y el oeste, entre Occidente y Oriente. Las convenciones indicaban que las mediciones hacia el oeste irían acompañadas del signo de disminución (-); mientras que, hacia el este, los cálculos vendrían con el signo matemático de adición (+). Dicho acuerdo internacional, como sabemos, considera que el viajero que se dirige hacia el oeste deberá atenerse al hecho de que a cada huso horario que atraviese tendrá que incrementar una hora, mientras que en los desplazamientos hacia el este hará lo contrario.

A partir de entonces, se establecieron las demás convenciones internacionales, conocidas como la *Línea Internacional del Tiempo* (o *Línea de Cambio de Fecha* o tan sólo *Línea de Tiempo*), trazadas exactamente en oposición al meridiano de Greenwich. Esa línea corta al Océano Pacífico de un polo al otro y se la conoce porque al atravesarla en viajes que van del este hacia el oeste, se llega a destino en un horario anterior al que se embarcó. Tales decisiones permitieron establecer el día universal (empezando a la medianoche en Greenwich) y, finalmente, se estableció el conocido *Greenwich Main Time* (GMT), el marcador oficial del tiempo en el planeta. Actualmente se utiliza un sistema más preciso: el *Coordinated Universal Time* (UTC), basado en el *International Atomic Time*, que evalúa las fracciones de un segundo en la rotación exacta de la Tierra.

Por lo tanto, vale destacar que, aunque consolidado y aparentando ser muy "natural", el sistema de meridianos y husos horarios que conocemos hoy en día es una construcción humana muy reciente. Tomó tiempo, exigió el esfuerzo conjunto de las potencias (considerándose las rivalidades antes mencionadas), la dedicación de técnicos, científicos y personal militar, así como las habilidades diplomáticas. Resulta curioso que el establecimiento de la cuadrícula imaginaria de meridianos y paralelos que rodea la Tierra –además del desarrollo de equipos de alta precisión y las respectivas mediciones del tiempo en cada zona–, coincidiera con el momento en que los científicos discutían aspectos centrales de la Física moderna, tal como la cuestión del espacio-tiempo.[68]

De este modo constatamos que, entre las últimas décadas del siglo XVIII y comienzos del XIX, las Marinas de Guerra de las diferentes naciones, poseedoras de almanaques náuticos e instrumentos de precisión, confirmaron o rehicieron las cartas náuticas que se conocían hasta entonces, unificando mapas y datos sobre el planeta. La expedición estadounidense fue una de las que se unió al esfuerzo occidental –a favor de un conocimiento conjunto producido por las naciones–, para llenar vacíos y comprobar el conocimiento que se tenía sobre el mundo. Además, los gobiernos, apoyados por instituciones científicas y militares, discutieron y trazaron la malla de las coordenadas geográficas modernas. Aunque consolidado, y aparentemente antiguo para muchos, se trata de un sistema bastante reciente, si consideramos que el meridiano cero fue definido recién a finales del siglo XIX y que fue siendo paulatinamente adoptado por los países durante las primeras décadas del siglo XX.

---

[68] Galison.

## 3
## TENSIONES EN LA CONFIGURACIÓN DEL "SABER LOCAL": MAPEO NÁUTICO Y CIENCIAS NATURALES

Este capítulo tiene como objetivo mostrar que los años en que los Estados Unidos llevaron a cabo la U.S. Exploring Expedition, coinciden con el momento en el cual ocurrieron las transformaciones relacionadas con el alcance de la "institucionalización del saber" en dicho país. La joven República trataba de formar profesionalmente a los especialistas y establecer los campos del conocimiento dentro de los órganos gubernamentales, universidades y demás instituciones científicas, en general, espejándose en lo que estaba ocurriendo en Europa. Algunas veces lo hicieron dialogando, otras tantas compitiendo contra los europeos o también tratando de participar en redes de conocimiento occidentales, particularmente las integradas por científicos y militares. Por más que abogaran a favor de un conocimiento local basado en disciplinas y corrientes científicas, el conocimiento sobre el mundo ya era transnacional.[69] Veremos que el viaje exploratorio fue crucial para que se pudieran concretar determinados proyectos en dicha área.

### 3.1 La tarea primordial: el mapeo náutico.

Como ya fue dicho, el mapeo fue la primera tarea del viaje exploratorio. Tal prioridad resulta evidente, una vez más, en el particular énfasis dado a la división del trabajo entre oficiales y científicos, demostrado en las instrucciones formuladas por el secretario de Marina, James Kirke Paulding:

> Aunque el primer objetivo de la Expedición sea promover los grandes intereses del comercio y de la na-

---
[69] Salvatore.

vegación, usted tendrá en cuenta todas las oportunidades que no resulten incompatibles con los notables objetivos, ya propuestos, de extender los límites de la Ciencia y de promover la adquisición de conocimientos. Para tener éxito en esta empresa, un cuerpo científico de *gentlemen* que consta de los siguientes nombres, acompañará a la Expedición y estará bajo su dirección: Sr. Hale (filólogo), Sr. Pickering y Sr. Peale (naturalistas), Sr. Couthouy (conquiliólogo), Sr. Dana (mineralogista), Sr. Rich (botánico), Sres. Drayton y Agate (artistas) y Sr. Brackenridge (especialista en horticultura). En cuanto a la hidrografía y geografía de los diversos mares y países, debe visitarlos en la ruta ya indicada en las instrucciones anteriores; usted y los demás investigadores detallados deberán prestarle especial atención a la Astronomía, al magnetismo terrestre y a la meteorología. Estas tareas se les confían exclusivamente a los oficiales de la Marina, en cuyo celo y talento confía el Departamento para obtener resultados que les permitan a los futuros marineros navegar siguiendo el rastro de sus veleros, sin miedo y sin peligros.[70]

---

[70] Pauding, apud Wilkes v1 XXX. *"Although the primary object of the Expedition is the promotion of the great interests of commerce and navigation, yet you will take all occasions, not incompatible with the great purpose of your undertaking, to extend the bounds of science, and promote the acquisition of knowledge. For the more successful attainment of these, a corps of scientific gentlemen, consisting of the following persons, will accompany the Expedition, and are place under your directions. Mr. Hale (Philologist), Mr. Pickering and Mr. Peale (naturalists), Mr. Couthouy (Conchologist), Mr. Dana (Mineralogist), Mr. Rich (Botanist), Mr. Drayton and Mr. Agate (Draughtsmen), Mr. Brackenridge (Horticulturist). The hydrography and geography of the various seas and countries you may visit in the route pointed out to you in the preceding instructions, will occupy your special attention; and all the researches connected with them, as well as with astronomy, terrestrial magnetism, and meteorology, are confided exclusively to the officers of the navy, on whose zeal and talents the Department confidently relies for such results as will enable future navigators to pass over the track traversed by your vessels, without fear and without danger".*

Las tareas estaban claramente divididas: el énfasis de Paulding recayó sobre las que consideraba estratégicas, a las que Wilkes debía "dedicarles su especial atención ". Destacaba además la importancia de la hidrografía (relevamiento de las plantas de costas e islas) y, consecuentemente, de la astronomía y del magnetismo terrestre. El conocimiento sobre estos campos era considerado indispensable para la elaboración de cálculos necesarios para una detallada confección de las cartas y para la ubicación exacta de los buques, ya sea que se encontraran cerca de las costas o en altamar. Dichas tareas debían permanecer en manos de los oficiales de la U.S. Navy, cabiendo recordar que eran claros los objetivos de capacitación para el nuevo personal de la institución. En segundo lugar, y "aprovechando la ocasión", según las expresiones del Secretario de la Marina, se encontraban los científicos, también subordinados al capitán, quien indicaba dónde y por cuánto tiempo debían trabajar. En los viajes científicos, los intercambios y los intereses mutuos entre científicos y oficiales eran evidentes, pero debe destacarse que el trabajo de los primeros era visto como secundario por parte del gobierno y por la propia U.S. Navy, con respecto a la responsabilidad asumida por el mapeo llevado a cabo por los oficiales.[71]

### 3.1.1 El U. S. Coast Survey y la formación de personal en la U. S. Navy.

Antes de aceptar el cargo de comandante de la expedición, Charles Wilkes había sido jefe del Depot of Charts and Instruments en Washington, organismo responsable de la centralización tecnológica de navegación en los Estados Unidos y predecesor de The United States Naval Observatory, fundado en 1842. Los oficiales se destacaban en el mantenimiento de la agudeza de los instrumentos náuticos, en particular de los cronómetros. Como ya fue explicado, comprobar la precisión de dichos mecanismos era esencial, ya que los más mínimos errores en las mediciones significaban desaciertos reales de muchas millas náuticas.[72]

---

[71] Viola 1985 9-23.
[72] Dick.

Wilkes se especializó en las artes de la cartografía en 1833, cuando fue responsable de mapear Narragansett Bay, un estuario en la costa de Rhode Island. Venía desarrollando un proceso de especialización en el tema desde la década de 1820, trabajando con el famoso suizo, Ferdinand Hassler, matemático, cartógrafo y estudioso de Geodesia. Hassler había llegado a los Estados Unidos por intermedio del entonces presidente Thomas Jefferson (1801-1809), después de aceptar la invitación para instalar en el país el U.S. Coast Survey, organismo responsable del exacto mapeo de la costa este estadounidense, ya que el intenso tránsito de buques comerciales requería seguridad.[73] El U. S. Coast Survey fue responsable de un intenso trabajo durante todo el siglo XIX, enfrentándose algunas veces con otras instituciones estadounidenses también responsables por los mapeos.[74]

Wilkes también estudió con Nathaniel Bowditch, un conocido matemático estadounidense quien, impresionado por la precisión de los mapas del oficial, lo recomendó como comandante del viaje exploratorio.[75] El método de mapeo basado en la triangulación ya se utilizaba anteriormente en Europa y era común en viajes similares, desde el siglo XVIII.[76] Pero con Hassler el método conquistó rigor y sofisticación en los Estados Unidos. El hecho de haber aprendido con especialistas internos y externos a la academia naval le proporcionó a Wilkes los conocimientos necesarios para la aplicación del método de triangulación en la construcción de cartas en aguas que no fueran las nacionales, ya ampliamente utilizados por Ferdinand Hassler.

### 3.1.2 Verificando cartas antiguas, construyendo nuevas.

Aunque la expedición concentrara sus esfuerzos en el Pacífico y en la costa noroeste de América del Norte, el Océano Atlántico en sí todavía carecía de mapas precisos y la expedición no se negó a tal función.

---

[73] Wilkes 1978 216-235; Wilford. Sobre la construcción de los mapas en períodos anteriores al U. S. Coast Survey: Bruckner.
[74] Manning.
[75] Wilkes 1978 326-327.
[76] Baeza y Leiva 132.

## A toda vela

Registro en mi trabajo algunos de los puntos mapeados por la U.S. Exploring Expedition en el mencionado océano para demostrar el trabajo realizado, no sólo en el Atlántico, sino también en otras aguas. Cito, una vez más, al Secretario de Estado James Kirke Paulding en las instrucciones que le fueron dadas a la expedición:

> Tan pronto como los veleros estén listos en todos los aspectos, usted [Charles Wilkes] partirá de Norfolk y tomará el curso a Río de Janeiro, cruzando la línea entre las longitudes 18° y 22° W., y permaneciendo entre estos meridianos alrededor de la latitud 10° S., con el fin de determinar la existencia y las posiciones correctas de los bajíos y accidentes sumergidos, que se cree que existan, y que fueron señalados como 'en dudas' en las cartas. Es útil comprobarlos en razón de nuestros intereses comerciales.[77]

El fragmento confirma la existencia de cartas inexactas y la urgencia con que Estados Unidos trató de resolver estos problemas. Veremos que, en primer lugar, se esforzaron por establecer un saber propio, nacional, participando en un trabajo conjunto, al buscar insertarse en las redes transnacionales de conocimiento.[78] Al mismo tiempo, trataban de posicionarse internacionalmente como un país que dominaba aspectos importantes de la ciencia y de la técnica de la época.

En el Atlántico, cerca de la isla de Madeira, los cartógrafos de la U.S. Exploring Expedition, antes de anclar en el puerto de Río de Janeiro, a partir de la longitud tomada con precisión y teniendo a Greenwich como

---

[77] Pauding, apud Wilkes v1 XXV.
*"As soon as these vessels are in every respect ready, you will accordingly take your departure from Norfolk, and shape your course to Rio de Janeiro, crossing the line between longitude 18° and 22° W., and keeping within those meridians to about latitude 10° S. with a view to determine the existence of certain vigias or shoals laid down in the charts as doubtful, and whose position, should they be found to exist, it is deemed useful to the interests of our commerce to ascertain."*

[78] Sobre la cuestión de lo local y de lo global en las redes de conocimiento: Salvatore.

referencia, localizaron un bajío, conocido como María Rock, que ya había sorprendido a otros expedicionarios. Wilkes informa en las primeras páginas de la narrativa:

> El primer bajío encontrado, María Rock, se considera que esté en la latitud 19° 45' N., y longitud 20° 50' W. A su alrededor, nuestra posición fue cuidadosamente establecida. Los veleros se extendieron en orden abierto y en marcha navegaron para pasar directamente sobre el lugar. La superficie visible del océano era no menos de 20 millas de latitud [36,56 km], con la oportunidad que el clima despejado podía ofrecer. Los buenos observadores se mantuvieron en la parte superior del mástil y hubo suficiente movimiento para causar colisiones con cualquier bajío situado a 15 pies [4,57m] de la superficie. Nos movimos sobre el lugar sin percibir nada que indicara el accidente sumergido.[79]

El accidente geográfico sumergido fue así denominado debido a que en ese lugar había zozobrado el navío portugués María, en 1821. En el citado pasaje, el comandante demuestra experiencia en la localización y en el mapeo exactos de un accidente sumergido que aparecía incierto en los mapas náuticos existentes sobre dicha región atlántica. Poco a poco, los expedicionarios estaban verificando cartas, llenando "huecos" en las ya existentes o, inclusive, construyendo otras nuevas.[80]

---

[79] Wilkes v1 30. *"The first shoal searched for was the Maria Rock, said to be in latitude 19° 45'N., and longitude 20° 50' W. In its neighborhood our position was carefully ascertained. The vessels were then spread in open order, and a course sailed to pass directly over the spot. The surface of the ocean visible was not less than twenty miles in latitude, with every opportunity which clear weather could afford. Good look-outs were kept at the masthead, and there was a sufficient swell to cause breakers on any shoal within fifteen feet of the surface. We ran over the locality without perceiving anything that indicated a shoal."*

[80] Wilson 2003.

## A toda vela

Los viajeros dialogaban con otros que les habían precedido en la realización de la misma obra de mapeo y dejaban registradas informaciones e indicaciones para los próximos navegantes que se aventurasen en las mismas regiones. Por lo tanto, este trabajo de mapeo de la Tierra fue un trabajo conjunto y transnacional. Vimos en el capítulo anterior que el comandante ruso Adam Johann Ritter von Krusenstern, en memorando enviado a los especialistas estadounidenses, informaba sobre el trabajo que había hecho en las Islas Salomón. En el mismo, explicaba que los franceses D'Urville y D'Entrecasteaux y el inglés Shortland mapearon parcialmente la región y, además, les confirmaba a los estadounidenses cuál era el trabajo que aún restaba por hacer. En el Pacífico, la U.S. Exploring Expedition iba a poder completar la tarea de mapeo y reconocimiento de las islas.

Este intercambio de informaciones y constataciones, principalmente entre los cartógrafos militares, muestra el trabajo transnacional realizado en lo que se refiere al mapeo del globo terrestre, durante la segunda mitad del siglo XVIII y la primera del XIX. No obstante, los viajes científicos, como ya vimos, eran operaciones estratégicas y con finalidades geopolíticas. Por lo tanto, algunas informaciones eran divulgadas mientras que otras permanecían en secreto.

Aunque el secretario de la Marina y Charles Wilkes hubieran reconocido la deuda que tenían con otros navegantes, el trabajo de la U.S. Exploring Expedition –así como el de otras circunnavegaciones– era visto como un emprendimiento exclusivamente nacional. Reitero que dichas prácticas revelan la existencia de una dinámica red compuesta por científicos y militares actuantes a nivel transnacional durante la primera mitad del siglo XIX. Desde mi punto de vista, la propia realización de la U.S. Exploring Expedition señala la intención estadounidense de participar en tal red de un modo más efectivo. Además, confirma lo que Ricardo Salvatore incluyó como característica de los "lugares de saber": la tensión derivada del "enraizamiento del saber local" y del transnacional, ya que se trataba del resultado de un grupo de especialistas de diferentes naciones.

Encontrándose en aguas argentinas, cerca de la Patagonia, Wilkes informó sobre el mapeo del navío Relief:

Existe un bajío al oeste del Cabo de Tres Puntas, al cual el comandante Long [del Relief] después de anclar, envió tres botes para examinarlo. La menor profundidad encontrada fue de siete brazas (alrededor de 12,8 m.), presumiéndose que sea la continuación del bajío de Byron. La roca Bellaco fue vista en la latitud 48° 30' S., longitud 66° 07' 11" W. Hay otra roca que se curva a S. 17°, alrededor de nueve o diez millas [18,2 km] de distancia, en la latitud 48° 38' 44" S., longitud 66° 03' 53" W. Esta última roca fue encontrada en posición correspondiente con la de Bellaco de Nodales. Parece, por lo tanto, que hay dos rocas, y que la señalada por el capitán Stokes no es la verdadera Bellaco. Sin embargo, se encuentra en la posición indicada por Nodales en 1619; y es probable que el Relief sea el primer velero que indicó la presencia de ambos. Esta discrepancia se debe posiblemente al hecho de que la verdadera Bellaco estuviera cubierta por la marea cuando el capitán Stokes pasó por esa parte de la costa.[81]

Este fragmento resulta ejemplar para observar cómo se llevó a cabo el trabajo cartográfico en conjunto con otras naciones, teniendo otras –y anteriores– narrativas de viaje como objeto de discusión. Debatían las imprecisiones encontradas en otras cartas y en otros informes de viaje y buscaban la ubicación correcta. Una vez más, el trabajo no se hacía

---

[81] Wilkes v1 115-116. *"There is a shoal to the wesward (sic) of Cape Three Points, which Lieutenant-Commandant Long, after anchoring, sent tree boats to examine. The least water found upon it was seven fathoms, this was believed to be a continuation of the Byron Shoal. The Bellaco Rock was seen in latitude 48° 38' 44" S. 17° E. (true), about nine or ten miles distant, in latitude 48° 38' 44" S., longitude 66° 03' 53" W.; this last rock was found to correspond in position with the Bellaco Rock of Nodales. It would seem, therefore, that there are two rocks, and that the one given by Captain Stokes is not the true Bellaco, but that it lies in the place assigned it by Nodales in 1619, it is probable that the Relief is the first vessel that has verified the existence of both. To account for this discrepancy, it is possible that the true Bellaco was covered with the tide when Captain Stokes passed that part of the coast."*

sin rivalidades y pugnas. Obsérvese, en ciertos momentos, el entusiasmo manifestado por Wilkes al "acertar" la ubicación que había sido establecida por un predecesor.

Wilkes también menciona a John Byron, un navegante inglés que completó la circunnavegación en 1764, y a Pringle Stokes, de la misma nacionalidad, el hombre que comandó el Beagle en su viaje a América del Sur, en 1826. En esa fecha, el Beagle hizo su primer viaje (1826-1830), acompañando un velero más grande, el Adventure, comandado por Philip Parker King en un viaje de mapeo. La historia del primer viaje del Beagle es trágica, ya que Stokes, que se encontraba severamente deprimido, se suicidó en Tierra del Fuego. El segundo viaje del Beagle (sin circunnavegación alrededor del mundo), del cual participó el naturalista Charles Darwin, tuvo lugar entre 1831 y 1836.[82]

Vale aclarar una cuestión: cuando Wilkes hace referencia a "Nodales", se está refiriendo a los hermanos Bartolomé y Gonzalo García Del Nodal, navegantes que mapearon el extremo austral de América del Sur en el siglo XVII. Ellos señalaron una nueva ruta al sur de la actual Tierra del Fuego como alternativa para pasar del Atlántico al Pacífico a través del Estrecho de Magallanes. Para realizar el estudio geográfico, el capitán de la U.S. Exploring Expedition dialogaba con los cartógrafos de los siglos XVII, XVIII y XIX que habían reconocido previamente la región, e indicaba el éxito de su viaje al afirmar que el Relief, uno de los veleros de la expedición, había dirimido las incertidumbres.

Ya en el Pacífico, y después de haber visitado la costa oeste de América del Sur, concentraron sus esfuerzos en el Grupo Paumotu (actualmente, Polinesia Francesa o Archipiélago de Tuamotu):

> Después de pasar la noche, ya a la luz del día (...), abrimos un pasaje hacia la isla Serle, primero establecimos nuestra distancia desde el punto de Clermont de Tonnere por triangulación. Luego, navegamos tal como

---

[82] Desmond y Moore.

fue registrado, directamente a la isla Serle, lo cual significa que cubrimos la distancia entre las dos islas: veintiséis millas y dos décimas. No hay señales de ninguna otra isla entre estas dos. Imagino que eso resuelva el problema entre Duperrey y Beech. Este último estaba, sin dudas, totalmente equivocado con relación a la longitud de Clermont de Tonnerre, que él ubica a unos 20 minutos de distancia al este. No tengo ninguna duda de que se produjo algún error accidental en su observación. En cuanto a la isla Serle, Duperrey, Beechey y yo estamos de acuerdo, con una insignificante diferencia de minutos. Serle es una isla de coral poco profunda (...) tiene pocos habitantes. La posición a sudeste en la latitud 18° 21' 10" S., longitud 137° 04' 0" W".[83]

Los veleros se separaban para ejecutar actividades similares en diferentes islas, lo que permitía el mapeo de todo el archipiélago. En la referida citación, Wilkes dialoga, confiere datos y cálculos con Louis Isidore Duperrey, un oficial francés que acompañó la circunnavegación de Jules Dumont Durville (1822-1825), y con el inglés Frederick William Beecheey, que hizo un viaje al Pacífico y mapeó el Estrecho de Bering (1825-1828). Se observa que incluso con el uso de cronómetros (Beecheey ciertamente los usaba), todavía existían posibilidades de error en las cartas de Wilkes. No sabemos, sin embargo, si otro navegante corrigió las cartas

---

[83] Wilkes v1 327. *"After lying to for the night, we, at daylight (...) bore away for Serle Islans, having first ascertained our distance from the point of Clermont de Tonnerre by triangulation. We then ran by the patent log for Serle Island direct, by which means we made the distance between the two islands, twenty-six miles and two-tenths. No signs of any other island exist between these two. This will, I think, settle the question between Dyperrey and Beechey. The latter is undoubtedly wrong as respects the longitude of Clermont de Tonnerre, which he places some twenty minutes too far to the eastward, and I doubt not some accidental error has occurred in his observation; for I find, at Serle Island, Duperrey, Beechey, and myself, agree within a few minutes. (...) Serle is a low coral island (...) There are but few inhabitants on it. The position of its southeast end is in latitude 18° 21' 10" S., longitude 137° 04' 10" W."*

de Wilkes, aunque ellas son famosas por su precisión. Algunas, especialmente las de ciertas islas del Pacífico, fueron utilizadas hasta la Segunda Guerra Mundial.[84]

A continuación, presento un ejemplo del trabajo de mapeo, basado en la triangulación, la trigonometría y otros cálculos que configuraban el método de triangulación, utilizado para la cartografía de islas y tomado del primer volumen de la narrativa.

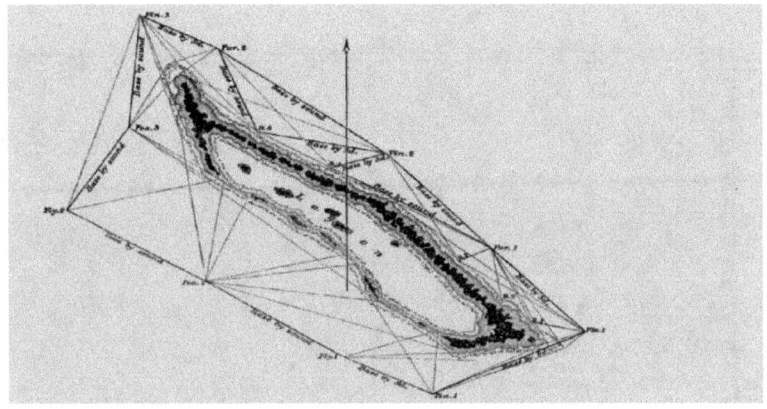

**Ejemplo de mapeo por triangulación.**[85]

Mapear las plantas de las costas y de las islas no era un trabajo fácil ni sencillo. Para hacer este relevamiento, la práctica que se utilizaba era construir una estructura de triángulos sobre la región a mapear, formando una base para el trabajo de los cartógrafos. Los triángulos eran calculados y trazados uno a partir del otro. Las medidas se tomaban estando a bordo, en el mar, pero eligiendo como referencia un punto de observación fijo en la playa (una especie de teodolito), con el fin de establecer una red trigonométrica regular, capaz de cubrir el espacio que sería mapeado. Los barcos se movían y anclaban en otra posición, los oficiales seguían en bote

---

[84] Durante la Segunda Guerra Mundial, y en la región del Pacífico, los estadounidenses se apoyaron en algunas cartas dibujadas por los oficiales de la expedición, dado que eran las únicas que la Marina poseía sobre determinadas islas. Philbrick 2003.

[85] Wilkes v1 452.

hasta llegar a la playa, verificando las mediciones mientras eran dibujados nuevos triángulos. Con esta técnica, las costas o islas podían delinearse con precisión y era posible establecer los puntos entrecortados de su perímetro.[86] Los oficiales y marineros trabajaron de esa manera en varias oportunidades durante el viaje. Como ya lo he dicho, Wilkes y los suyos fueron responsables de 280 islas (la mayoría ubicadas en el Pacífico), lo que se tradujo en la elaboración de unas 180 cartas. Fue un trabajo verdaderamente exhaustivo.

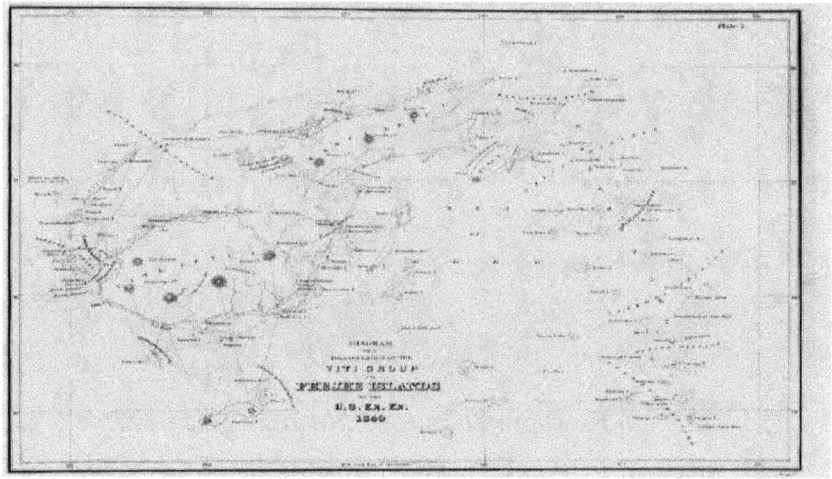

**Ejemplo de mapeo a través del método de triangulación de las Islas Fiyi.[87]**

### 3.2 Otro continente: la disputa por la Antártida.

Si el comercio fue el principal argumento para que la expedición recibiera la aprobación del Congreso y la financiación adecuada, especialmente con respecto a la caza de ballenas, el esfuerzo en nombre de la

---

[86] Ehrenberg; Wolter; Burroughs.
[87] Wilkes 1861v23 6b.

ciencia fue el segundo argumento. Desde 1828, la promoción de una expedición científica financiada enteramente por el gobierno ganaba cuerpo y circulaba en periódicos y medios académicos y militares.

Jeremiah Reynolds, un joven editor e influyente periodista, fue uno de los lobistas que instaron al Congreso para que aprobara el viaje científico. Reynolds era partidario de las ideas de John Cleves Symmes, un ex oficial del ejército interesado en la física y la geología, quien sostenía que debían verificarse los polos de la Tierra. Según este científico amateur, existían indicios de la presencia de enormes agujeros en los polos del globo, debido a la similitud de los animales que habitaban los dos extremos. Symmes publicó varios textos sobre el tema, lo que hizo que su teoría fuese relativamente popular en su momento. Pensaba que la Tierra era una esfera sólida, aplanada en los extremos y hueca en su centro, lo cual indicaba la posibilidad de que existiera vida en su interior. Symmes divulgó mucho su teoría, llegando a recaudar fondos para un posible viaje probatorio hacia el Polo Norte.

Jeremiah Reynolds llevó adelante el proyecto de Symmes (*hollow earth theory*) y, en nombre de la ciencia, reivindicaba que una expedición de circunnavegación les daría una atención especial a los polos y podría conferir la hipótesis de Symmes.[88] Hoy en día, tal teoría nos parece desmedida y absurdamente fantasiosa. Aunque infundada, la conjetura de Symmes –debido a la divulgación y consecuente repercusión que obtuvo– fue considerada positivamente tanto por los científicos como por el público en general.[89] Más relevante que las hipótesis poco plausibles de la época, resulta significativo lo que el hecho en sí nos revela: el planeta era aún desconocido durante la primera mitad del siglo XIX, incidiendo en demandas por el dominio de saberes, lo que sin dudas le daría altos réditos a los autores de ciertas especulaciones así como al país que financiase tales desafíos.

Más aún: tanto lo que la teoría de Symmes –que ayudó a impulsar la aprobación de la U.S. Exploring Expedition– como la propia realización

---

[88] Viola 1985; Stanton 1975; Philbrick 2003.

[89] Edgard Allan Poe se dedicó a la teoría de Symmes y Reynolds en una de sus novelas: Poe.

de la expedición revelan, es que Estados Unidos estaba invirtiendo en la construcción de un saber local, fortaleciendo a las universidades y a las demás instituciones científicas. En otras palabras, buscaban "institucionalizar el conocimiento", superando así el amateurismo de la joven nación.

Mientras el *Vincennes* permanecía en Orange Harbour, otros barcos se dirigían hacia el continente helado. Finalmente, la U.S. Exploring Expedition llegó a la Antártida. Sin embargo, lo que fue verificado se encontraba bastante lejos de lo que había sido especulado por Symmes. En su momento, fue considerado el logro más notable de la expedición, el hecho de que Charles Wilkes hubiera demostrado que la Antártida era un nuevo continente, además de los ya conocidos (Europa, Asia, África, América, Oceanía).[90] Aunque hayan existido controversias sobre si les pertenecía a estadounidenses, franceses o ingleses la primacía del descubrimiento, hoy en día los autores le atribuyen a los oficiales de la U.S. Exploring Expedition la hazaña de haber sido los primeros que vieron tierra firme en aquel lugar, un hecho que demostraba la existencia de otro continente en el planeta.[91]

**Modelo usado por John Cleves Symmes
(*hollow earth theory*).**[92]

---

[90] Stanton 1975. Brosse 1983. Philbrick 2003.

[91] Al círculo polar Ártico no se lo considera un continente, pues no tiene tierra debajo de la superficie de hielo, como sí lo hay en la Antártida.

[92] Viola y Margolis 1985 11.

Este "descubrimiento" provocó el rediseño de los mapas del globo que existían hasta entonces. La región ya había sido visitada por cazadores de focas, pero a pesar de tratarse de hábiles navegantes, esos hombres no poseían un repertorio científico-matemático que les permitiese afirmar si se trataba o no, de otro continente. En realidad, su gran mayoría ni siquiera se interesaba por dicha información.[93]

Como ya lo he indicado, Jeremiah Reynolds fue uno de los lobistas que más presionó en el Congreso para que fuera aprobada la U.S. Exploring Expedition. Wilkes no menciona a Jeremiah Reynolds en la narrativa de viaje, pero sí lo hace en su autobiografía, y no oculta cuánto le incomodaba el espacio que este último había alcanzado en los altos escalones del gobierno:

> Mi relación con la Exploring Expedition comenzó temprano, en 1828, cuando el proyecto fue llevado por primera vez a una organización efectiva, cuando el Capitán Thomas Ap. Catesby Jones fue primeramente mencionado para preparar y comandar el viaje. El Sr. Jeremiah Reynolds, que era el asistente de Simmes (sic), y creía firmemente en la teoría de la cavidad de Symmes cercana al Polo Sur, se convirtió en aliado de la empresa. Estuvo bajo las buenas gracias del secretario de la Marina Saml Southard, quien lo nombró para que reuniera informaciones de los balleneros en los puertos orientales, con el objetivo de formar una lista de islas, arrecifes y bajíos, relatadas en el Pacífico Sur, y a pesar de estar totalmente mal preparado para tal tarea, fue muy bien considerado por el gobierno.[94]

---

[93] Uno de los cazadores de focas más conocido, el estadounidense Nathaniel Palmer, estuvo algunas veces en la Antártida. La Tierra de Palmer fue bautizada de esa manera en su homenaje.

[94] Wilkes 1978 322. *"My connection with the Exploring Expedition began at an early date in the year 1828 when the subject was first moved to effect an organization, when Capt. [Thomas] Ap Catesby Jones was first appointed to fit out and to command it. Mr. [Jeremiah] Reynolds, who had been*

Este fragmento nos muestra que Reynolds había ganado espacio, no sólo entre los altos escalones del Congreso, sino también entre los de la Marina. A Wilkes lo contrariaba el hecho de que un amateur tuviese tanta influencia dentro de los círculos científicos. No obstante, lo que vale ser considerado es que las teorías científicas de la época, incluso las infundadas, ayudaron para que la concretización de la U.S. Exploring Expedition fuera aprobada por el gobierno, por más que las mismas hubiesen perdido su influencia *a posteriori*, precisamente debido a las constataciones realizadas por la expedición.

Durante la exploración, algunos de los buques se dirigieron hacia el sur en operaciones arriesgadas en medio de los *icebergs*, mientras que otros permanecieron anclados en regiones más seguras. Estuvieron en la Antártida dos veces: una primera salida desde Tierra del Fuego y otra desde Oceanía. Mientras que algunos buques se aventuraban más hacia el sur, otros permanecían en seguridad y como apoyo de los expedicionarios que se arriesgaban cada vez más y más. Wilkes, debido a su hallazgo, le dio nombre a una extensa región en el continente helado, exactamente en la parte donde avistaron tierra firme, lo cual realmente demostró que la Antártida era otro continente.

**El velero Peacock en contacto con el hielo, por Alfred Agate.**[95]

---

*a firm believer and assistant with Simmes (sic) [John C. Symmes] in his theory of Symmes Hole near the South pole, had become somewhat allied to the enterprise, had ingratiated with the Secry (sic) of the Navy Saml Southard, who appointed him to gather information of Whalers in the Eastern ports relative to forming a list of the Islands, reefs & shoals Reported to exit in the South Pacific, but he was entirely unfitted of the task and was so considered by Govt. (...)"*

[95] Wilkes v2 318.

## A toda vela

Como ya fue mencionado, el hallazgo de la U. S. Exploring Expedition fue blanco de ataques y hubo serias disputas entre las potencias por la primacía del descubrimiento. En la narrativa de viaje, Wilkes introdujo la cuestión cuidadosamente, pero con firmeza:

> Los temas a los que me referiré en los próximos capítulos son exclusivamente náuticos. Por lo tanto, debo tratarlos más bajo la forma de un cuaderno de bitácora (*log-book*), y seguir el orden cotidiano de su ocurrencia en lo más estricto que juzgo hasta ahora ser necesario. Será realizado con la intención de continuar ilustrando la naturaleza de las regiones remotas que cruzamos y con el objetivo de indicar la lista más precisa de incidencias de una parte de nuestro viaje, incidentes que no puedo sino esperar que hayan hecho interesante nuestra labor, especialmente para todos nuestros compatriotas que tienen un sentimiento de orgullo nacional.[96]

El comandante afirmaba que iba a dedicarse al asunto como si se tratara del relato de un cuaderno de bitácora, es decir, basándose en datos y hechos registrados secuencialmente en el día a día de la expedición, afirmando que ese descubrimiento sería una fuente de orgullo nacional. Y continuaba:

> El crédito por estos hallazgos ha sido reivindicado por una nación extranjera, y hasta cierto punto, se puso

---

[96] Wilkes v2 297. *"The subjects of which I am about treat in the following chapters are exclusively nautical. I shall, therefore, adopt in treating them more of the form of a log-book, and follow the daily order of their occurrence with more strictness than I have hitherto considered necessary. This will be done in order to illustrate more fully the nature of the remote regions we traversed, and for the purpose of giving a more exact relation of the incidents of this part of our cruise, - incidents that I cannot but hope have made this part of our labors particularly interesting to all of our countrymen who possess a feeling of national pride".*

en duda la verdadera existencia [si la Antártida era otro continente o no] por otra, ambas expediciones rivalizaban con sus Expediciones en el extranjero, una en el mismo período [que es la U.S. Expedition Exploring] y la otra al año siguiente.⁹⁷

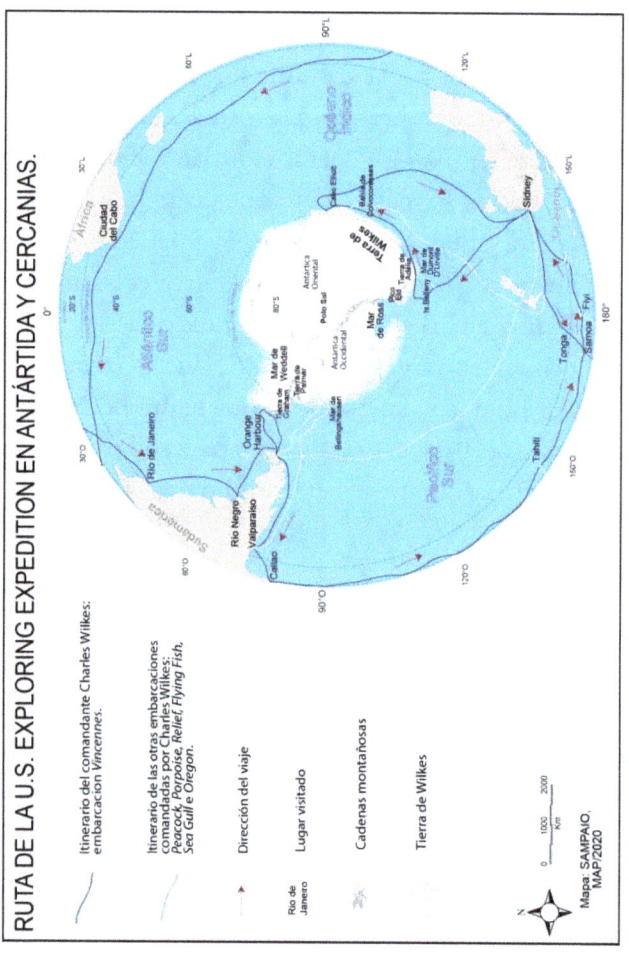

**Ruta seguida por la U.S. Exploring Expedition en la Antártida.**

---

[97] Wilkes v2 297. "*The credit of these discoveries has been claimed on the part of one foreign nation, and their extent, nay, actual existence, called into question by another; both having rival Expedition abroad, one at the same time, the other the year succeeding.*"

## A toda vela

Como ya fue mencionado, uno de los navíos de la U. S. Exploring Expedition se encontró con la embarcación del comandante francés, Dumont d´Urville en la Antártida, en una increíble coincidencia. Francia fue la primera nación a la que Wilkes se refirió en el citado fragmento. Los franceses reivindicaban el hecho del descubrimiento para sí mismos. La segunda era la Inglaterra del comandante James Clark Ross (1839-1843). Ross capitaneó las embarcaciones Erebus y Terror en una expedición a la Antártida realizada un año después que los estadounidenses dejaron el continente austral, pero antes de que llegaran definitivamente a las aguas nacionales.[98] Para Wilkes, Francia e Inglaterra subestimaban la hazaña estadounidense.

> Cada una de estas naciones, no me detendré a discutir con qué interés lo han hecho, se han mostrado dispuestas a robarnos el honor y a subestimar la propia importancia de sus investigaciones, y a restringir la tierra encontrada en la Antártida a la pequeña parte que ellos vieron, respectivamente. Aunque me incliné a mantenerme reservado para evitar impugnar sus comentarios, creo que, debido al honor hacia nuestra bandera, debo declarar la prioridad de la reivindicación de la expedición estadounidense y de la enorme extensión de nuestras investigaciones y descubrimientos.[99]

En este pasaje, queda clara la pugna entre los estadounidenses y los europeos por empuñar la bandera del descubrimiento científico. Según

---

[98] Ross era un conocido oficial de la Marina inglesa y fue uno de los que, entre 1819 y 1827, intentó encontrar el famoso pasaje al noroeste que, en la época, se suponía que existía en el Ártico. El mar de Ross, en la Antártida, fue así denominado en su homenaje.

[99] Wilkes v2 297. *"Each of these nations, with what intent I shall not stop to inquire, has seemed disposed to rob us of the honor by underrating the importance of their own researches, and would restrict the Antarctic land to the small parts they respectively saw. However, willing I might be in a private capacity to avoid contesting their statements, and let truth make its own way, I feel it due to the honor of our flag to make a proper assertion of the priority of the claim of the American Expedition, and of the greater extent of its discoveries and researches."*

las órdenes del secretario de la Marina, los resultados de la U.S. Exploring Expedition sólo podrían salir a público con la edición del informe de viaje, debidamente aprobado por los altos mandos de la Marina de los Estados Unidos y el congreso del país. Sin embargo, Wilkes, sabiendo del movimiento de los barcos ingleses y franceses en la región antártica y con el pretexto de intercambiar informaciones con el capitán Ross, le envió una extensa carta a éste, incluyendo una carta náutica, especialmente construida por el comandante de la U.S. Exploring Expedition, donde declaraba que la Antártida era otro continente. La carta de Wilkes contenía una serie de datos sobre la región, así como informaciones sobre temperatura, incidencia del viento, posiciones del polo magnético, etc.[100] No obstante, la querella continuó durante los años posteriores y aún se sentían sus ecos en la narrativa de viaje que Wilkes escribió entre 1842 y 1843, como veremos a seguir:

> La existencia de tierras en el círculo antártico se confirma ahora por los testimonios de navegantes ingleses y franceses. D'Urville, el famoso navegante francés, pocos días después de desembarcar en una pequeña punta de roca, en el lugar (como supongo) que se nos apareció la Bahía de Piner, que él llamó de Tierra de Clarie y donde presenció la existencia de una vasta extensión de tierra, y también donde el Vincennes fue atacado por una violenta tormenta; en ese mismo lugar, nuestra inspección no dejó ninguna duda de su existencia [de tierra]. Ross, a su vez, penetró en la latitud de 79° al año siguiente, navegó por la costa, a lo largo de una alta región conectada con nuestro continente de la Antártida, y estableció, además de cualquier sofisma, la corrección de nuestra afirmación: lo que descubrimos no son los límites de islas separadas, sino un vasto continente antártico.[101]

---

[100] Apéndice XXIV de la narrativa de viaje. Wilkes v2 479-483.
[101] Wilkes v2 297-298.

## A toda vela

El comandante afirmaba que los ingleses y los franceses atestiguaban que la Antártida era un continente, pero que no les atribuían la hazaña a los estadounidenses. Afirmaba que D'Urville había constatado el descubrimiento, pero mencionaba también que los estadounidenses ya estaban en la escena antes de encontrarse con el francés. Subrayaba conocer bien la región, ya que el Vincennes había sido afectado por una tormenta. Wilkes también rebatía al inglés Ross, quien argumentaba que precisamente debido a la región en la que los estadounidenses se encontraban en el continente helado, lo que Wilkes habría podido verificar era solamente la existencia de islas y no de otro continente, como definitivamente él, Ross, sí lo había realizado de hecho y en derecho.

Wilkes no se detuvo y agregó que el inglés Ross había llegado tan lejos en su camino debido a los descubrimientos de la U.S. Exploring Expedition. El pasaje sobre el tema es extenso, pero merece ser reproducido, porque las disputas científicas por parte de los cartógrafos militares –que eran por lo tanto disputas de poder– estaban en cuestión en los relatos y en los informes de viaje de la época.

> Hasta qué punto el capitán Ross ha sido guiado en su investigación por nuestros hallazgos anteriores, que aparecerán mejor en la referente carta náutica, junto con la descripción completa de los procedimientos de escuadrón que le envié y que se adjuntó al Apéndice XXIV y al Atlas [de la narrativa de viaje de la U.S. Exploring Expedition], aunque no haya recibido ningún agradecimiento de su parte [...]. Creo que la siguiente

---

*"That land does exist within the Antarctic Circle is now confirmed by the united testimony of both French and English navigators, D'Urvile, the celebrated French navigator, within a few days after land on a small point of rocks, at the place (as I suppose) which appeared accessible to us in Piner's Bay, whence the Vincennes was driven by a violent gale, this he called Clarie Land, and testifies to his belief of the existence of a vast tract of land where our view of it as left no doubt of its existence. Ross, on the other hand, penetrated to the latitude of 79° S. in the succeeding year, coasted for some distance along a lofty country connected with our Antarctic continent, and establishes beyond all cavil the correctness of our assertion, that we have discovered, not a range of detached islands, but a vast Antarctic continent."*

narrativa no dejará ninguna duda en ninguno de los espíritus sobre la veracidad de la afirmación de que hemos descubierto un vasto continente; sin embargo, me gustaría preguntar de antemano: ¿quién estuvo allá [en la Antártida] antes de 1840, ya sea de ese país [Estados Unidos] o de Europa que tenía al menos la idea de que un gran cuerpo de tierra existía al sur de Nueva Holanda [Tasmania]? ¿Y quién, cuando estuvo allá, no dudó de que era un vasto continente o sostuvo que era sólo un conjunto de islas? Cuando se examinan todos los mapas y cartas publicados hasta la época, ¿hay algún indicio de que se encontró tierra [continente]? No lo hay, y por las mejores razones, nadie sabía o sospechaba que existía. Nosotros mismos no anticipamos tal descubrimiento. Los indicios de ellos fueron recibidos con dudas y vacilaciones. Ni siquiera yo mismo me atreví a registrar en mi diario personal esta certeza, hasta tres días después, cuando hubo mejor discernimiento y hasta que el conocimiento hubiese sido, de hecho, garantizado, para finalmente eliminar todas las posibilidades de dudas y demostrar de manera concluyente que no hubo ningún error en este caso, ya que las inspecciones se hicieron en la misma porción de tierra, en los veleros y desde tres posiciones diferentes.[102]

---

[102] Wilkes v2 298. *"How far Captain Ross was guided in his search by our previous discoveries, will best appear by reference to the chart with a full account of the proceedings of the squadron, which I sent to him, and which I have inserted in Appendix XXIV and Atlas; although I have never received any acknowledgment of their receipt from him personally (…). The following narrative must, I feel satisfied, leave no doubt in any unprejudiced mind of the correctness of the assertion that we have discovered a vast continent; but I would ask in advance, who was there prior to 1840, either in this country or Europe, that had the least idea that any large body of land existed to the south of New Holland? And who is there that now doubts the fact, whether he admits it to be a vast continent, or contends that it is only a collection of islands? Examine all the maps and charts published up to that time, and upon them will any traces of such land be found? They will not, and for the very best or reasons – none was known or eve suspected to exist. We ourselves anticipated no such discovery; the indications of it were received with doubt and hesitation; I myself did not venture to record in my private journal the certainty of land, until three days after those best acquainted with its appearance in these high latitudes were assured of the*

Aunque Wilkes declaraba que iba a atenerse sólo a los hechos –y realmente, en las páginas subsiguientes de la narración, fue presentando el paso a paso del descubrimiento de la tierra entre el hielo– la parte de la narrativa que aborda este tema es sin duda la defensa de la primacía del descubrimiento por parte de la U.S. Exploring Expedition bajo la bandera de los Estados Unidos.

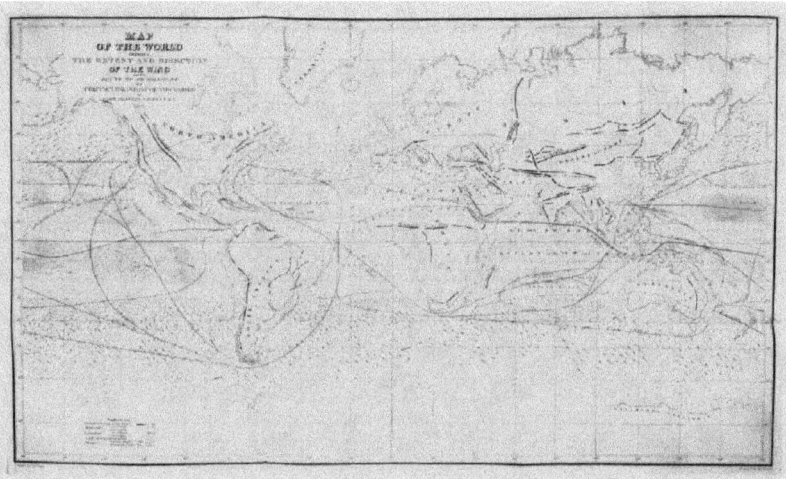

Mapa de dirección de los vientos.[103]

## 3.3 La formación de profesionales en el campo de las Ciencias Naturales

Basándonos en lo desarrollado hasta el momento, es posible discutir lo que vengo defendiendo en este capítulo: los Estados Unidos no querían solamente un saber local –en aras de la independencia, en algunos ámbitos, con respecto a Europa–, sino también su inserción en los campos de las redes de conocimiento transnacionales.

---

*fact; and finally, to remove all possibility of doubt, and to prove conclusively that there was no deception in the case, views of the same land were taken from the vessels in three different positions (...)."*
[103] Wilkes v23, 364a.

Durante la primera mitad del siglo XIX, los estadounidenses diferenciaron los contornos de ciertos campos del saber, inspirándose en las matrices europeas y, en consecuencia, invirtiendo en la profesionalización de especialistas tanto en el ámbito militar (Ejército y Marina) como en el académico.[104] Se sabe que las relaciones entre oficiales y científicos eran estrechas y que, en muchos casos, ambos servían al país en operaciones oficiales manteniendo una confortable convivencia en su cotidianidad. En general, militares y civiles científicos formaban parte del grupo de *gentlemen* de la joven República.[105] A menudo, se casaban con mujeres del mismo segmento social y frecuentaban las mismas instituciones (iglesias, sociedades científicas, etc.). Por ejemplo, varios de ellos eran miembros de la American Philosophical Society of Philadelphia, una asociación científica que acompañaba la expedición con interés y que le proporcionó al capitán, a los oficiales y a los científicos, todas las informaciones e indicaciones necesarias para realizar la jornada exploratoria.[106] Participaron en el viaje los siguientes científicos, ya citados en fragmentos incluidos anteriormente:

- James Dwight Dana (mineralogista)
- Titian R. Peale (naturalista)
- Charles Pickering (naturalista)[107]
- Joseph Pitty Couthouy (conquiliólogo)
- William Rich (botánico)
- William Dunlop Brackenridge (asistente de botánico, especialista en horticultura)

---

[104] Los ingenieros del Ejército de Estados Unidos y los cartógrafos de las instituciones gubernamentales, fueron los principales responsables del mapeo realizado en el interior del país, después de la conquista del oeste. Stanton 1985.

[105] Hunter.

[106] La *American Philosphical Society* aún existe hoy en día. Originaria de la ex colonia de Pensilvania, fue fundada bajo los principios iluministas del siglo XVIII. Después de la independencia, en 1776, se transformó en una sociedad que congregaba a los estudiosos de las ciencias de todo el país: Dupree.

[107] El naturalista se ocupaba tanto de la fauna y la flora como de los grupos humanos. Titian Peale se dedicó a la fauna, mientras que Charles Pickering se encargaba de la distribución de los grupos humanos alrededor del globo terrestre.

- Horatio Hale (filólogo)
- Alfred Thomas Agate (artista)
- Joseph Drayton (artista)[108]

Esos fueron los civiles que ocuparon los más altos cargos del personal embarcado en los buques de la U.S. Exploring Expedition. En el momento en que iban a publicarse los nombres que conformarían el cuerpo de científicos, una de las recomendaciones fue que todos hubiesen nacido en territorio nacional, un hecho que refuerza lo que vengo analizando: la intención estadounidense de cualificar a su personal y de instituir un saber propio, "nacional", independizándose de los europeos en determinados campos del conocimiento.[109] Sin embargo, debido a la falta de especialistas, fue necesario que se recomendara al escocés William Brackenridge, horticulturista y único miembro del cuerpo civil de científicos nacido fuera del territorio estadounidense. Los científicos, así como los oficiales y los marineros, recibieron sus pagos por parte del gobierno de los Estados Unidos. Así lo revela Wilkes en su autobiografía

> La tarea más difícil que tuve que cumplir fue la selección del cuerpo científico. Eran veintisiete, incluyendo artistas, taxidermistas y asistentes, que necesariamente fueron reducidos a siete, para que pudiesen ser alojados. Recibían honorarios [del gobierno] y muchos de ellos tenían fuertes intereses, así como muchos amigos que recomendaban sus calificaciones. Al examinar el grupo de científicos, pronto me di cuenta de quiénes eran los más capaces en diferentes áreas, los cuales fueron seleccionados y notificados. Se les pidió que se mantuvieran atentos al embarque, que sería informado

---

[108] También embarcaron en la expedición el intérprete F.L. Davenport, quien abandonó la expedición cuando llegaron a Rio de Janeiro, y John W. W. Dyes (taxidermista). Wilkes incluyó en el grupo de científicos a John W. Brown, matemático y especialista en instrumentos de alta precisión, quien se dedicó a un trabajo de mayor carácter técnico. Wilkes v1 XXXIV-XXXVI.

[109] Eyde.

a la brevedad. Seleccioné los nombres y me encargué de hacerlo imparcialmente, teniendo como referencia sus habilidades. Estaban siendo remunerados y, por mi decisión, fueron mantenidos en completa ignorancia [sobre los propósitos de la expedición], excepto algunos. Mientras fuesen remunerados, como le dije al Sr. Poinsett, guardarían un secreto (...). Una semana antes de zarpar, se les ordenó embarcar en los navíos Vincennes, Peacock y Relief.[110]

El fragmento nos revela varios aspectos de estos viajes estratégicos. El más notable de todos es el hecho de que oficiales y científicos no siempre eran informados de los verdaderos propósitos de las expediciones. Revela además que la operación fue totalmente patrocinada por el gobierno, incluyendo el trabajo de los científicos.[111] Ciertamente, esos hombres tenían la expectativa de que el trabajo realizado durante la expedición los calificaría para puestos más ambiciosos en el futuro. Es más: el hecho de que algunos científicos hayan sido pagos por el gobierno garantizaba su silencio con respecto al trayecto de la expedición, lo cual veremos que realmente así fue.

En cuanto a la profesionalización en determinadas áreas del saber, un buen ejemplo es el de la Botánica, prácticamente inexistente en las universidades de los Estados Unidos antes de la circunnavegación. Fueron invitados a integrar el cuerpo de científicos Asa Gray y Charles Pickering,

---

[110] Wilkes 1978 345. *"The most difficult task I had to accomplish was the selection of the Scientific Corps. These numbered, including artists, taxidermists and assistants, twenty-seven and they were necessarily to be reduced to the number that could be accommodated, which was Seven. They were then under pay and most of them had strong interest and many friends who had backed their qualifications. On examination of this body I soon found out those most capable in the several departments and these were selected and notified to hold themselves in reddiness to embark at short notice. I made the selection and endeavored to do it with impartiality and with reference to their ability. They were all on pay and, by my desire, they were kept so and entire ignorance, except those I had selected. While their pay continued, as I told Mr. Poinsett, they would be quiet (...) A week before sailing these received orders to join the vessels, viz., the Vincennes, Peacok & Relief"*

[111] No siempre los naturalistas que embarcaban en viajes estratégicos de mapeo eran financiados por los gobiernos de los países promotores.

dos médicos que, en su tiempo libre, se dedicaban al estudio de plantas, a menudo investigando remedios para curar enfermedades. Les gustaba más el hobby que la propia profesión, pero aún no había puestos para botánicos en Estados Unidos. Como la expedición se retrasaba debido a los preparativos, Asa Gray declinó la invitación porque aceptó lo que se consideraba uno de los primeros cargos de profesor de Botánica en la nueva Universidad de Michigan. En 1842, fue invitado a enseñar en la Universidad de Harvard, donde hizo carrera, haciéndose conocido y respetado en los círculos científicos nacionales e internacionales. Para ocupar su lugar en la expedición, fue invitado William Brackenridge quien junto a William Rich se consolidaron como botánicos después del regreso de la U.S. Exploring Expedition.

El hecho de que Asa Gray no hubiera participado en la expedición no significó que fuese excluido del producto final de la operación: el informe de viaje. Era posible que, a partir de los especímenes recogidos, los científicos que se encontraban en tierra firme y no habían participado de la expedición, pudieran participar y organizar la clasificación de las colecciones.

Gray fue invitado especialmente a escribir tres volúmenes científicos de la expedición sobre Botánica. Los organizó a los tres, pero sólo fueron publicados dos. Asa Gray no fue el único caso de un científico que contribuyó con el informe de viajes, en particular, con los volúmenes científicos, sin haber realizado el viaje exploratorio. Augustus Addison Gould, también un ex médico e igualmente interesado en Botánica, se especializó en conquiliología y fue invitado a escribir el volumen sobre moluscos y conchas marinas, publicado en 1852.

**Aves de las Islas Tuamotu.**[112]

**Papagayos de las Islas Fiyi.**[113]

---

[112] Cassin placa 24.
[113] Cassin placa 20.

 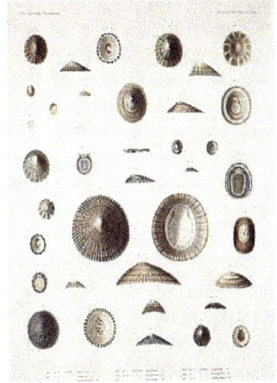

Placas dibujadas por Joseph Drayton.[114]

**Ejemplo de clasificación de especies encontradas en América del Sur.**[115]

Además de ellos, el ornitólogo y taxonomista John Cassin se encargó de uno de los dos volúmenes sobre mamíferos y ornitología, titulado *Mammalogy & Ornithology*. Spencer Baird organizó los volúmenes sobre reptiles y Louis Agassiz fue invitado a organizar los volúmenes XXI y XXII, sobre peces, los cuales no fueron publicados.

---

[114] Gould 1852 placas 43 y 29.
[115] Gray 26.

Zoofitos, por Joseph Drayton.[116]

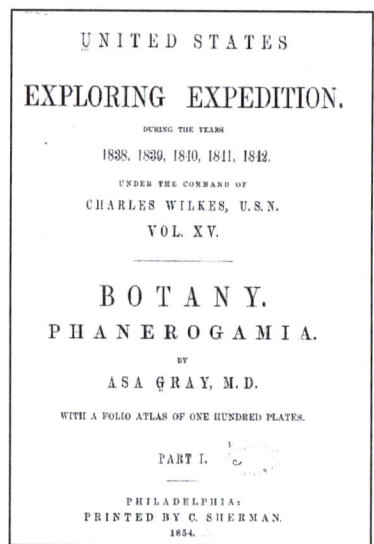

Primera página del volumen científico n° 15 del informe de viaje publicado en 1854, firmado por el botánico Asa Gray, quien no participó directamente en la expedición.

---

[116] Dana placa 1.

Por su parte, Charles Pickering había aceptado de buen grado el cargo de naturalista de la expedición. Era un hombre interesado en la distribución de "razas de hombres en el mundo", relacionándolas con sus respectivas regiones climáticas (ciertos grupos más "evolucionados y civilizados" habitaban regiones climáticas templadas, los de clima tropical eran, en general, poco dados a las gracias del trabajo, conformando otro "nivel de evolución"). El viaje le ofreció a Pickering la oportunidad de "confirmar" determinadas teorías sobre la distribución de las poblaciones en el planeta. En 1848, después del viaje que realizó hacia la India y África, publicó el libro por el que sería reconocido en el área de Etnología, un campo que también estaba en construcción en la época,[117] bajo el título *Races of man: and their geographical distribution*, originalmente uno de los volúmenes científicos de la expedición (el IX), publicado en 1848.

A diferencia de los científicos citados, James Dwight Dana ya estaba actuando como profesor asistente en el laboratorio de química de la Universidad de Yale. Había sido nombrado para participar en la expedición como mineralogista, si bien también fue responsable del volumen sobre los zoofitos. Los volúmenes presentados por Dana, después de algunos años de estudios, fueron rápidamente reconocidos, y él se convirtió en uno de los especialistas más prominentes en mineralogía de Estados Unidos. Su obra más conocida es el *Manual of mineralogy*, publicado por primera vez en 1848, que obtuvo revisiones, agregados y varias ediciones, permaneciendo como referencia hasta la actualidad.

William Stanton afirma que Asa Gray, James Dwight Dana y Charles Pickering fueron los precursores de las posteriores generaciones de científicos en los Estados Unidos, en lo que se refiere a los vínculos con universidades y otras instituciones científicas, y en lo concerniente

---

[117] La American Ethnological Society, la más antigua asociación que inicialmente reunía a interesados en Etnología y lenguas de los nativos dentro y fuera del país, fue fundada por Albert Gallatin y John Russel Bartlett, en 1842. Gallatin fue el responsable de orientar a científicos y oficiales de la U.S. Exploring Expedition sobre los procedimientos que deberían adoptarse con relación a las lenguas indígenas. Después de la fundación, la asociación científica incorporó la cuestión de los negros y de la esclavitud entre sus temas de interés. Fredrikson; Bieder 1989; Dain.

también a las publicaciones de libros sobre sus respectivos campos de interés.[118] Asa Gray, por ejemplo, mantuvo una fértil correspondencia con Charles Darwin y fue uno de los defensores de la teoría de la evolución de las especies en Estados Unidos.

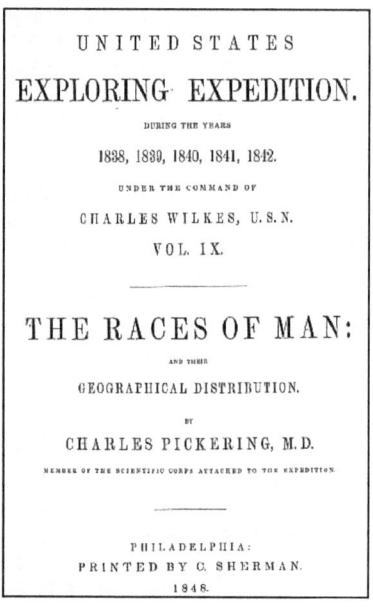

**Primera página del libro de Charles Pickering.**
*The races of man: and their geographical distribution*,
**publicado en 1848. Volumen IX del informe de viaje.**

Algunos de los científicos le deben su carrera a la expedición exploratoria, gracias a las observaciones y a los análisis llevados a cabo a lo largo de muchos años sobre todo el material que fue recolectado. Además del mencionado *Manual of mineralogy*, el informe de Dana sobre los volcanes de Hawái y sobre las islas de la Polinesia, entre otros, fue considerado una referencia en Geología.

---

[118] Stanton 1975 44.

**Asa Gray**  
(Botánico)

**James D. Dana**  
(Mineralogista)

**Charles Pickering**  
(Naturalista)

**Vista del cráter del volcán Kilauea, Mauna Loa, Hawái, por J. Drayton**[119]

**Ficus o Banyan Tree Opulu, Hawái, por Alfred Agate.**[120]

---

[119] Wilkes v4 134.
[120] Wilkes v5 28.

## A toda vela

La formación de profesionales calificados en diferentes ramas de la ciencia, en las áreas académica y militar, es señalada por George Daniels, según el cual, entre 1812 y 1842, la ciencia de Estados Unidos tuvo su *start* –su inicio–. Daniels afirma que, en aquel momento, los científicos estadounidenses evolucionaron a partir de un "grupo desordenado de amateurs sin orientaciones precisas, para constituirse en 1850, en un grupo organizado de científicos profesionales, ocupando posiciones importantes en las universidades y las instituciones públicas".[121]

Durante la expedición, los científicos, además de bajar a tierra para recoger especímenes, realizaban incansables trabajos mientras estaban a bordo, según relató William Reynolds, aspirante a oficial, a quien me referiré más extensamente en el último capítulo:

> Los científicos cortan en pedazos, diseccionan, examinan y utilizan su magnífico poder de observación, dibujan, pintan e investigan en sus libros, escriben y registran descripciones, inventan términos impronunciables y nos cuentan sobre todos los misterios de la organización [clasificación del material recolectado]. Tienen lagartos vivos y muertos, peces flotando en alcohol, mandíbulas de tiburones, tortugas embalsamadas, vertebrados y *animaculae* saltando en agua y sal, viejas conchas marinas y muchas piezas igualmente interesantes, colgadas sobre sus camas y distribuidas por las habitaciones: esos objetos encantadores sin duda deleitan los ojos de los científicos y los llevan a la contemplación. ¿Si me gustaría llevar algunos de esos objetos a mi habitación? ¡No, en absoluto! ¡Los visito apenas cuando siento curiosidad![122]

---

[121] Daniels.

[122] Reynolds. *The Scientifics cut up & dissect and overhaul, and use a magnifying power the better see, and make drawings & paintings, and search their books, and write down learned descriptions, and invent unpronounceable terms, and tell us all about the mysteries of organization. And they have dead & living lizards, and fish floating in alcohol, and shark jaws, & stuffed turtles, and vertebrata*

El oficial admiraba el trabajo de los científicos y pasaba gran parte de su tiempo libre con ellos, pero con buen humor, afirmaba su preferencia por dormir en un lugar diferente al que describía.

## 3.4 Las ambigüedades con relación a Europa

Los viajes de circunnavegación, al igual que otras expediciones científicas de la época, eran operaciones coloniales que pretendían investigar un mundo considerado "clasificable", medible y explorable; en otras palabras, totalmente plausible de verificación y aprehensión.[123] Convencidos de los usos de la racionalidad y de los preceptos modernos de la ciencia, se apoyaban en el empirismo de Bacon (1561-1626) –una filosofía que dominaba particularmente los círculos científicos ingleses y que fuera entusiastamente adoptada por los estadounidenses– y en la taxonomía propuesta por Carl Linnaeus (1707-1778), reconocido por instituir la nomenclatura que hacía posible la clasificación del mundo natural.[124]

La distinción de la U.S. Exploring Expedition puede medirse no con relación a sus métodos y características, ya que este viaje exploratorio era deudor de las expediciones realizadas por los europeos, como ya lo he señalado. En realidad, lo mejor sería decir que los viajes de circunnavegación –así como otros de cuño científico– eran deudores recíprocos. La particularidad de la exploración se encontraba en el hecho de que los estadounidenses utilizaron las normas científicas instituidas por los europeos para buscar su independencia de la propia Europa, en términos de construcción de un cuerpo de saberes.

Como ya fue apuntado, la propia realización de la expedición en sí es una señal de la búsqueda de los estadounidenses para establecer un

---

*and animalculae frisking in jars of salt water, and old shells, and many others equally interesting pieces of furniture hanging about their bed & around their state rooms – such sweet looking objects as doubtless glad scientific eyes to behold. Catch any of them in my room – no, no! – I'll visit, when I have curiosity in that way.*

[123] Penhos.

[124] Pratt 2010. N. de la T. Las citaciones con números de página que aparecerán en los próximos capítulos, pertenecen a la versión en portugués del texto de Pratt que fue utilizado por la autora y que se mantuvieron en el presente libro: Pratt 1992.

saber local, con científicos y oficiales capaces de mantener una interlocución con sus pares europeos de la primera mitad del siglo XIX. Probablemente, fue esa búsqueda por una independencia en los territorios del saber lo que motivó al pensador Ralph Waldo Emerson a proferir la conferencia titulada: "*American scholar*", en una sociedad académica. Según él, los estadounidenses habían "escuchado durante demasiado tiempo a las atrayentes musas europeas", afirmando: "caminaremos con nuestros propios pies, trabajaremos con nuestras manos y expresaremos nuestra propia opinión".[125]

    Si, por un lado, los estadounidenses trataban de distanciarse de Europa al crear un saber nacional, por el otro, buscaban el reconocimiento de los europeos, así como su inserción en las redes de conocimiento, como ya ha sido mencionado. La admiración que manifestaban por los científicos ingleses era notable. Charles Wilkes, después que la expedición científica fuera aprobada por el Congreso, viajó a Inglaterra con el objetivo de comprar instrumentos de precisión, permaneciendo en aquel país durante cinco meses. Estando en Inglaterra, hizo contacto con científicos y oficiales de la Royal Navy, incluyendo a Robert FitzRoy, el comandante del Beagle, en la época que ocurrió la famosa circunnavegación de dicho barco. Fue invitado a participar en una cena organizada en la Royal Astronomic Society, donde conoció a Peter Barlow, un reconocido especialista en magnetismo, y a Francis Baily, vicepresidente de la sociedad.

    Estando en Inglaterra, Wilkes le escribió una carta a su esposa, revelándole el gran entusiasmo que sentía al participar en los círculos de la élite científica mundial, particularmente los del país que poseía la mayor Marina de la época, con oficiales entrenados en varias ramas de la ciencia. "Me siento más a gusto entre estos gigantes", le escribió a Jane Wilkes.[126] Está claro que, aunque uno de los objetivos de la expedición había sido construir un saber nacional, la manifiesta admiración de los oficiales y científicos por Europa, y por Inglaterra en particular, era muy significativa.

---

[125] Citado por Stanton 1982 84.
[126] Philbrick 2008 58.

Charles Wilkes no ocultó su emoción al abandonar el extremo austral de América del Sur para llegar a la Antártida, siguiendo los rastros dejados por el inglés James Cook:

> Ni bien llegamos al Puerto de Orange, nos mantuvimos en intensas preparaciones para un corto viaje hacia la Antártida. Aunque la estación [de verano] estuviera llegando a su fin, al menos anticipé cierta interpretación sobre el hielo [icebergs]; y supuse que el final de la estación lo habría desprendido de las playas de la Tierra de Palmer, y permitiría una aproximación, tanto como fuese posible, de su cuerpo principal o barrera en las cercanías del *Ne Plus Ultra*, de Cook. (...) Le ordené al capitán Hudson, del Peacock, y al Flyng Fish, bajo las órdenes del teniente Walker, como apoyo, que se dirigieran hacia el oeste, tan lejos cuanto lo hiciera el *Ne Plus Ultra* de Cook.[127]

Wilkes continuó viaje en el velero Porpoise, tratando de llegar a las regiones más australes, superando a Cook. Las intenciones del comandante desbordan las páginas de la narrativa. Admiraba profundamente al hombre inglés y al mismo tiempo trataba de superar al militar, empeñándose en sus propias glorias y empuñando la bandera de su país entre las grandes expediciones occidentales. El comandante también discutía con los *gentlemen* y con los científicos que estaban embarcados en las expediciones de Cook. Sobre la vegetación de Río de Janeiro, afirmó:

---

[127] Wilkes v1 124. "*Immediately on our arrival at Orange Harbor, active preparations we made for a short Cruise to the Antarctic. Although the season was late, I at least anticipated getting some experience among the ice; and I supposed that the lateness of the season would have allowed it to detach itself from the shores of Palmer's Land, and would permit as near an approach as possible to its main body or barrier, in the vicinity of Cook's Ne Plus Ultra. (...) Captain Hudson, with the Peacock, and Flying-Fish, under Lieutenant Walker, as a tender, were ordered to the westward, as far as the Ne Plus Ultra of Cook*".

> En Río, la vegetación parece fijar nuestra atención sobre todo lo demás, especialmente la que se encuentra continuamente bajo nuestros ojos, en el lugar en que estamos, en el puerto; puedo entender bien la privación que Sir Joseph Bank y el Dr. Solander experimentaron en su visita.[128]

El rico naturalista inglés, promotor de las ciencias en Inglaterra, Joseph Bank, y el suizo, discípulo de Carl Linnaeus, Daniel Solander, embarcaron en la primera circunnavegación del inglés, James Cook. Wilkes se ubica entre iguales en la demostración de franca complicidad con Bank y Solander al conferir que, al igual que los ingleses, tuvo la misma sensación de privación frente a la exuberante naturaleza.

La relación con Europa, en particular con Inglaterra, en la narrativa de cinco volúmenes, oscila entre la admiración y la pugna. En el texto, se superponen dos voces: la de un joven país "adquiriendo competencia, autonomía y autoridad", capaz de juzgar, describir y clasificar el mundo; y la de un país que fuera colonizado y que le atribuía a Europa el modelo a ser seguido o comparado, buscando de una manera o de otra, conquistar su reconocimiento.

Quiero decir que los estadounidenses, con la U.S. Exploring Expedition trataban de posicionarse como un lugar de saber, pero manteniendo una ambigua relación con Europa. Según Ricardo Salvatore, que se basó en autores como Edward Said y Dispesh Chakrabarty, Occidente "fue sostenido por una meta-narrativa que afirmó la superioridad científica y tecnológica, impuso las formas de pensar la historia, tomó el control del estudio de las lenguas y razas del mundo y ayudó a mantener polaridades que apuntaban dicha superioridad (ciencia/creencias, razón/supersticiones, etc.)."[129] El discurso de autoridad que surge del informe de viaje

---

[128] Wilkes v1 53. *"In Rio, the vegetation seems to fix the attention above all other things, especially of those situated as we were in the harbour, having it continually before one's eyes, and I can well understand the deprivation Sir Joseph Bank an Dr. Solander must have experienced".*

[129] Salvatore 13.

de la U.S. Exploring Expedition se fundó en esa relación de tensiones y afirmaciones con respecto al discurso de autoridad europeo.

Desde la perspectiva que estoy desarrollando, esta es otra distinción que recorre la narrativa de Charles Wilkes en relación con las producidas por los europeos en viajes similares. El texto se encuentra atravesado por diversas tensiones y disonancias. La primera de ellas es la superposición entre la configuración de un conocimiento nacional, al mismo tiempo que los estadounidenses ya comulgaban con un conocimiento transnacional, producto del trabajo de los países occidentales. Como hemos visto: el esfuerzo por mapear nuevamente al mundo fue realizado de manera conjunta. Al preguntarse ¿qué país fue el responsable de mapear mares, océanos y costas en aquella época? no tendremos como respuesta que fue una determinada nación, porque la construcción de ese conocimiento fue, sin dudas, resultante del esfuerzo de diferentes naciones, en el cual prevaleció el intercambio de informaciones y los resultados de los viajes científicos, con su debida disputa.

Si, por un lado, Estados Unidos trataba de independizarse de Europa en términos de acumulación de conocimiento científico, el país, por otro lado, se ubicaba como un orgulloso partícipe de la raza anglosajona que, tal como veremos a continuación, era la única capaz de ponerle un punto final a la "tarea de la civilización". La relación con Europa y con los europeos resultó ambigua: en ciertos momentos los estadounidenses estaban de lado de los ingleses y, en otros, se distanciaban y competían contra ellos. Aunque hoy en día se trata de la mayor potencia del planeta, resulta innegable que Estados Unidos –que por aquel entonces estaba ubicado en la "periferia" de Europa– luchó, como también lo hicieron los demás países americanos, contra las marcas dejadas por la colonización.

# PARTE II

# CULTURA IMPERIAL: LAS AMÉRICAS EN LA NARRATIVA DE VIAJE DE LA U.S. EXPLORING EXPEDITION

## 4

## ELEMENTOS PARA UNA DISCUSIÓN METODOLÓGICA SOBRE LOS RELATOS DE VIAJE*

Antes de entrar en los relatos de viaje de la U.S. Exploring Expedition considero importante evaluar las vertientes metodológicas que analizan este tipo de fuentes. Mi objetivo es abordar algunas de las características de los relatos de viaje –fuentes ampliamente utilizadas principalmente por historiadores y críticos literarios–, que en los últimos años han ganado un terreno considerable en la investigación histórica; aunque, tal como se desarrollará a continuación, se trata de un *corpus* documental de difícil definición. Esta característica es fundamental para el debate que tengo la intención de trazar, si bien me detendré más en otros aspectos relacionados a estas fuentes.

Desde las transformaciones historiográficas que tuvieron lugar en las dos últimas décadas del siglo XX, el relato de viaje ha sido cuestionado como una fuente que proporcionaba informaciones (consideradas "fidedignas" o no) sobre la realidad del país visitado.[130] Las preocupaciones de los estudiosos se trasladaron al universo de la cultura. Se descubrió que el viajero se encontraba inmerso en su universo cultural, ya que las opiniones y juicios emitidos y expresados en el relato de viaje apuntaban más hacia el ambiente cultural del propio viajero que al lugar visitado, aunque también este último apareciera en sus escritos.[131]

A partir de la década de 1980, el tratamiento concedido a los viajes y a los viajeros fue ganando terreno, al referirse a las variadas representaciones sobre los lugares visitados que se expresan en dichos documentos.[132]

---

* Una versión preliminar del tema fue publicada en: Junqueira 2011 44-61. Disponible en: http://historia.fflch.usp.br/sites/historia.fflch.usp.br/files/CSP2.pdf. Acceso el 18/08/2020.

[130] Sobre las transformaciones historiográficas de fines del siglo XX: Dosse; Burke.
[131] Beluzzo; Leite; Sussekind.
[132] Smethurst y Kuhen.

Comenzó a hablarse sobre los cambios resultantes a partir de los encuentros, como por ejemplo las mezclas imprevisibles, basadas en "transculturaciones", que pueden ocurrir en las "zonas de contacto –lugares donde los sujetos, anteriormente separados por discontinuidades históricas y geográficas, se cruzan–." El influyente trabajo de Mary Louise Pratt privilegia la instancia relacional, en la que "los sujetos se constituyen en y por las relaciones que establecen unos con otros", con resultados inesperados y, en general, en desiguales intercambios de poder.[133]

Por más que la producción historiográfica del período sea significativa, los relatos de viajes siguen siendo una fuente importante para entender las sociedades visitadas.[134] Ahora con mayor atención por parte del historiador, que ve en el viajero un agente inmerso en su cultura de origen, pero con la facultad, –debido al distanciamiento/extrañeza con relación a lo que ve– de observar aspectos de la sociedad imperceptibles para los habitantes del lugar. De hecho, estas fuentes son importantes para comprender ciertas cuestiones relacionadas con aspectos de la vida cotidiana, la familia, la sociabilidad, las prácticas religiosas y la cultura material. En el último capítulo de este libro, ensayo una proyección en ese sentido, buscando pistas sobre la vida a bordo en la narrativa oficial de la expedición y en los relatos de viaje de un marinero y un aspirante a oficial que sirvieron en la Marina durante esos cuatro años. Por lo tanto, los relatos de viaje son esenciales para los estudios centrados en la vida en el mar, en particular en lo que respecta al trabajo de los marineros, en lo que se ha concordado llamar Historia Marítima.[135]

Es un consenso entre los investigadores interesados en los relatos de viajes, como ya se señaló, la afirmación de que se trata de un *corpus* documental considerablemente diverso, con pocas probabilidades de homogeneidad entre las fuentes. Entre los relatos de viajes más comunes, existen

---

[133] Pratt 1992 31-2.

[134] Sobre viajes científicos durante el siglo XIX: Lisboa; Naxara; Kury. Sobre la representación de las ciudades en los relatos de viajes: Torrão Filho. Sobre viajeros ingleses en México durante el período colonial: Suárez. Sobre viajes a África: Fabian; Gebara.

[135] Linebaugh y Rediker; Rodrigues.

los oficiales (gubernamentales), los científicos, los personales y los literarios. Más adelante veremos que, incluso un relato de viaje oficial puede contener muchas informaciones personales, así como una narrativa personal puede estar cargada de informaciones científicas. Si cada viaje es único, lo mismo puede decirse de los diversos productos textuales que de él derivan (guías, noticias o artículos publicados en periódicos, textos ficticios, entre otros); en particular, el relato de viaje.

Las dificultades con relación a las definiciones de la fuente comienzan al constatarse que es suficiente con que alguien se desplace de un lugar a otro y que escriba un texto sobre la experiencia para que sea considerado un relato de viaje, incluso si el autor ni siquiera salió de casa. Las incertidumbres y las indeterminaciones hacen que la fuente le resulte fructífera y estimulante al historiador. Sin embargo, es esencial que el profesional redoble sus cuidados al trabajar con ella. El investigador criterioso percibe rápidamente que el relato de viaje de un científico es distinto al de un diplomático, y que mucho difiere de una narrativa femenina. Teniendo también en cuenta el período en el que fueron escritos, las diferencias aumentan: una mujer del siglo XIX tenía diferentes intereses y motivaciones al comparársela con una del siglo XX. Resulta posible encontrar semejanzas en relatos de viajes científicos fechados en un mismo período; pero ciertamente, se encontrarán también considerables diferencias. Una vez más, cada relato de viaje es único.

Al acercarse a estas fuentes, el historiador, especialmente el que realiza una lectura crítica del texto, deberá atenerse a muchos aspectos: verificar el "lugar de la enunciación" y el universo cultural del viajero; evaluar el período en el que se escribió el texto (si fue durante o después del viaje); la forma del relato (narrativa, memoria, cartas, diario, etc.); el público lector al que se pretendió alcanzar cuando el texto fue publicado, si es que esto último cabe como posibilidad. Pero, en primer lugar, debemos preguntarnos quién es el escritor del relato o quién "quiere ser".[136] En muchos casos, el autor puede omitir una u otra experiencia, así como cargar las tintas sobre ciertos peligros, con el fin de resaltar sus cualidades y hacer

---

[136] Sela 25.

famosa su experiencia en lugares lejanos al de origen.

Para discutir el problema de la heterogeneidad que caracteriza al *corpus* documental conocido como relato de viaje, me baso en dos colecciones publicadas durante la primera década del siglo XXI que buscan, si no resolver el problema, al menos arrojar luz sobre este aspecto poco abordado entre los historiadores brasileños. La primera fue organizada por Tim Youngs y Peter Hulme, *The Cambridge companion to travel writing*, publicada en 2002, y la segunda, organizada por uno de los autores de la primera, Tim Youngs, y Glenn Hopper, *Perspectives on travel writing*, publicada en 2004.[137] Los organizadores son críticos literarios británicos y reunieron un número considerable de profesionales dedicados a viajes, viajeros y sus productos textuales, la mayoría también críticos literarios. Considero que las observaciones de estos especialistas son muy bienvenidas, ya que muchos historiadores que se dedican a este tipo de fuente –y al tema de los viajes– mencionan bastante este texto, el cual sugiere la fuerza que poseen las representaciones, los mitos y las mitologías, la permanencia de los estereotipos, de los imaginarios y de la constitución o el refuerzo de las identidades.

Ellos reiteran que en las últimas dos décadas los relatos de viajes surgieron como objeto de estudio y los viajes como temas claves, no sólo para los historiadores, sino también para las ciencias humanas en general. Aunque el conocimiento crítico del relato de viajes haya avanzado mucho en las últimas décadas, están de acuerdo en que este tipo de literatura sigue siendo un "cuerpo de textos poco definido".[138]

Antes de entrar en el punto en cuestión, abordaré algunas características de este *corpus* heterogéneo de textos. Aunque resulten diversificados, cabe destacar, en primer lugar, el hecho de que los relatos de viaje operan sistemáticamente con las opiniones de aquí y de allá, incluso si el autor del relato nunca viajó, como veremos a continuación. Relacionados con los desplazamientos, reales o imaginarios, el relato de viaje funciona con nociones variadas de cambios y transiciones (*transitions*).

---

[137] Youngs y Hulme 2002; Youngs y Hopper 2004.
[138] Uno de los precursores en el estudio de los viajes en su complejidad es uno de los organizadores de una de las colecciones citadas: Hulme.

En segundo lugar, todo relato presupone un lector, incluso si se trata exclusivamente del escritor del relato. Es el caso de los diarios personales, en los que el viajero registra su experiencia con el propósito de retener recuerdos y memorizaciones para posteriores momentos de su vida, aunque otros lectores, aparte del autor, puedan interesarse en el texto. Los relatos de viaje pueden ser leídos tanto con el propósito de entretenerse como con el de instruirse, incluso en los días actuales.[139] Pueden estar dirigidos a un público específico, como los que adoptan el discurso científico, o a un público más amplio, como las novelas, los cuentos basados en viajes o los publicados en periódicos. Y también es correcto afirmar que el autor tratará de captar la atención de su "público central".

En tercer lugar, estos autores admiten que, aunque el viajero haya hecho el viaje en su adolescencia y lo escriba en la vejez, el texto será considerado un relato de viaje o "memoria de viaje". Tal como ya se ha mencionado, cuando el historiador se encuentra por primera vez con la fuente, precisa cerciorarse sobre cuándo fue escrito el texto: si fue durante el viaje, inmediatamente después que el viaje terminó o si lo hizo muchos años después. Además, si el texto fue publicado, o si existió la posibilidad de que lo fuera, sin lugar a dudas el autor revisó su obra, pensando en el lector al que pretendía llegar. El relato de viaje no se ocupa siempre de lo que el viajero vio, en el momento en que lo vio ni cómo ocurrieron exactamente las cosas.

En cuarto lugar, existe un consenso entre los especialistas sobre que un viaje, en particular el relato de viaje, ha sido una inspiración para otras jornadas desde tiempos antiguos. La curiosidad por las tierras lejanas y por los hombres y mujeres que vivieron de formas diferentes, instigó a los espíritus aventureros, negociantes y pensadores, si nos referimos principalmente a los viajes realizados por los occidentales. Por lo tanto, algunos de estos relatos de viajes son muy influyentes y, por lo tanto, movilizadores. Por ejemplo: los viajes bíblicos son una referencia hasta los días actuales, especialmente el Éxodo en el que Moisés orientó al "pueblo elegido" rumbo a la Tierra Prometida. Entre los más antiguos se encuentran

---

[139] Borm 15.

los Argonautas de la mitología griega y, principalmente, la *Odisea* de Homero.

Se sabe que Cristóbal Colón leía populares libros de viaje de la época de transición entre la Edad Media y la Moderna: las obras de Marco Polo y la de Jean de Mandeville.[140] Podemos añadir que muchos viajes de circunnavegación realizados entre la segunda mitad del siglo XVIII y la primera del XIX tuvieron como referencia los viajes de James Cook, entre otros; y podríamos continuar en un encadenamiento sin fin. Como ya fue dicho, algunos autores consideran a Cook como el hombre que proporcionó un modelo de viaje para quienes lo sucedieron y una referencia central para el relato de viaje científico. Por último, es esencial señalar que un número considerable de viajeros del siglo XIX dialogó con Alexander von Humboldt, debido a su viaje por las Américas, ocurrido entre 1799 y 1804.[141] Estos viajes –insistimos, reales o imaginarios– suministraron un cuerpo de referencia o de "intertextos" para los escritos modernos. En particular, la *Odisea* de Homero proporcionó un rótulo por el cual son mencionados aún en el presente los viajes épicos.[142]

Una quinta cuestión a destacarse sobre las características del relato de viaje se refiere al problema de la "veracidad" de los contenidos elaborados. Para abordar este tema, Peter Hulme y Tim Youngs señalan que muchos de los problemas asociados al moderno relato de viaje pueden encontrarse en dos viajes de la época medieval: los ya mencionados de Marco Polo y Jean de Mandeville.[143] Polo viajó hasta Cathay, China, en la segunda mitad del siglo XII. En su regreso a Venecia, el texto sobre el viaje fue elaborado por un reconocido escritor de la época, Rustichello de Pisa.

En otras palabras, el famoso texto tantas veces citado y que popularizó el nombre del viajero en Europa y fuera de ella, no fue escrito por Polo. Esta práctica no se circunscribía al período medieval. Mary Louise Pratt afirma que muchos viajeros del siglo XVIII buscaron profesionales del texto para pulir sus escritos. Es decir, la literatura de viajes no

---

[140] Greenblatt 76-7.
[141] Humboldt.
[142] Sobre la *Odisea*: Hartog.
[143] Polo; França.

fue inmune a la profesionalización de la escritura.[144] En los viajes científicos de los siglos XVIII y XIX, era común que los oficiales recogieran especímenes que eran clasificados y analizados por respetados naturalistas que estaban en tierra firme, cuando no había ningún especialista sobre esos asuntos a bordo. Pero incluso si los había –y ese también fue el caso de la U.S. Exploring Expedition– era posible que se invitara a un científico de renombre, que no había estado propiamente en el viaje, para que analizara el material recolectado y contribuyera con sus comentarios sobre el relato de viaje.

Interesante en este sentido es la controversia planteada en la década de 1770 sobre los relatos del capitán James Cook. John Hawkesworth había sido designado por el almirante inglés para editar las narrativas del primer viaje del comandante. Resolvió integrar todos los textos en un único relato, los reelaboró en primera persona y con muchas intervenciones que "adornaron la narrativa". El hecho de que el relato de viaje se convirtiera en rentable y despertara el interés de un público amplio hizo que los profesionales de la escritura (actualmente denominados *ghost writers*) utilizaran recursos discursivos para captar la atención del lector.[145]

En resumen: el relato de viaje, o una parte de él, podía haber sido escrito por alguien que nunca había salido de su estudio (en general, un científico o un profesional del texto). No era obligatorio, para quien había realizado el viaje, que tuviera que escribir sobre el mismo. En el caso de la U.S. Exploring Expedition, vimos que algunos de los volúmenes científicos, particularmente los dedicados a la clasificación de las especies, fueron escritos por científicos que no habían hecho el viaje exploratorio. Además, la comisión encargada de publicar los resultados de la expedición discutió detenidamente sobre la posibilidad o no de que Charles Wilkes escribiera la narrativa de la expedición que había llevado a cabo, tal como veremos detalladamente en el próximo capítulo.

Estos sucesos comprometen, de una manera o de otra, la "veracidad" de los relatos de viaje, si bien la descripción de los lugares visitados, que incluía mapas e imágenes en los relatos, generaba más certezas que dudas

---

[144] Pratt 1992 158-9.
[145] Pratt 1992 159.

sobre su veracidad.¹⁴⁶ El viaje de Jean de Mandeville es ejemplar, pues está cercado de misterios. Escrito en 1357, el texto narra el viaje a Tierra Santa y fue uno de los libros más populares en la Europa entre finales del siglo XIV y el XVI. En la notable introducción del relato de Mandeville, Susani Silveira Lemos França señala que el texto circuló inicialmente como manuscrito y se cree que alrededor de 250 ejemplares recorrieron Europa en diferentes idiomas. A partir del siglo XV, se estima que fueron impresas aproximadamente 80 ediciones del famoso relato.¹⁴⁷ A pesar de la popularidad, se descubrió que Mandeville nunca estuvo en Tierra Santa. Es más: Jean de Mandeville nunca existió. Tanto el viaje como el autor forman parte de la ficción que rodea al viaje. Para alimentar aún más las incertidumbres, ni siquiera se conoce la naturalidad del verdadero autor. Todo es indeterminado y ambiguo cuando se trata del viaje de Jean de Mandeville. Sea quien fuera el que escribió la narración, todo indica que el autor compiló diversos textos, tales como otros relatos de viajes, crónicas, memorias y demás. Mandeville vivía en una época en la que la objetividad no dictaba las direcciones que los hombres seguían. En la actualidad, con la crítica realizada a los límites de la "objetividad" y a los aspectos que implican la autoría, Mandeville volvió al ruedo porque nos ayuda a comprender los relatos de viaje, en general.

En el siglo XIX, con la racionalidad impuesta por la Ilustración, Mandeville fue excluido de las listas de especialistas, por considerársele impreciso, incierto, no verdadero. En otras palabras, Mandeville –o quienquiera que haya escrito el texto– era un plagiador. En el presente, Mandeville fue recuperado precisamente porque las dudas que lo rodean son referencias para las reflexiones sobre el relato de viaje como fuente.¹⁴⁸

Lo que en el siglo XIX era "plagio"–y aún continúa siendo en el presente–, no lo era en la época de Mandeville, porque la producción relacionada con el conocimiento no se guiaba por las orientaciones de la razón, ni por el principio de la autoría individual, como ocurre actualmente. Hoy en día, a la narrativa en cuestión se la entiende como una compilación muy

---

¹⁴⁶ Depetris.
¹⁴⁷ França 13, 25-6.
¹⁴⁸ França 17.

bien realizada y al escritor se le considera culto, hábil y seductor. Para Susani França, debe verse al autor como un eximio compilador que reelaboró una "síntesis del Oriente que se conocía en la época" y que les dio una respuesta a los anhelos de un cierto tipo de público lector. De tal forma, lo que vale considerar es la "verdad que él quiso construir" y no la "veracidad" del relato.[149] Muchos investigadores están interesados en la lectura, en la respuesta dada al texto, ya que es exactamente esa contestación la que le da sentido al relato y, podemos añadir, le permite al historiador entender una determinada época.

Los cambios encontrados son notables al estudiar viajes y viajeros. Es importante tener en cuenta que incluso las percepciones geográficas experimentan transformaciones de acuerdo con el período. Luciana de Lima Martins nos informa que, al considerarse el tránsito de veleros provenientes de Inglaterra durante la primera mitad del siglo XIX alrededor del mundo, para los ingleses, Río de Janeiro estaba más cerca de Oriente y regiones del Pacífico que en la actualidad.[150] Del mismo modo, Gabriel Passetti señala sólidas interconexiones entre Sudamérica y Nueva Zelanda, a partir del tránsito de los británicos, que interrelacionaban y comparaban las dos regiones al mismo tiempo, algo más difícil de lograr hoy en día, incluso en tiempos de profunda globalización.[151]

Al decir de Youngs y Hoper, el viaje en sí ha cambiado tanto físicamente como en lo que se refiere a su percepción. Como consecuencia, los productos textuales del viaje también se han transformado con el tiempo, en particular el relato de viaje que reflejó y refleja los cambios estéticos y los estilos culturales de cada época.[152]

### 4.1 El relato de viaje: un género híbrido.

Las cuestiones ya explicadas nos permiten entrar en el problema inicialmente indicado: los relatos de viaje son un *corpus* de texto que abarca

---

[149] França 18.
[150] Martins.
[151] Passetti.
[152] Youngs y Hopper 2004 3.

diferentes naturalezas. Los estudiosos que se dedican a este tipo de fuente saben que difícilmente se encuentra un relato igual a otro. Según Hoper y Youngs:

> Una de las observaciones más persistentes con respecto al relato de viaje es la constatación de la absorción de diferentes estilos y géneros de narrativa; la forma en que forzosamente se acomodan las diferentes modificaciones [en el texto] y se mezclan encuentros imaginativos; más allá del potencial encontrado para la interacción de amplios períodos históricos, disciplinas y perspectivas.[153]

Por lo tanto, para que se comprenda más profundamente el relato de viaje, se recomienda un abordaje interdisciplinario. Muy esclarecedora es la propuesta del crítico literario Jam Borm, en un texto en el que examina las diversas (in)definiciones que rodean al viaje y la producción textual resultante. El objetivo del autor es discutir si el relato de viaje es un "género literario". Esta definición no le interesa especialmente al historiador, ya que nos preocupa lo que esta fuente puede informarnos y revelarnos sobre un determinado período. Sin embargo, el camino recorrido por el especialista y las relaciones que establece entre el relato de viaje y otros tipos de discurso, nos permiten comprender mejor la heterogeneidad que atraviesa este *corpus* de textos, ofreciendo elementos para la discusión metodológica de la fuente.

Según Borm, es un problema definir al relato de viaje como un objeto de estudio porque se trata de un "género compuesto por otros géneros literarios". Borm sostiene que es una especie de género híbrido, ya que se nutre de otros tipos de discursos. El crítico cita, entre los géneros comúnmente encontrados en los relatos de viajes: la ficción (novelas, *nouvelles*, cuentos, poemas, etc.), la autobiografía (o la escritura sobre sí mismo), los discursos científicos, los textos conmemorativos, etc.

Cito aquí algunos ejemplos para que identifiquemos mejor lo que nos

---

[153] Youngs y Hopper 2004 3.

sugiere Borm. La narrativa de viaje de la U.S. Exploring Expedition fue elaborada predominantemente sobre la base del discurso científico, pero también fue escrita para resaltar la grandiosidad del viaje y el ímpetu de un comandante que había conducido casi 350 hombres alrededor del mundo a bordo de seis veleros.[154] Aunque se trataba de un texto oficial, la narrativa de viaje escrita por Charles Wilkes está compuesta por discurso científico y también por "escritura de sí mismo". En la narrativa encontramos aspectos relativos a la forma discursiva de la autobiografía, pero, parafraseando a Borm, nadie ha leído o lee el relato científico de la U.S. Exploring Expedition, como tal.

Otro viajero estadounidense que estuvo en Brasil en 1846 fue Thomas Ewbank, quien, a diferencia del viaje oficial que analizo aquí, hizo un viaje personal, ya que fue a visitar a un hermano que vivía en Río de Janeiro. El relato está escrito en forma de minucioso diario, rico en detalles de lo que vio en la vida cotidiana de la ciudad. Pero Thomas Ewbank era miembro de algunas instituciones científicas estadounidenses, participaba particularmente en la American Ethnological Society, fue uno de sus fundadores. Su relato está impregnado de discusiones sobre las razas, que incendiaban a pensadores, científicos, políticos y comerciantes en Estados Unidos, en un momento en que los abolicionistas estaban cerrando filas para darle un punto final a la esclavitud.[155] Por lo tanto, resulta posible encontrar en el relato de Ewbank, la "escritura sobre sí mismo", así como también las características formales del diario y los aspectos del discurso científico.[156] Dentro de mi perspectiva, la propuesta de Jam Borm —la que se refiere a que el relato de viaje es un género híbrido— es muy bien recibida porque me permite comprender las destacadas diferencias entre un relato y otro.

La intersección entre el relato de viaje y la ficción es muy comentada por Borm y por otros críticos literarios, al punto de que algunos afirman

---

[154] Wilkes v1 25.

[155] En 1863 fue abolida la esclavitud en Estados Unidos, durante la Guerra Civil librada entre 1861 y 1865. Aunque la abolición ocurrió en el medio de la guerra, el conflicto no se inició para liberar a los esclavos, sino para mantener a la Unión, ya que en 1861 algunos de los estados del Sur habían declarado la secesión.

[156] Paulino.

que, en todo relato de viaje, existen elementos propios de la ficción. La lista de estos géneros híbridos que consisten en narrativa de viajes y novela/cuento/*nouvelle* es interminable, y en ella se destacan algunos clásicos. Uno de los más comentados es *Robinson Crusoe*, de Daniel Defoe, basado en un naufragio que ocurrió, de hecho, en el archipiélago de Juan Fernández, en las costas chilenas.[157] Los escritos de Joseph Conrad, principalmente *Heart of Darkness*, son referencias en este sentido, dado que el autor también fue capitán de viajes de larga distancia en la Marina mercante inglesa.[158]

El escritor estadounidense Herman Melville merece un comentario aparte: su novela más conocida, *Moby Dick*, publicada por primera vez en 1851, en buena parte fue basada en el curioso caso del ballenero Essex. El velero, de hecho, fue perseguido y duramente embestido por un cachalote enfurecido en la costa oeste de América del Sur en 1821. De los veinte hombres que se escaparon de la embarcación perseguida por la ballena, sólo ocho sobrevivieron. El caso se hizo famoso en Estados Unidos.[159] Melville había sido marinero antes de dedicarse a las letras y había estado en la entrecortada región de las islas del Pacífico –también conocida como Mares del Sur– cuando era "desconocida" debido a la escasa cartografía sobre el área. Parte de la experiencia del autor en el mar está presente en sus novelas, lo que indica cuán difusos son los límites entre la realidad y la ficción. Pero es con *Typee* que Melville lleva esta característica hasta sus últimas consecuencias. En 1839, él embarcó en un navío mercante con destino a Liverpool. En 1841, sirvió como ayudante en la embarcación Acushnet con destino al Pacífico. En las islas Marquesas, Melville abandonó el barco y pasó tres meses en la región entre los indios Typee. Para elaborar sus novelas, también se basó en una vasta literatura sobre viajes. Su experiencia, apoyada en las lecturas que hizo, se transformó en texto y fue publicada en 1844. Lo curioso es que *Typee* fue editada y leída primeramente como un relato de viaje y no como una novela. Es más: hoy en

---

[157] Sobre el lugar de América Latina en la famosa novela: Prado 2010 33-57.
[158] Conrad.
[159] Melville 2018. Para un relato del viaje de Essex que inspiró a Melville: Philbrick 2015.

día, forma parte de la literatura infanto-juvenil, no sólo en Estados Unidos, sino también en otros países.[160]

Resulta instigador acompañar la percepción que se viene haciendo sobre *Typee* desde 1844: de relato de viajes dirigido al público adulto hasta interesante lectura de ficción para adolescentes en el siglo XX. Borm, sin embargo, advierte que, aunque los límites entre la ficción y la realidad sean tenues, nadie lee *Moby Dick* de la misma manera que lee el relato de viajes de Charles Darwin. Reafirma esta característica encontrada en los relatos, al citar a Jonathan Raban, otro autor que destaca el hibridismo encontrado en este tipo de fuente.

> Como forma literaria, la narrativa de viajes es notoriamente una casa sencilla de puertas abiertas donde diferentes géneros se encuentran y terminan todos juntos en la misma cama. Se alojan en el diario particular, en el ensayo, en el cuento, en la prosa, en el poema, en el borrador y, en una mesa reluciente, conversan con indiscriminada hospitalidad. El relato de viaje mezcla libremente todas las narrativas.[161]

Stella Maris Scatena Franco, en *Peregrinas de outrora*, centra su interés en los estudios sobre las mujeres latinoamericanas que viajaban a países de Europa y a Estados Unidos. La autora subraya, al igual que otros que trabajan en esta intersección, que los relatos femeninos concentran la "escritura sobre sí misma", demostrando elementos de la autobiografía contenida en estas narrativas.[162]

Por lo tanto, muchos relatos de viaje son personales e íntimos. También están los escritos en forma de cartas, aquellos que buscan una posible neutralidad, como los informes científicos antes mencionados. Todos requieren un tratamiento adecuado. Además de la metodología del relato de

---

[160] Melville 1847.
[161] Raban 16.
[162] Franco 2007; Citado por Borm 16.

viaje en sí, el investigador que se dedica al análisis del discurso probablemente sentirá la necesidad de algunos referenciales metodológicos sobre biografía, epistolografía, "escritura de sí mismo", para comprender mejor el relato.[163] Borm cita a Jean Roudaut en sus comentarios sobre el relato de André Gide al Congo:

> El libro de viajes es discontinuo. Del mismo modo yuxtapone segmentos de texto que difieren en sus tonos. El texto es estratificado: consta de varias capas de voces, vocabulario (la descripción presenta una variación de tipos: paisaje, hábitats, vestimentas, trabajo) y estilo... El libro de viajes combina lo heterogéneo (mezclando todo en forma de memoria, diarios y cartas) y es desigual, lo que apunta a una especie de mosaico.[164]

Si bien no es tarea del historiador discutir si el relato de viaje es un género literario o no, los desdoblamientos consecuentes de la cuestión, ayudan en el análisis del documento y nos permiten entender por qué este *corpus* documental es fundamentalmente heterogéneo. Los "bordes sueltos" y la mutabilidad que caracterizan a estas fuentes lo tornan fascinante, pero al mismo tiempo permiten que "muchos gatos distintos quepan en la misma bolsa". Creo que debemos permanecer atentos a esta peculiar característica del *corpus* y comprender los recursos que el viajero utiliza, consciente o inconscientemente, para narrar su experiencia.

---

[163] Sobre las "escrituras de sí mismo": Gomes.
[164] Borm 20.

# 5

## SOBRE LA CONSTRUCCIÓN DE LA NARRATIVA OFICIAL DE VIAJE DE LA U.S. EXPLORING EXPEDITION

La circunnavegación de la U. S. Exploring Expedition fue un acontecimiento, un hecho, una notable experiencia científica de los Estados Unidos en altamar. Pero lo que dotó a la gran operación de sentido y significado, fue el texto escrito *a posteriori*. En mi trabajo me he dedicado, exclusivamente, a la narrativa oficial de la expedición, los primeros cinco volúmenes de la *Narrative of The United States Exploring Expedition during the years 1838, 1839, 1840, 1841, 1842,* por más que me remita algunas veces a los demás 18 volúmenes científicos que componen el informe del viaje, además de otras fuentes.[165]

Como ya lo he mencionado, el informe del viaje científico le dio sentido a la exploración. Por una parte, delineó la silueta de los significados que el Congreso Nacional y la propia institución de la Marina quisieron imprimirle y, por otra, el sentido que el escritor del texto le quiso atribuir. Existían muchas variables en juego: producir un texto significativo, por parte del comandante; el examen del material, a cargo de un comité especialmente designado para aprobar el texto de la narrativa y de los volúmenes científicos; y, por último, la divulgación que le revelaría al público el triunfo de la proeza estadounidense.

El éxito de las expediciones científicas dependía de los relatos de viaje. Eran fundamentales para que se le diera visibilidad a la hazaña. Este tipo de texto, producido por militares-cartógrafos y científicos, era difundido en los impresos que llegaban hasta un público más amplio (noticias en periódicos y revistas). Se promovían presentaciones y lecturas sobre diferentes campos del conocimiento, especialmente en las instituciones

---

[165] Reitero, una vez más, que al referirme al informe de viaje estaré tratando los veintitrés volúmenes (cinco de la narrativa y dieciocho científicos) y que cuando me refiero a la narrativa, estaré tratando exclusivamente los cinco primeros volúmenes. La mayoría de los volúmenes científicos fueron dedicados a la clasificación de las especies encontradas, como también ya fue mencionado.

científicas de la época las que, a su vez, se dedicaban al relato de viaje y le otorgaban autoridad sobre el tema al autor. Del mismo modo, el conocimiento también se plasmaba a través de otros apoyos visuales: los gobiernos o las instituciones científicas, en general, proponían exposiciones especiales de los especímenes recolectados (durante la misma época o muchos años después), incluso los exhibían en los museos existentes, mientras que los especímenes vegetales constituyeron los jardines botánicos. A continuación, será mostrada la secuencia de los 23 volúmenes del informe de viaje.

## Volúmenes del informe de viaje[166]

| Volumen | Autor | Título | Publicación |
|---|---|---|---|
| I-V | Charles Wilkes | *Narrative* | 1845 |
| VI | Horatio Hale | *Ethnology/Philology* | 1846 |
| VII | James Dana | *Zoophytes* | 1846 |
| VIIIa | Titian Peale | *Mammalia/Ornithology* | 1848 |
| VIIIb | John Cassin* | *Mammology/Ornithology* | 1858 |
| IX | Charles Pickering | *The races of men* | 1848 |
| X | James Dana | *Geology* | 1849 |
| XI | Charles Wilkes | *Meteorology* | 1851 |
| XII | Augustus Gould* | *Mollusca and Shells* | 1852 |
| XIII | James Dana | *Crustacea* | 1852 |
| XIV | James Dana | *Crustacea* | 1853 |
| XV | Asa Gray* | *Botany/Phanerogamia* | 1854 |
| XVI | William Brackenridge | *Botany/Criptogamia/Filices* | 1854 |
| XVII | Asa Gray (Org.)* | *Botany/Criptogamia/Phanerogamia* | 1874 |
| XVIII | Asa Gray* | *Botany/Phanerogamia* | ----- |
| XIX | Charles Pickering | *Geogr. distrib. animals/plants* (1) | 1854 |
| XIX | Charles Pickering | *Geogr. distrib. animals/plants* (2) | ----- |
| XX | Spencer Baird (Org.) | *Herpetology* | 1858 |
| XXI | Louis Agassiz | *Ictiología* (peces) | ----- |
| XXII | Louis Agassiz | *Ictiología* (peces) | ----- |
| XXIII | Charles Wilkes | *Hidrography* | 1850 |

---

[166] Los volúmenes XVII y XX fueron elaborados por varios autores y organizados por los científicos Asa Gray y Spencer Baird, respectivamente. Ya los volúmenes XVIII, XIX (v. 2), XXI y XXII, si bien organizados, no fueron publicados. Los nombres de los autores que llevan asterisco, señalan autores invitados a organizar volúmenes, pero que no viajaron en la expedición.

## 5.1 Algunas cuestiones sobre la autoría del texto

Los cinco volúmenes de la narrativa fueron los primeros a ser preparados, meticulosamente elaborados, con imágenes elegidas con esmero y una portada presentada con primor. El mismo procedimiento se mantuvo con los dieciocho volúmenes científicos. Lo cierto es que el gran trabajo de organización de los resultados del viaje empezó cuando los navíos anclaron de nuevo en "aguas nacionales", considerándose: los cuidados y el mantenimiento de las colecciones; la clasificación de los especímenes (minerales, vegetales y animales), de los artefactos y de los demás objetos de otras culturas; la interpretación de los datos; la elaboración de los mapas; la edición de los textos. Lo mismo ocurría con otras expediciones científicas, fuesen o no de circunnavegación. El viaje era tan sólo una parte del trabajo.

Charles Wilkes se encargó de una tarea más que redoblada, porque además de los primeros cinco volúmenes de la narrativa, fue responsable de las cartas náuticas y también de los volúmenes XI (Meteorología) y XXII (Hidrografía). El informe de 23 volúmenes de la expedición, por un lado, justificó y legitimó el viaje científico y, por el otro, atendió a los requisitos necesarios para evidenciar el financiamiento invertido por el gobierno para la concretización de la empresa exploratoria.

Como vimos, conducir el viaje no era sinónimo de escribir su narrativa. Charles Wilkes, al regresar a las costas estadounidenses, estuvo bajo el control de las cortes marciales debido a los conflictos resultantes de decisiones que tomó mientras estaba a bordo. Irascible y desmedido, fue acusado de castigar a los marineros más de lo debido, de practicar actos crueles contra los nativos de las islas del Pacífico, y de deshacerse de algunos oficiales que, según Wilkes, comprometían el buen funcionamiento de la operación. La cúpula de la Marina evaluó si el comandante debía o no escribir sobre el viaje que había comandado. Era posible que, basándose en los cuadernos de bitácora, los diarios de los oficiales y los del comandante, otros escritores pudiesen realizar la escritura. Un literato de Virginia, llamado Robert Greenhow, fue recomendado por parte de un enemigo de Wilkes, para que escribiera la narrativa del viaje.[167] El comandante se vio favorecido con el apoyo de hombres influyentes del Congreso y de la Marina para reconquistar el comando de la escritura del viaje que había liderado.

La narrativa de Wilkes era, al mismo tiempo, su propia defensa contra las acusaciones que había recibido, cuyas consecuencias lo sometieron a las citadas cortes marciales, aunque esta perspectiva no haya quedado registrada de forma explícita en el texto. El potente material, la cantidad de informaciones sobre diferentes regiones del mundo, los mapas precisos, las consecuencias militares y científicas de la expedición hablaron por sí mismos. Wilkes de algún modo, esperaba que los resultados de la expedición lo redimieran de sus propios excesos, por más que jamás los hubiera admitido y que haya justificado sus actos, de un modo o de otro.

Los relatos de viaje podían ser elaborados por escritores y profesionales del texto. Fue así en la Edad Media: Marco Polo tuvo su viaje a China escrito por Rustichello de Pisa. En el siglo XVIII, James Cook tuvo la narrativa de su primera circunnavegación escrita por el conocido literato de la época, John Hawkesworth. La profesionalización de la escritura le llegó a Charles Wilkes en 1842.

## 5.2 El hilo de la narrativa: en el trayecto del navío

Los viajeros de este tipo de viajes pasaban más tiempo de sus vidas en el mar que en tierra firme. No sin razón, les importaba describir y "analizar" el mar: la temperatura del agua, la luminosidad, etc. Charles Wilkes describió los océanos por los que navegó en lo que tenían de mágicos y luminosos, y en lo que guardaban de miedos y sorpresas. Al mismo tiempo que un viaje de larga distancia les despertaba a los hombres sentimientos de libertad y búsqueda por aventuras, también les imponía confinamiento, apretados en pequeñas embarcaciones que sólo tenían al cielo sobre sí mismas. Y días tras días, monótonos, solamente con el mar como horizonte. El trabajo era incesante a bordo, especialmente para los marineros. De vez en cuando, los veleros eran atacados por tormentas inclementes y

---

[167] Philbrick 2003 354-5.

vientos implacables. En caso contrario, pasaban aburridísimos períodos extremadamente calmos. Hay muchas descripciones de lo que enfrentaron estos hombres, en regiones de difícil acceso, debido al duro clima de algunas partes del mundo. Los escritos del comandante se referían a estas condiciones.

El texto también se ocupaba en gran medida del mar. El comandante lo describía con muchas de sus características, incluso en sus misterios, pero guiado por los "dictados de la razón". No había lugar para presagios, creencias y supersticiones en el texto del capitán, aunque esto existiera en la cultura de los marineros que integraban esa u otras expediciones. Muchas veces, en el mismo párrafo, Charles Wilkes pasaba de la identificación de las corrientes marinas a la descripción de algún otro tipo de fenómeno marítimo singular, a la medición de ciertos accidentes sumergidos (bajíos), a la ubicación de la desembocadura de los ríos, volvía a las informaciones sobre la temperatura del agua del mar, registraba la temperatura del medio ambiente, incluía cálculos astronómicos, y luego describía el cielo en las noches de luna llena. Cuando estaba en contacto con otras culturas, las describía y las juzgaba con sus ideas, muchas veces, impiedosas. Se necesitaba mucha habilidad para construir un texto coherente contando con informaciones de orígenes tan diversos.

Lo que le daba coherencia al heterogéneo conjunto de temas, informaciones, descripciones, opiniones, conjeturas y juicios del propio Wilkes, era la trayectoria que seguía el navío.[168] Según la ruta seguida por la embarcación, elaboraba el texto como un diario, apuntaba el día y, a veces, la hora en que había llegado a un lugar determinado, mencionaba algún accidente sumergido o reportaba el fallecimiento de alguno de los hombres embarcados en la expedición. Esa fue la forma que el comandante eligió para "hilvanar" diferentes informaciones. Aunque no se trataba de un profesional del texto –Wilkes definitivamente no era un escritor seductor– al adoptar esta forma para su narrativa, el autor favoreció la

---

[168] Aunque la expedición estuviera integrada por seis veleros, utilizo el sustantivo navío, en singular, para dejar clara mi argumentación de que la narrativa de viaje fue construida a partir del trayecto de la expedición.

lectura.¹⁶⁹ Veamos, por ejemplo, la secuencia de los párrafos de páginas 28 y 29 del primer volumen, cuando se encontraban atravesando el Atlántico a la altura de Cabo Verde, rumbo a Río de Janeiro.

> La posición notificada de Bonetta Rock pronto nos llamó la atención, en la latitud 16° 32' N., y la longitud 20° 57' W. Después de que el sitio fue bien examinado, se estableció un curso en su supuesta dirección desde Boavista, una de las islas de Cabo Verde. Los veleros de la flota hicieron mediciones en aguas profundas cada media hora durante la noche, que era clara y brillante debido a la luz de la luna.¹⁷⁰

El autor informa sobre la posición de un accidente sumergido (bajío), el Bonetta, ubicado cerca de una de las islas de Cabo Verde. Un bajío sin las debidas coordenadas de ubicación podía dañar las embarcaciones o incluso causar naufragios. Sostiene que comprobó la posición exacta de la roca e indicó la posición desde las coordenadas de longitud y latitud. Estableció una referencia entre la ubicación de la roca y una de las islas de Cabo Verde. Informó que los oficiales hicieron mediciones en aguas profundas (*soundings*) por la noche y aprovechó la oportunidad para comentar las condiciones de esa noche, ocurrida cuatro años atrás (1838), ya que la narración de los viajes comenzó a escribirse en 1842 y ya encontrándose en suelo nacional: clara y brillante debido a la luz de la luna. Podemos sugerir que el autor trataba de guiar al lector, aunque sabemos que la lectura es individual.¹⁷¹ Seguir el viaje con el capitán era, en ese sentido, viajar con él.

---

¹⁶⁹ Obsérvese que esta forma de construir el texto, optando por utilizar el trayecto del navío como espina dorsal de la narrativa, conectando informaciones bien diversificadas, fue y sigue siendo un recurso literario elegido por muchos viajeros para elaborar sus relatos de viaje.

¹⁷⁰ Wilkes v1 30. *"The reported position of the Bonetta Rock next claimed our attention, in latitude 16° 32' N., and longitude 20° 57' W. After this locality had been well examined, a course was steered over its supposed bearing from Bonavista, one of the Cape de Verde Islands (sic). The vessels of the squadron sounding every half hour during the night, which was clear and bright moonlight".*

¹⁷¹ Sobre el tema de la lectura: Chartier; Darton 1991; Darton 1993; Pinto.

En la noche del 6 de octubre, vimos la Isla de Santiago. Rara vez habíamos visto el mar exhibir tal fosforescencia. Su brillantez era tan grande, que honestamente podría decir que parecía que estaba en llamas. Hicimos muchos experimentos y averiguamos la profundidad a la que se extendía esta fosforescencia *animalculae* (microorganismos). Después de muchos intentos, fueron encontrados a una profundidad mayor que 18 brazas. La temperatura del agua en esa profundidad era de 79° [26,1° C], y la de la superficie 80 [26,6° C]; y el aire de Madera hasta nuestra partida de aquel puerto aumentó de 69° [20,5° C] a 78° [25,5° C], mientras que la diferencia del agua osciló entre 71° [21,6° C] y 81° [27,2° C].[172]

A medida que las embarcaciones se desplazaban, Wilkes informaba sobre el tiempo que pasaba, sobre los vientos y las mareas, sobre la temperatura del agua y su fosforescencia, resultante de los microorganismos que brillaban a la luz tan incandescentemente, que hacían pensar en fuego sobre el agua. Trataba de captar la atención del lector que "se iba de viaje con él". En el párrafo siguiente, el comandante, aún en Cabo Verde, entraba en otra cuestión:

En la mañana del día 7 [de octubre], anclamos en la bahía del Puerto de Praia. La isla de Santiago presenta un aspecto muy diferente al de Madera, particularmente en su parte SE, aunque son, como se sabe, similares en

---

[172] Wilkes v1 31. *"On the night of the 6th of October, we have to off the islands of St. Jago. Seldom have we seen the sea exhibit so much phosphorence. Its brilliance was so great, that it might truly be said to have the appearance of being on fire. We have made some experiments to ascertain the depth to which these phosphorescent animalculae extended. After many trials they were not found below eighteen fathoms. The temperature of the water at that depth was 79°, at the surface 80°, and the air from Madeira until our arrival off this port, was found to have increase from 69° to 78°, while the difference in the water was from 71° to 81°".*

su formación. Hay muchos picos altos y montañas en el centro [de la isla], que le proporcionan un hermoso telón de fondo al monótono y desabrido paisaje de la costa. Llegamos justo después de la temporada de lluvias, la isla, en consecuencia, tenía un aspecto más verdoso que en otras estaciones del año.[173]

Reitero que los párrafos están siendo presentados en el mismo orden que tuvieron en el original con el sentido de destacar que Wilkes tejió su narrativa siguiendo la trayectoria del navío. En este último fragmento, Wilkes llega a tierra –llevándoselo junto al lector– y describe el paisaje, comenta lo que ve. No le gusta la playa estéril de una de las islas de Cabo Verde. La narrativa fue escrita en forma de diario y tal elección sin duda ayudó a resaltar el curso de la expedición y la mirada de Wilkes quien, probablemente, pasó esos cuatro años, pensando en el texto que iba a escribir.

Sin embargo, desde mi punto de vista, fue la trayectoria de los navíos la que hizo que Wilkes informase lo que sucedió durante un día u otro. El comandante podría haber elegido el formato del diario sin, necesariamente, presentar los acontecimientos siguiendo la secuencia que tuvieron. La trayectoria del navío es el hilo conductor de la narrativa de Wilkes. De ese modo ordenó la información y le indicó al lector la cadena de eventos, uno atrás del otro.

Lo que me interesa destacar es el hecho de que el procedimiento utilizado para constituir la narrativa fue elegido, pensado, planeado. Wilkes probablemente se inspiró en otros informes de viajes que utilizaban el mismo recurso para "tejer" informaciones, datos científicos, impresiones, juicios –a menudo se trataba de temas de orígenes diversos– en un todo

---

[173] Wilkes v1 31. *"On the morning of the 7th, we anchored in Porto Praya bay. The island of St. Jago presents a very different appearance from Madeira, particularly the southeastern portion of it, tough its formation is known to be similar. There are many high peaks and mountains in its centre which afford a fine background for the barren and uninteresting coast scenery. The time of our arrival was just after the rainy season, the island consequently presented a more verdant appearance than it does at other seasons of the year".*

coherente y claro. Poco después del último párrafo citado, Wilkes concatenó el siguiente:

> Nuestro cónsul, F. Gardiner, *Esq.* vino a bordo para ofrecer la bienvenida a toda la isla. Se envió un oficial para llamar a su excelencia el gobernador, para informarle nuestra llegada, quien resultó ser un hombre negro. Conocíamos los reglamentos [propios de la isla] que requerían permiso para que los veleros partieran, el pedido se hizo durante la entrevista, en la que él rápidamente garantizó [la partida] en el momento que eligiéramos.[174]

Wilkes explica que fue recibido por el Cónsul de los Estados Unidos. El acrónimo *Esq.* después del nombre del autor todavía se utiliza hoy en día en el inglés formal, cuando no se usa el acrónimo *Mr.* antes del nombre. El acrónimo *Esq.* es la abreviatura de *esquire*, escudero. En muchos de los textos del siglo XIX, era una deferencia que se le daba a los *gentlemen*, los caballeros. Creo que corresponde al caso de Wilkes, quien valorizaba sobremanera a los hombres que fue encontrando por la vida y a quienes consideraba ubicados en una alta posición social. El autor tampoco se niega a revelar el hecho de que el gobernador de la isla era negro, siendo que nunca se refirió a los demás hombres como blancos, cuando ocupaban altos cargos en los gobiernos. Probablemente, la condición racial del hombre no era equivalente a la posición de poder que ocupaba. Del mismo modo, Wilkes continuó a lo largo de todo el relato: pasando de un tema a otro como si estuviera en la proa del velero Vincennes, escribiendo en aquel exacto momento –y no cuatro años después– enlazando los diversos temas que enfrentaba durante el viaje, y nuevamente, llevándose junto al lector.

---

[174] Wilkes v1 31-32. *"Our Consul, F. Gardiner, Esq., came on board and made us welcome to all the island afforded. An officer was dispatched to call upon his excellency the governor, to report our arrival, who proved to be a black man. Knowing that the regulations required permission for vessels to depart, the request was made during the interview, which he readily granted at any hour we chose".*

## 5.3 El espacio dedicado a las Américas en la narrativa del viaje

Comentaré, aunque sea brevemente, el espacio que le fue dedicado a las Américas en las narrativas de viajes. Antes quiero aclarar que, a pesar de que la U.S. Exploring Expedition concentró sus intereses en las Islas del Pacífico y en el NO de América del Norte, esos hombres le dedicaron también un tiempo considerable a las costas Este y Oeste de América del Sur.

Una característica particular de los viajes de circunnavegación era el hecho de que los expedicionarios permanecían por un corto tiempo en los diversos destinos en los que atracaban. Se trataba de un tipo de viaje con "múltiples destinos", ya que el objetivo final del viaje era dar la vuelta al mundo. A lo largo de ese largo recorrido, algunos lugares de América del Sur y de la costa NO de América del Norte fueron destinos consagrados en muchas circunnavegaciones. Lo mismo ocurrió con la U.S. Exploring Expedition. A continuación, veremos las fechas de llegada y de partida de los veleros en los puertos de las Américas, además de su estancia en cada lugar:

## La U. S. Exploring Expedition en los puertos de las Américas[175]

---

[175] Las fechas de la tabla fueron tomadas de la narrativa del viaje y se refieren al trayecto seguido por el Vincennes o el Peacock, los principales veleros de la flota. Una embarcación podía seguir hacia adelante, hacia un destino determinado, y sólo entonces llegarían las demás embarcaciones de la expedición. Cada una de ellas, según su ubicación, recibía diferentes instrucciones de trabajo. Por ejemplo, el buque almacén (*store ship*) Relief, al mando del capitán Andrew K. Long, recibió instrucciones de llegar primero a Tierra del Fuego y desde allá preparar la llegada de los demás navíos de la expedición.

Oregón, así fue llamado debido a uno de los grupos de indígenas con ese nombre que habitaban el lugar, a pesar de que vivieran allá otros nativos con nombres diferentes. Consistía en una gran región situada al Norte de California, donde se localizan en la actualidad los Estados de Washington y Oregón, en la costa NO del país.

Después de mapear Oregón y California, la expedición empezó el recorrido de vuelta a casa, a través del Cabo de Buena Esperanza, hasta que finalmente anclaron en el puerto de Sandy Hook, en Nueva York, el 10 de junio de 1842.

| Puerto/ciudad/región | Fechas | Total |
|---|---|---|
| *Partida* (Norfolk-Virginia) | 18.08.1838 | |
| Río de Janeiro | de 23.11.1838 a 06.1.1839 | 42 días |
| Río Negro-Argentina | de 25.01.1839 a 03.22.1839 | 8 días |
| Tierra del Fuego-Antártida | de 18.02.1839 a 17.04.1839 | 2 meses |
| Valparaíso-Chile | de 15.5.1839 a 06.06.1839 | 21 días |
| San Lorenzo-Callao-Perú | de 20.6.1839 a 13.07.1839 | 22 días |
| Islas del Pacífico | de 20.7.1839 a 01.05.1841 | 1 año y 50 días |
| Oregón | de 02.05.1841 a 05.10.1841 | 5 meses y 3 días |
| California/México | de 07.08.1841 a 28.10.1841 | 1 mes y 20 días |
| *Regreso* (Sandy Hook, N.Y.) | de 01.11.184 a 10.06.1842 | 7 meses y 10 días |

Entre la salida de Perú (en junio de 1839) y la llegada a la costa Oeste de América del Norte, la expedición pasó un año y 50 días mapeando el Pacífico y haciendo una segunda incursión en la Antártida, esa vez desde Oceanía. Después pasaron por Hawái, y de allá se dirigieron a la costa NO de América del Norte (Oregón y California). Cuando dejaron la región, pasaron nuevamente por Hawái y volvieron a casa, completando la circunnavegación, después de pasar por China, Filipinas y el Cabo de Buena Esperanza.

El tiempo que le fue dedicado a estas regiones indica que los intereses de los estadounidenses se concentraban, como ya se dijo, en las islas del Pacífico y en la costa NO de América del Norte. Sin embargo, gran parte del primer volumen fue destinado a América del Sur, aunque las embarcaciones permanecieron poco en las costas E y O del continente. De todos modos, Wilkes no se privó de emitir opiniones, juicios ni de recopilar datos sobre diferentes lugares. No se limitó solamente a las Américas: hizo lo mismo en todos los lugares donde los navíos atracaron.

¿Cómo se construyó el saber sobre las Américas? Esta es la pregunta que debemos hacernos para comprender cómo le resultó posible a aquellos hombres reunir un número tan grande de informaciones, siendo que permanecieron tan poco tiempo en cada uno de los puertos.

## Espacio dedicado a las Américas en la narrativa de viaje de la expedición

| Volumen | número de páginas | Américas (total de páginas) | Región |
|---|---|---|---|
| 1 | 455 | 277 | América del Sur |
| 2 | 505 | --- | Islas del Pacífico |
| 3 | 463 | --- | Islas del Pacífico |
| 4 | 574 | 255 | Oregón |
| 5 | 591 | 108 | California (México) |
| Total | 2.588 | 640 | 24.72% |

De las 2.588 páginas que integran los cinco volúmenes de la narrativa,[176] 640 se refieren a las Américas, abarcando un cuarto del total (24.72%). Obsérvese la importancia dada por la U. S. Exploring Expedition a la costa NO de América del Norte (Oregón y California) y, consecuentemente, por el gobierno estadounidense. Reitero que no fue contabilizado exclusivamente el espacio dedicado a las Américas en el informe de viaje como un todo (los 23 volúmenes) sino específicamente en la narrativa.

## 5.4 Las fuentes y las influencias en la construcción del conocimiento sobre las Américas

Dado que los períodos de permanencia en tierra firme eran cortos durante los viajes de circunnavegación, había toda una preparación para que las flotas fueran bien recibidas. En el caso de la U.S. Exploring Expedition, el apoyo partió principalmente de las delegaciones diplomáticas, en el caso de los países que tenían este tipo de representación. En las regiones donde no había representantes oficiales, obtuvieron soporte principalmente de misioneros o de ingleses y estadounidenses que residían en esos lugares.

---

[176] Agregándose los apéndices al final de cada volumen y el índice onomástico al final del quinto volumen.

Por lo tanto, un primer elemento a considerarse es el hecho de que el comandante se apoyara en un importante mediador entre los lugareños y los miembros de la expedición: el Cónsul de los Estados Unidos. Ya hemos visto anteriormente, a partir de un fragmento original, que Charles Wilkes fue recibido por este representante en Cabo Verde.[177] Según la narrativa de viaje, en muchas ocasiones el cónsul de Estados Unidos recibía a las embarcaciones que ya estaban en puerto. Y también es verdad que había preparativos –antes de que los buques llegaran a ciertos destinos– entre las instituciones estadounidenses y los cónsules, para garantizar el buen desempeño del trabajo de los viajeros.

En general, estos representantes, además de brindar informaciones sobre los países en los que se encontraban, eran los encargados de presentar al comandante, oficiales y científicos a la élite del país, a quienes Charles Wilkes llamaba *gentlemen*. Un buen ejemplo de la importancia del cónsul en este proceso fue el caso de Brasil. Wilkes describió con interés la ciudad de Río de Janeiro y, como apéndice, incluyó tablas con datos sobre el clima de la ciudad, la población y las exportaciones del país.

**Tabla señalando el número de navíos estadounidenses que hicieron escala en Río de Janeiro entre 1834 y 1841.**[178]

---

[177] Utilizo el término mediador para referirme a los hombres con los cuales Charles Wilkes, los demás oficiales y los científicos, mantuvieron relaciones en las denominadas zonas de contacto y a quien el comandante le debía muchas informaciones, sobre datos e impresiones de la región visitada.

[178] Wilkes v1 395.

## XXII.

Statement of the exports of the principal products of Brazil, during the year 1838, showing the quantity that was exported to foreign Ports, and the flag under which it was shipped.

| NATIONS. | VESSELS. | TONNAGE. | COFFEE. | | SUGAR. | | | HIDES. | HORNS. | SOLE LEATHER, HALF HIDES. | RICE IN BAGS. | COOKED BEEF IN BOUCHE. | BRANDY IN PIPES. | TAPIOCA IN BARRELS. | JACARANDA WOOD IN PLANKS. | FLOUR IN BAGS. | DRIED BEEF PER 100 LBS. |
|---|---|---|---|---|---|---|---|---|---|---|---|---|---|---|---|---|---|
| | | | BAGS. | BARRELS. | BOXES. | BARRELS. | BAGS. | | | | | | | | | | |
| AMERICAN. | 91 | 21,762 | 266,846 | 5 | 552 | 6 | — | 2,942 | — | — | — | — | — | 40 | — | — | — |
| ARGENTINE REP. | 10 | 1,080 | 53 | — | 22 | 645 | 323 | — | — | — | — | — | — | — | — | 190 | — |
| AUSTRIAN. | 4 | 1,290 | 734 | — | 796 | 502 | — | — | — | — | 2,142 | — | 1,817 | — | — | — | — |
| BELGIUM. | 5 | 1,215 | 14,455 | — | — | — | — | 7,304 | 38,994 | — | — | — | — | 14 | — | — | — |
| BRAZIL. | 34 | 6,565 | 1,340 | 67 | 408 | 1,744 | 66 | 21,451 | 3,074 | 858 | 1,934 | 3,870 | 1,278 | — | — | 5,148 | 382 |
| BREMEN. | 4 | 710 | 7,457 | — | — | 81 | — | — | 1,656 | 150 | — | 210 | — | — | — | — | — |
| DENMARK. | 30 | 6,272 | 74,663 | — | 2,124 | 145 | — | 4,370 | 37,557 | 350 | — | — | — | — | — | — | — |
| FRANCE. | 20 | 4,361 | 29,332 | 192 | 132 | 33 | 134 | 32,407 | 6,977 | — | — | — | — | 93 | 2,367 | — | — |
| HAMBURG. | 28 | 6,598 | 70,123 | 118 | 2,444 | 542 | — | 17,952 | 116,510 | 1,906 | — | — | — | — | 33 | — | — |
| SPAIN. | 10 | 1,052 | 5,206 | 850 | — | 371 | — | 3,294 | 11,168 | — | — | 277 | — | 160 | — | 50 | — |
| HOLLAND. | 2 | 128 | 111 | — | 124 | — | — | — | — | — | — | — | — | — | — | — | — |
| ENGLAND. | 108 | 20,069 | 227,075 | 917 | 4,844 | 1,544 | 355 | 25,777 | 89,316 | 2,026 | 135 | 484 | — | 306 | 2,596 | 300 | — |
| KNIPHAUSEN. | 1 | 178 | 2,909 | — | — | — | — | — | 1,218 | — | — | — | — | — | — | — | — |
| NAPLES. | 1 | 260 | 562 | 2 | 166 | 2 | — | 250 | — | — | — | — | — | — | — | — | — |
| BANDA ORIENTAL. | 31 | 3,499 | 35 | — | 134 | 2,390 | 8 | — | — | — | — | 2,684 | 10,606 | 663 | — | 3,169 | — |
| PORTUGAL. | 102 | 22,032 | 10,455 | 69 | 2,250 | 4,842 | 260 | 61,522 | 50,080 | — | 7,779 | 1,858 | 2,724 | 55 | 1,086 | 5,967 | 1,014 |
| PRUSSIA. | 1 | 350 | 6,842 | — | 97 | — | — | 1,803 | 13,507 | — | — | — | — | — | — | — | — |
| SARDINIA. | 24 | 4,146 | 9,680 | 4 | 706 | 1,288 | 3,278 | 7,855 | 20,635 | 660 | 1,196 | 3,834 | 417 | — | — | 1,284 | — |
| SWEDEN. | 26 | 5,099 | 49,071 | 954 | 2,567 | 230 | — | 5,283 | 14,000 | 310 | — | 7 | — | 15 | — | — | — |
| TUSCANY. | 2 | 210 | 1,524 | — | — | — | — | 500 | 500 | — | — | — | — | — | — | — | — |
| TOTAL. | 527 | 106,720 | 778,473 | 3,178 | 17,426 | 14,470 | 4,424 | 192,710 | 405,792 | 8,330 | 14,737 | 24,119 | 5,472 | 523 | 6,082 | 15,118 | 1,396 |

Exportaciones de los principales productos de Brasil.[179]

## XXI.

### POPULATION OF BRAZIL,

Estimated by the numbers of houses furnished by the returns of Elections for Deputies in 1838, to the National Legislature, calculating each habitation as containing five free people, and the slaves as being two-fifths of the whole population.

| PROVINCES. | NO. OF HOUSES. | INHABITANTS. |
|---|---|---|
| PARA | 21,500 | 107,500 |
| MARANHAO | 30,600 | 153,000 |
| PIAUHY | 11,300 | 56,500 |
| CEARA | 35,900 | 179,500 |
| RIO GRANDE DEL NORTE | 12,400 | 62,000 |
| PARAHIBA | 24,700 | 123,500 |
| PERNAMBUCO | 59,000 | 295,500 |
| ALAGOAS | 33,300 | 166,500 |
| SERGIPE | 20,700 | 103,500 |
| BAHIA | 87,600 | 438,000 |
| CUIABA | 5,600 | 28,000 |
| GOYAS, SLAVES, (17,375) | 13,900 | 69,500 |
| MINAS GERAES, (34,000) | 120,800 | 604,000 |
| ESPIRITO SANTO | 7,700 | 38,500 |
| RIO DE JANEIRO, (117,000) | 58,800 | 294,000 |
| ST. PAULO, (94,165) | 56,100 | 282,500 |
| ST. CATHERINE'S | 9,800 | 47,000 |
| RIO GRANDE DO SUL, (20,500) | 16,400 | 82,000 |

Población de Brasil[180]

---

[179] Wilkes v1 407.
[180] Wilkes v1 402.

**Tabla con datos meteorológicos de la región
de Río de Janeiro**[181]

Charles Wilkes no podría haber obtenido información ni datos suficientes para describir la sociedad del país, sin contar con la ayuda de terceros. Obsérvese que el último documento se titula: *Tabla de observaciones meteorológicas, por Mr. John Gardner*,[182] En la página 43, volumen 1, de la narrativa, Wilkes se refiere a John Gardner:

> Cuando llegamos [a Río de Janeiro], me informaron que era el inicio de la estación calurosa y que las lluvias suelen prevalecer en los meses venideros. Esta es una noticia desagradable, sobre todo porque quería hacer las reparaciones necesarias en los veleros, completar las observaciones astronómicas y realizar la serie

---
[181] Wilkes v1 392-393.
[182] *"Table of meteorological observations at Rio de Janeiro, by Mr. John Gardner".*

de experimentos con el péndulo, etc. Sin embargo, no consideré que esta información fuese correcta y no estaba dispuesto a creer en el sentido común. De acuerdo con el examen de las tablas meteorológicas (Apéndice XVII) que generosamente me proporcionó John Gardner, *Esq.*, un *gentleman* que reside en Río de Janeiro, también hay lluvias frecuentes en otros meses, como en diciembre, y mi experiencia durante nuestra estancia correspondió con la tabla. En la primera noche, tuvimos lluvias ocasionales, pero después de salir del puerto, nuestra gente informó que el interior [del país] estaba sufriendo de sequía.[183]

Aquí Wilkes reflexionó sobre las informaciones que obtuvo del clima. Descarta lo que escuchó del "sentido común" y concluyó que sus observaciones correspondían con la tabla de Gardner. Cabe destacar que el comandante reconoció la deuda que tenía con los hombres que le cedieron esas valiosas informaciones.

Durante las reparaciones [de los navíos] me empeñé en utilizar mi tiempo y el de los oficiales y los científicos, de la mejor manera posible. Estamos en deuda con el Sr. William Hunter, nuestro encargado de negocios, y con nuestro cónsul William Slacum, *Esq.*, por la amabilidad y atenciones recibidas durante nuestra estancia. A través de su intercesión, obtuve el uso de la

---

[183] Wilkes v1 43. *"On our arrival I was told it was the beginning of the hot season, and that rains usually prevailed during the coming months. This was unpleasant news, particularly as I was desirous whilst making the necessary repairs on the vessels, to complete a set of astronomical observations, and to perform a series of experiments with the pendulums, &c. This information, however, I did not find to be correct, and from the examination of the meteorological tables (see Appendix XVII) obligingly furnished me by John Gardner, Esq., an American gentleman residing at Rio, I am not disposed to credit this common saying. It therein appears that rain falls as often in other months as in December, and my experience during the time of our stay, corresponds with his tables. The first fortnight we had occasional rains, but before we left the harbour, our parties reported that the country was suffering from drought".*

pequeña Isla das Enxadas, que estaba bien adaptada a nuestros objetivos. Se nos permitió instalar los instrumentos y suministros sin inspección, y toda la asistencia que precisábamos, fue facilitada por el gobierno y sus funcionarios.[184]

En otras palabras: mucha información, datos y tantas otras referencias sobre las regiones en las que pararon, eran de "segunda mano". Wilkes recibía las informaciones que le transmitían el cónsul de los Estados Unidos en la región, los misioneros, los miembros de la élite o los científicos y pensadores –la mayoría de origen extranjera y de habla inglesa– que el capitán encontraba durante el trayecto de la expedición.[185] El Cónsul de los Estados Unidos en Río de Janeiro trabajó para facilitarle los esfuerzos a la U.S. Exploring Expedition en Brasil. Vimos que los expedicionarios fueron bien recibidos en el país y que les cedieron la Isla das Enxadas, donde pudieron instalar instrumentos y recopilar informaciones y datos sobre diversos aspectos del país. Estos procedimientos ciertamente fueron acordados por el consulado antes de que los buques de la expedición anclasen en la Bahía de Guanabara.

La expedición de Charles Wilkes no se dedicó apenas a dibujar mapas, ni tampoco recolectó solamente especímenes minerales, vegetales y animales: ellos recogieron importantes y valiosas informaciones. El comandante tuvo una experiencia en Brasil de 42 días, o seis semanas. Durante ese período, seguramente se dedicó a ciertos aspectos que le interesaban, pero su corta estancia obviamente no le resultó suficiente para la cantidad de informaciones que presentó y las interpretaciones que realizó de las mismas.

---

[184] Wilkes v1 44. *"During the repairs, I endeavoured to employ my time and that of the officers and scientific gentlemen in as advantageous a manner as possible. We are indebted to the Hon. William Hunter, our charge d'affairs, and our consul, William Slacum, Esq., for many kindnesses and attentions received during our stay. Through their intercession, I obtained the use of the small island of Enxados, which was well adapted to our purposes. The instruments and stores were allowed to be landed there free of inspection, and every assistance we could desire was afforded us by the government and its officers".*

[185] Sobre la cuestión de la circulación de ideas y el papel de las mediaciones culturales: Pellegrino.

Wilkes tuvo a disposición un diversificado tipo de ayuda para componer la narrativa de su viaje. Escribió, sin embargo, con la certeza de referirse objetivamente al lugar visitado, considerando los imperativos de la razón, basándose en las herramientas propias de los científicos y pensadores de su tiempo.

Un segundo instrumento utilizado por el comandante para componer la narrativa es el hecho de que, además de la actividad de los mediadores, tales como cónsules, misioneros y miembros de la élite, realizó un extensivo uso de otros tipos de textos. Por lo tanto, la narrativa de viaje de la U.S. Exploring Expedition es un compendio que se refiere a diferentes regiones del mundo a partir de los agentes locales (mediadores) y otros escritos.

El informe de viaje de la U.S. Exploring Expedition, al igual que el de otros viajes científicos, era principalmente heredero de otros informes de viaje, generalmente escritos por oficiales y científicos. Ya fue señalado que muchas circunnavegaciones, desde finales del siglo XVIII y la primera mitad del XIX, tuvieron como modelo los viajes de James Cook, en lo que se refería a trayectos, uso de instrumentos de precisión (cronómetros principalmente) y la contribución de los científicos (generalmente naturalistas) que estaban a bordo. No obstante, Cook y el responsable de la narrativa del viaje, John Hawkesworth, fueron una referencia para los informes de viaje que les sucedieron, reescribiendo el viaje en texto.[186]

Con respecto a las Américas Wilkes, de hecho, utilizó exhaustivamente los informes de viaje de James Cook: el comandante debatió, discrepó y complementó lo que el famoso navegante inglés exponía en sus textos. Es más: competía contra Cook algunas veces, como ya lo hemos visto.

Pero en el extremo austral de América del Sur, la referencia central para el comandante de la U.S. Exploring Expedition fue el Capitán Phillip Parker King, nacido en la Isla Norfolk (ubicada entre Oceanía y Nueva Zelanda), y al servicio de la Royal Navy, que había mapeado extensamente la región en sus viajes con los buques Adventure y Beagle, entre 1821 y

---

[186] Philbrick 2003 41; Borm 17.

1823. King presentó sus resultados en una reunión de la Royal Geographical Society, en 1831. Probablemente, es lo que Wilkes comentó y que veremos a continuación.

> El día 12 [de enero de 1839], ellos [del velero Relief] nuevamente descubrieron tierras en dirección al sur y en dirección al oeste, las cuales más tarde resultaron ser el Cabo de Tres Puntas. La observación del capitán King, relativa al vértice de una de las colinas, al no ser visible al NE, resultó estar equivocada. [El vértice] Fue visto claramente a bordo del Relief a una distancia de veinte millas (32,19 km.).[187]

Aquí el autor describe la hazaña del velero Relief, de la U.S. Exploring Expedition, al constatar errores en la observación del Capitán King y al corregirlos en su narrativa de viaje. Inmediatamente, pasó de la crítica a la exaltación de King.

> El Relief tuvo la oportunidad de comprobar las posiciones y la navegación del Capitán King, R.N. y me dio un gran placer al afirmar que todas sus observaciones tendían a mostrar posiciones precisas y el cuidado con el que este oficial compiló sus instrucciones de navegación.[188]

Una vez más, notamos los intercambios y el diálogo entre los científicos militares de diferentes naciones en la acción de mapear el mundo. En la costa NO de América del Norte, la referencia al comandante de la

---

[187] Wilkes v1 112. *"On the 12th they again discovered land to the southward and westward, which afterwards proved to be Cape Three Points. Captain King's remarks, relative to the apex of one the hills, as not being visible to the northeast, was found to be erroneous: it was distinctly seen on board the Relief at a distance of twenty miles"*

[188] Wilkes v1 115. *"The Relief had an opportunity of proving the positions and sailing directions of Captain King, R. N., and it affords me great pleasure to say that all his observations tend to show the accuracy of the positions and the care with which that office has compiled his sailing directions".*

U.S. Exploring Expedition fue el capitán George Vancouver, quien acompañó a James Cook en la segunda (1772-1774) y tercera (1776-1780) circunnavegaciones. Entre 1791 y 1795, fue reconocido por la Royal Navy por mapear las Islas del Pacífico y Oregón al Norte de California, en particular la desembocadura del río Columbia.

> Me siento perplejo al pensar cómo fue posible que existieran dudas, alguna vez, de que aquí estaba la desembocadura del poderoso río, cuya existencia se informó tan lejos y frente al actual lugar de eyección de agua, ya conocido. Cómo la mente inquisitiva y el talento de observación de Vancouver le permitieron dudar, cuando debió haber visto la evidencia de un poderoso flujo de agua dulce contenido por la marea del océano, en medio a turbulentas olas gigantes, un torbellino de agua que se extendía a varias millas de la línea de la playa, y en una marcada separación entre las aguas del mar y del río.[189]

Wilkes se sorprendió notablemente por lo que consideró un error tosco por parte de Vancouver. Sin embargo, es poco probable que el experto capitán inglés se hubiera equivocado al diferenciar entre agua dulce y agua salada, entre océano y desembocadura de río, por más ancha que hubiese sido esta última. Lo más probable es que Vancouver haya mantenido en secreto la información sobre la ubicación de la desembocadura de Columbia, ya que los viajes de circunnavegación eran estratégicos y muchas informaciones se mantenían en sigilo, como ya fue dicho. Dependiendo de los ríos, es bien sabido, podían acceder de manera segura al interior de las diferentes regiones o de los países.

---

[189] Wilkes v4 313. *"I am at a loss to conceive how any doubt should ever have existed, that here was the mouth of the mighty river, whose existence was reported so long before the actual place of its discharge was known, or how the inquiring mind and talent of observation of Vancouver could have allowed him to hesitate, when he must have seen the evidence of a powerful flood of fresh water contending with the tides of the ocean, in a bar turbulent with breakers, in turbid waters extending line of separation between the sea and the river water".*

Una tercera estrategia utilizada en la elaboración de la narrativa de viajes de circunnavegación estadounidenses es el hecho de que Charles Wilkes transcribía viajes o experiencias de otros oficiales de la expedición. El comandante le informaba al lector sobre los caminos seguidos por otros oficiales en los cuales él no estuvo presente. Como ya sostuve, las naves del escuadrón se dividían con instrucciones específicas para realizar trabajos en diferentes lugares. Órdenes expresas del alto mando de la U.S. Navy determinaban que todos los oficiales y científicos, al finalizar el viaje, le entregasen a Wilkes sus anotaciones y sus diarios, que el comandante guardó cuidadosamente, especialmente durante el período que estuvo bajo las cortes marciales, cuando fue desafiada la posibilidad de escribir la narrativa de la expedición. Tales notas y registros eran imprescindibles para que otro escritor pudiera redactar el texto de la narrativa. En otras palabras, aunque Wilkes firmara los cinco volúmenes de la narrativa, y también algunos de los volúmenes científicos, el informe de viaje de la U.S. Exploring Expedition también era un producto colectivo.

En Chile, los naturalistas Charles Pickering y Titian Peale, el mineralogista James Dwight Dana y el artista Joseph Drayton visitaron la cordillera de los Andes con la orientación de un guía.

> Algunos de nuestros *gentlemen* realizaron una excursión a la cordillera, con el fin de obtener informaciones en sus diferentes áreas. (...) El Dr. Pickering, los señores Dana, Peale y Drayton continuaron. [...] En el suelo encontraron una mezcla de tierra blanda y pedazos de rocas. En lo alto, la vegetación estaba casi completamente extinta. [...] Luego, el grupo subió la montaña que pertenece al cuerpo principal de la cordillera y, a una altura de alrededor de diez mil pies (3.048 m), llegaron a su cima. Tuvieron una amplia vista panorámica de los picos nevados. [...] El Tupongati parecía ser el más conspicuo, aunque estaba a una distancia de ocho millas [12,87 km]. El guía aseguró que podría verse humo saliendo del volcán, un rastro indistinto, pero

estaba más allá de la vista de nuestros *gentlemen*. La escena que se plasmaba inmediatamente a su alrededor era de grandeza y desolación: montañas tras montañas, separadas por inmensos abismos a una profundidad de diez mil pies y los lados interrumpidos [abismos] de las formas más fantásticas imaginables. [...] Nada podía ser más sorprendente que el completo silencio que reinaba por todo el lugar. Ninguna forma de vida aparecía ante sus ojos.[190]

Charles Wilkes describe la cordillera y refleja la sensación de aislamiento y silencio producida por el ambiente. El texto continúa describiendo el tipo de rocas encontradas y los pormenores del asombroso paisaje. Sin embargo, el comandante nunca estuvo en ese lugar. En otras palabras: Wilkes escribía sobre lo que no había visto y sobre experiencias que no había tenido. Construyó partes de la narrativa, basándose en lo que registraron los científicos. Así como el comandante reconoció la importancia que tuvieron los cónsules, los misioneros y demás *gentlemen* al cederle informaciones y compartir sus opiniones con él, Wilkes también reconoció las incursiones de oficiales y científicos, utilizando constantemente la tercera persona del plural para referirse a quienes realizaban determinadas entradas, generalmente hacia el interior, sin contar con su presencia. De esta forma, el lector es capaz de diferenciar perfectamente dentro de la narrativa cuando Wilkes se ocupa del viaje en general, cuando se

---

[190] Wilkes v1 188-189. *"Several our gentlemen made an excursion to the Cordilleras, in order to get information in their various departments (...) Dr. Pickering, Messrs. Dana, Peale, and Drayton, went on (...) The soil was found to be a mixture of loose earth and pieces of rock. On rising higher the vegetation became almost wholly extinct (...) The party then ascended a ridge belonging to the main body of the Cordilleras, and at an elevation of about ten thousand feet, they reached its summit. Here they had an extensive view of all the line of the snow peaks (...) That of Tupongati appeared the most conspicuous, although at a distance of eighty miles. The guide asserted that he could see smoke issuing from its volcano in a faint streak, but it was beyond the vision of our gentlemen. The scene immediately around them was one of grandeur and desolation: mountain after mountain, separated by immense chasms, to the depth of thousands of feet, and the sides broken in the most fantastic forms imaginable (...) Nothing could be more striking than the complete silence that reigned every where; not a living thing appeared to their view"*

refiere a una observación personal y cuando informa sobre las incursiones de otros oficiales y científicos.

Por lo tanto, la cuestión de la veracidad y objetividad de la narrativa científica de viajes debe problematizarse debido a los factores ya mencionados. A ellos se les suma el hecho de que la narrativa del viaje fue escrita después de junio de 1842, cuando llegaron de regreso a Nueva York. La narrativa de los Andes se escribió sobre la base de registros científicos, tres años después de haber sido tomadas las anotaciones.[191]

Finalmente, fue posible distinguir que la narrativa de viaje en cinco volúmenes producida después de realizada la expedición, se elaboró en base a datos e informaciones recolectadas de una extensa red de contactos, especialmente los cónsules de Estados Unidos, los misioneros o "representantes" de lo que Charles Wilkes llamaba *gentlemen*, los hombres cultos, generalmente extranjeros de lengua inglesa. La construcción de la narrativa también se llevó a cabo a partir del uso de otros textos, realizada por el comandante, en particular de otros informes de viajes científicos. Finalmente, parte del texto escrito por Wilkes se dedica a experiencias que el comandante no tuvo, a partir de los registros realizados por otros oficiales o científicos que estuvieron a bordo de la expedición. El liderazgo que Wilkes había ejercido durante el viaje exploratorio se mantuvo durante la redacción de la narrativa del viaje.

Las tres estrategias que utilizó Charles Wilkes para componer el texto de la narrativa comprometen la veracidad u objetividad científica que tanto apreciaba el comandante. A nosotros, en el siglo XXI, nos interesa discutir el problema de la veracidad, de las representaciones y de la subjetividad del autor en los textos y, aquí en particular, sobre los relatos de viaje. Sin embargo, esas no eran las preocupaciones de Charles Wilkes —ni lo fueron para otros de su tiempo— cuya narrativa era concebida a partir de una cosmovisión propia, aunque considerada "comprobadamente real".

---

[191] Se quedaron en Chile 21 días: entre el 15 de mayo de 1839 y el 6 de junio de 1839.

## 5.5 La edición de la narrativa de viaje

Todo relato de viaje presupone un lector, y no fue diferente con la narrativa de la U.S. Exploring Expedition. Ella fue escrita con el objetivo de llegar a determinados públicos: primero, el cuerpo de la propia Marina de los Estados Unidos (la U.S. Navy) y luego, los miembros del Congreso, ya que Wilkes justificaba sus hechos y, por lo tanto, legitimaba los gastos financieros de la nación con la operación naval. La narrativa de viaje, en particular, estaba dirigida a las instituciones científicas dentro y fuera del país. Wilkes era miembro de la American Philosophical Society, título que estampó en la página inicial del primer volumen.[192] Un primer texto de la narrativa fue elaborado por el comandante y por los artistas que habían participado en el viaje exploratorio: Alfred Agate y Joseph Drayton.

La narrativa se publicó en cinco volúmenes, fue encuadernada en cuero y llevaba el sello del Congreso del país. Los símbolos y las referencias que aparecen en esta primera publicación muestran el fuerte vínculo existente entre la U.S. Exploring Expedition y el Estado —como una realización de la joven nación—, más que tratarse exclusivamente de una tarea circunscrita a la U.S. Navy.

Según Daniel C. Haskell, quien estudió la publicación de los volúmenes —y a quien le debo la mayor parte de las informaciones sobre el tema que fueron incluidas aquí—, la organización de la publicación fue realizada por un comité aprobado en el Congreso: The Joint Committee on the Library, y nombrado superintendente, Benjamin Tappan, senador de Ohio.[193] El texto necesitaba ser aprobado primero por los altos mandos de la U.S. Navy y después por el comité, que controlaba la publicación y

---

[192] La American Philosophical Society fue fundada en 1743 por Benjamín Franklin, en Filadelfia. Después de la Independencia, en 1776, comenzaron a reunir científicos y oficiales, entre otros gentlemen del período, para discutir sobre temas de interés científico en general. Durante el siglo XVIII y la primera mitad del XIX, la Sociedad se concentraba en discusiones sobre las "razas humanas", Astronomía, naturaleza, técnica, etc. La Sociedad contó a lo largo del tiempo, con la adhesión de ilustres nombres, tanto de dentro como de fuera del país: Thomas Jefferson, George Washington, Alexander von Humboldt, Charles Darwin, Louis Pasteur, Thomas Edison, entre otros.
[193] Haskell.

distribución, especialmente de los primeros volúmenes. Al final, parece ser que algunos de los diputados reclamaron porque los volúmenes preparados por los científicos seguían llegando al comité, lo que iba a demandar mayores costos de publicación. Aunque el comité tenía mucho poder, Charles Wilkes, como autor del texto, nunca perdió el control sobre la publicación durante los años siguientes. Escribió los cinco volúmenes en dos años y en 1844 estaba listo para publicarlos.

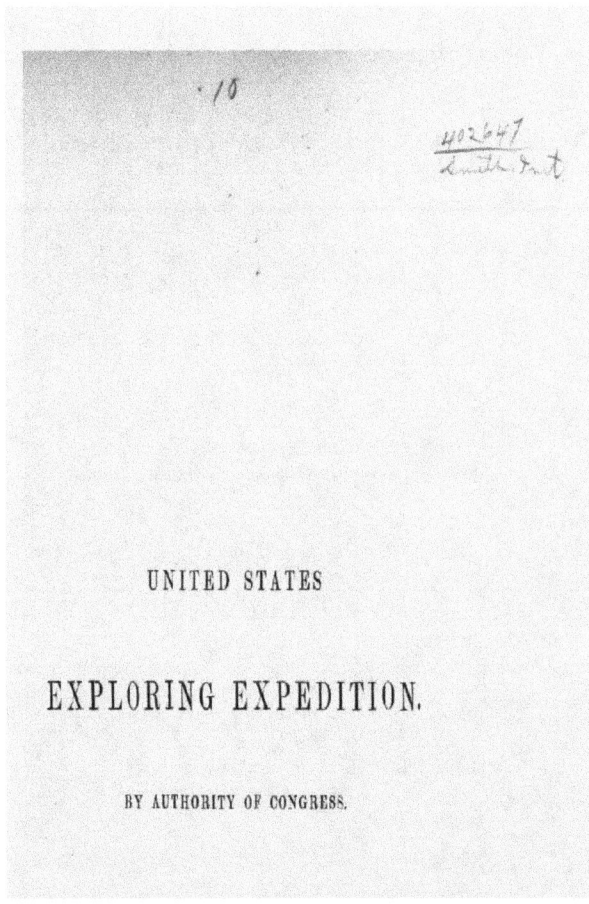

**Primera página de la primera edición de 1844 v3, editado por C. Sherman**

NARRATIVE

OF THE

UNITED STATES

EXPLORING EXPEDITION.

DURING THE YEARS

1838, 1839, 1840, 1841, 1842.

BY

CHARLES WILKES, U.S.N.,
COMMANDER OF THE EXPEDITION,
MEMBER OF THE AMERICAN PHILOSOPHICAL SOCIETY, ETC.

IN FIVE VOLUMES, AND AN ATLAS.

VOL. III.

PHILADELPHIA:
PRINTED BY C. SHERMAN.
1844.

Segunda página de la primera edición de 1844 v3, editado por C. Sherman

# NARRATIVE

OF THE

# UNITED STATES

# EXPLORING EXPEDITION.

DURING THE YEARS

1838, 1839, 1840, 1841, 1842.

BY

CHARLES WILKES, U.S.N.,

COMMANDER OF THE EXPEDITION,
MEMBER OF THE AMERICAN PHILOSOPHICAL SOCIETY, ETC.

IN FIVE VOLUMES, AND AN ATLAS.

VOL. I.

PHILADELPHIA:
LEA & BLANCHARD.
1845.

Segunda reimpresión de la narrativa de viaje, publicada en 1845, por Lea & Blanchard.

Los editores del volumen tuvieron que contornear una peculiar condición del país de aquella época. El gobierno de Estados Unidos aún no tenía una imprenta oficial. El comité autorizó una licitación y seleccionó a la Editora C. Sherman para la impresión y a Gaskill para la encuadernación de una edición de la narrativa muy cuidada, costosa, con cubierta y papel especiales, donde fueron grabados los símbolos de la nación. Ambas empresas tenían su sede en la ciudad de Filadelfia.

La primera edición que el Congreso le encargó a la editorial C. Sherman a través del comité, se restringió a 100 copias de los cinco volúmenes de la narrativa, ya que los volúmenes científicos exigían más tiempo de preparación. La tapa era de cuero marroquin verde oscuro con las armas de Estados Unidos en color dorado en la primera y cuarta tapas internas. Cabe mencionar que era común que los informes de viajes científicos obtuvieran una primera edición, con pocos ejemplares, cuidadosamente trabajados, para ser enviados a las instituciones científicas, gobiernos de otros países y demás lectores selectos designados por el gobierno responsable de la expedición. El relato de viaje de estas expediciones científicas también funcionaba como una especie de *escaparate* de lo que el país promotor era capaz de realizar.

Esta primera impresión de la *Narrative of the United States Exploring Expedition* se distribuyó casi por completo, según lo designó también el Congreso: dos copias para la librería del Congreso, una para cada Estado de la nación y, como no podía ser de otra manera, dos para Inglaterra, dos para Francia, dos para Rusia, y otras 25 para los países designados por el Departamento de Estado, incluyéndose a Brasil. Se le atribuyó un ejemplar a cada comandante de la expedición: Charles Wilkes, Cadwalader Ringgold (del velero Porpoise) y William Hudson (del velero Peacock). De las 100 copias oficiales publicadas, 25 se quemaron en el incendio que afectó a la Biblioteca del Congreso, en 1851.[194] El Instituto Histórico Geográfico Brasileiro (IHGB) fundado el 21 de octubre de 1838, prácticamente un mes antes de que pasaran por Río de Janeiro las embarcaciones

---

[194] Haskell.

de la U.S. Exploring Expedition, acusó el recibo de los volúmenes, registrado en acta de sesión de la institución:

> Desde Nueva York escribe el corresponsal Sr. Luiz Henrique Ferreira de Aguiar, ofreciéndole al Instituto un ejemplar de la interesante y magnífica obra que fuera publicada últimamente en Filadelfia, bajo el título de Narrative of the United States Exploring Expedition, by Charles Wilkes, commander of the expedition: cinco volúmenes, ornamentados con muchos grabados y un atlas.[195]

Esta primera distribución realizada por el Congreso confirma lo que vengo defendiendo en mi trabajo: que los estadounidenses competían contra los europeos y trataban de incluir sus logros y sus descubrimientos en el debate internacional. En una carta escrita a Tappan, superintendente del comité, Wilkes afirmaba:

> Mi estimado *sir*, empiezo a sentirme muy orgulloso de nuestro trabajo [...] Produciremos ahora un trabajo del que todo estadounidense se enorgullecerá y que les mostrará a los que están del otro lado del Atlántico que podemos competir con ellos de muchas formas, ya que los créditos que nos han dado se encuentran en gran desventaja.[196]

En 1845, la Editorial Lea & Blanchard, también de la ciudad de Filadelfia, publicó otros 150 ejemplares. Se trataba de una edición más

---

[195] Extracto de las actas de las sesiones del 4° trimestre de 1846, 155ª Sesión, 8 de octubre de 1846, presidencia del Ex. Sr. Consejero Candido José de Araujo Vianna. *Jornal do Instituto Historico e Geographico Brasileiro*, tomo VIII, 1846 547.

[196] Apud Haskell 10. *"I am my dear sir beginning to feel very proud of our work.... we shall now produce a work that every American will be proud of and which will show those across the Atlantic that we can compete with them in many more ways than they have as yet given us credit for and that too under every disvantage."*

barata que mantenía el texto y las imágenes íntegramente, pero no traía los sellos de las armas de la nación ni tampoco la expresión *"by authority of Congress"*, en la primera página. La biblioteca del Smithsonian Institution dispone en su página web el volumen 1, publicado en 1845 por Lea & Blanchard y los volúmenes 2, 3, 4 y 5, publicados por C. Shermann, en 1844.[197] Como ya lo señalé en la Introducción, en esta investigación opté por utilizar dichos volúmenes que se encuentran online con la intención de facilitarle la consulta a los lectores interesados.

Como vengo argumentando, las narrativas de viaje informaron sobre ficciones y viceversa. En Estados Unidos, una de las novelas más famosas del siglo XIX, considerada un clásico de la literatura en la actualidad, *Moby Dick*, de Herman Melville, fue escrita después de que el autor trabajó como empleado en un navío con destino al Pacífico, en 1841. Por coincidencia, ocurrió en el mismo período del viaje de Wilkes. Realidad y ficción se mezclaban en las aventuras marítimas, que eran bien recibidas por el público, ávido lector de novelas y noticias provenientes de lugares desconocidos. Se sabe que Herman Melville se inspiró en la narrativa de Charles Wilkes. Incluso algunos afirman que el personaje Ahab, el intempestivo y obsesivo capitán del Pequod, de *Moby Dick*, fue inspirado en Charles Wilkes.[198] Henry David Thoreau, en *Walden,* abogaba por una vida simple y también se refería al viaje exploratorio, pero señalando que, en lugar de las superfluas glorias, el hombre debía tratar de encontrar sus propios "mares internos":

> El patriotismo es una larva en sus cabezas. ¿Cuál fue el significado de esa expedición que exploró los Mares del Sur, con todo su aparato y lo que representó en gastos, sino el reconocimiento indirecto del hecho de que hay continentes y mares en el mundo moral aún sin explorar por el hombre, que es de él un istmo o un brazo de mar? ¿Sino la certeza de que es mucho más

---

[197] Disponible en: http://www.sil.si.edu/digitalcollections/usexex/follow-01.htm. Acceso el 29/08/2020.
[198] Philbrick 2003 362.

fácil navegar miles de millas enfrentando frío, tormentas y caníbales en un navío del gobierno con quinientos hombres y jóvenes al servicio de uno, que explorar el mar íntimo, el Atlántico y Pacífico de un solo ser?[199]

---

[199] Thoreau 307.

**6**

# EN NOMBRE DE LA RAZA ANGLOSAJONA. LAS AMÉRICAS EN LA NARRATIVA OFICIAL DE LA U.S. EXPLORING EXPEDITION

En este capítulo, el objetivo es analizar uno de los más importantes temas de los cinco volúmenes de la narrativa oficial de la expedición y uno de mis principales focos de interés: las imágenes, las impresiones y las interpretaciones forjadas por Charles Wilkes sobre los países y las regiones de las Américas que él visitó. Dentro del conocimiento sobre el mundo que Estados Unidos perseveró en aprehender, se incluía la adquisición de un saber diversificado sobre las Américas. El interior de América del Sur era considerado desconocido por los europeos durante la primera década del siglo XIX, como ya sabemos. El famoso viaje de Alexandre von Humboldt y su igualmente famoso e impresionante relato, de inicios del siglo XIX, fueron considerados como los que prácticamente "inauguraron el conocimiento moderno" sobre la región.

Los navíos de la U.S. Exploring Expedition llegaron hasta las costas Este y Oeste del hemisferio y los militares-cartógrafos y los científicos se introdujeron en las tierras, aunque alejándose poco de las costas. En los volúmenes primero, cuarto y quinto de la narrativa de viaje les dedicaron espacios sustanciales a las Américas. La U.S. Exploring Expedition visitó regiones del Nuevo Mundo, al comienzo del viaje, cuando los veleros echaron anclas en puntos de las costas Este y Oeste de América del Sur y al final del viaje, después de mapear las islas del Pacífico, en la costa NO de América del Norte, uno de los principales centros de interés de la expedición.

## 6.1 Breves notas sobre la idea de raza anglosajona

Entre 1800 y 1850, los estadounidenses estaban tratando de definir el lugar que ocupaban los indígenas y los negros, esclavos o no, en la sociedad. Para explicar qué tipo de relación tenían con estos "diferentes", participaron activamente en las discusiones que reverberaron a ambos lados del Atlántico y que consideraban la idea de raza, en un momento en el que el ímpetu clasificatorio de las especies en la naturaleza se hacía urgente. Lo mismo se intentaba con las "diferentes clases de hombres". Veremos que, además de negros e indígenas, los estadounidenses también estaban preocupados por los "otros estadounidenses". Sostengo que comprender los juicios de valor formulados por Charles Wilkes en relación a los hombres que conoció durante su viaje, implica inevitablemente entender la idea de raza anglosajona, cuya "imprecisión" nuestro comandante compartía con otros hombres de su tiempo.

Antes de entrar en el tema en sí vuelvo a mencionar que, entre los 23 volúmenes del informe de viaje, se encuentra el libro del naturalista Charles Pickering, *The races of man and their geographical distribution*. Se trata del noveno volumen del informe, publicado en 1848, luego de que el científico realizara viajes a Asia y África para complementar sus observaciones y cuyo trabajo comentaré a continuación. Aquí, como justifiqué anteriormente, centro mi análisis en los cinco volúmenes de la narrativa de viaje.

Charles Wilkes inscribió una visión predominantemente negativa de los lugares que visitó y de los hombres que encontró por el camino. Para quienes trabajan con relatos de viajes, o con temas relacionados con el encuentro de culturas disímiles, esto no es precisamente una novedad. Aunque no está de más reiterar que Wilkes, así como otros oficiales y científicos, eran estadounidenses, provenientes de un país que, como otros en las Américas, estaba construyendo su propio Estado nacional: Estados Unidos aún no había alcanzado el lugar que logró a finales del siglo XIX en el escenario mundial. Me interesa destacar que, a pesar de ello, nuestro comandante hablaba ubicado en ese lugar de enunciación –desde los Estados Unidos y en nombre de la raza anglosajona–, y lo hacía con autoridad y resolución.[200]

---

[200] Resulta necesario destacar que el acto de juzgar y descalificar a los países de América Latina no le fue reservado exclusivamente a los Estados Unidos, ni al comandante de la U.S. Exloring Expedition. Los conflictos entre los países del Pacífico durante el siglo XIX (Chile, Perú y Bolivia), entre Brasil y Argentina en la Guerra de Paraguay (1865-1870) permitieron que se crearan muchas imágenes negativas sobre unos y otros.

Charles Wilkes tampoco fue el único viajero estadounidense que generó negatividades sobre los hispanoamericanos y los brasileños. A lo largo del siglo XIX, podemos encontrar varios de ellos reiterando impresiones sobre Iberoamérica, cuyo desarrollo enrarecido no había alcanzado los niveles necesarios para ser considerada "civilizada".

También vale destacar, en primer lugar, las dificultades encontradas para acompañar estas ideas a lo largo del siglo XIX, ya que algunas elaboraciones sobre la noción de raza estaban en estado embrionario, principalmente las que fueron concebidas por científicos y que demandaron debates y "pruebas", dentro de las instituciones, además de la aceptación por parte de otros científicos.

Los letrados del siglo XIX se preocupaban con el origen del hombre y con la distribución de razas en el mundo. ¿Cómo era posible que un pigmeo del África subsahariana, un indígena fueguino y un inglés fueran tan completamente diferentes y, a pesar de ello, todos eran considerados hombres? El advenimiento de los viajes y los viajeros, la "conciencia planetaria"[201] configurada desde el siglo XVIII, así como la ciencia de la época, hicieron que esos hombres se concentraran, por un lado, en tratar de explicar las razones de las diferencias y, por el otro, en establecer las justificativas para señalar la superioridad de una u otra raza. Con lo cual quiero decir que: el debate sobre las razas fue un tema central para la ciencia del siglo XIX, y los científicos estadounidenses que buscaban afianzar al país como un lugar de saber, y que estaban tratando de insertarse en las redes transnacionales de conocimiento, como lo hemos visto en el Capítulo 3, se posicionaron activamente en las discusiones.

### 6.1.1 El "origen anglosajón" y otros mitos en Estados Unidos

Para Charles Wilkes y otros de su tiempo, la mayoría de los habitantes de Estados Unidos formaban parte, orgullosamente, de la raza anglosajona. Esta certeza sintonizaba con un ambiente cultural en el que pre-

---

Además, en determinados momentos históricos, Brasil se alejó de otros países de América Latina, evitando ser incluido entre los "latinoamericanos": Prado 2001; Baggio.
[201] Pratt 2010.

valecían otros mitos y símbolos recuperados o generados en la Constitución de la Nación, desde 1776. Entre ellos se destaca, en primer lugar, la convicción de que los estadounidenses constituían una especie de "pueblo elegido", idea recuperada de los puritanos del siglo XVII, pero reformulada para indicar que Estados Unidos tenía la misión de rehabilitar los ideales republicanos y el "buen gobierno" que los europeos habían perdido. Especialmente la Monarquía inglesa, que los presionó con impuestos, no les permitió una representación adecuada en el Parlamento, y los llevó a luchar por la independencia en la década de 1770. A los estadounidenses les esperaba un gran destino: mantener y salvaguardar la sociedad que construyeron como un faro, *a city upon a hill*, y que debería convertirse en ejemplo y modelo para las demás naciones.[202]

En segundo lugar, la idea de la raza anglosajona también estaba vinculada al mito de la frontera: una línea imaginaria y móvil que separaba los lugares civilizados del *wilderness* salvaje e inculto, el lugar de acción de los blancos. Generalmente, la idea de la existencia del pueblo elegido y el desempeño de la raza anglosajona, eran inseparables.[203] Los mejores habilitados para que avanzara la civilización eran los hombres blancos, anglosajones y protestantes.

## 6.1.2 El "origen de los anglosajones" y el papel de Inglaterra

Obsérvese, por ejemplo, un fragmento del segundo volumen de la narrativa, en el que Wilkes se refiere a la colonia británica de Nueva Gales del Sur, una vasta región de Oceanía:

---

[202] La expresión, *a city upon a hill*, una ciudad sobre la colina, fue utilizada por el puritano, posteriormente gobernador de la colonia de Massachussetts, John Winthrop, en el siglo XVII, para referirse a la sociedad que construyeron: "moralmente protestante", libre de la Iglesia Anglicana y distante del centro monárquico. La expresión continúa siendo utilizada en Estados Unidos en la actualidad, cuando se habla sobre recuperar para tal o cual fin el "ideal" de la nación: Bercovitch.

[203] Sobre los mitos que conformaron la nación y el carácter excepcional de los estadounidenses: Junqueira 2018.

> Esta colonia, si tomamos todo en consideración, y a pesar de los inconvenientes, es noble. Se trata de una nueva prueba de la superioridad de la raza anglosajona, y de su iniciativa y perseverancia en superar las dificultades.[204]

Como hemos visto, el comandante estaba ambiguamente posicionado con relación a Europa y, principalmente, con respecto a Inglaterra. Aun así, para él, el país europeo seguía dando testimonio de la "superioridad de la raza anglosajona". Wilkes "confirmaba" el hecho cuando evaluaba que los ingleses garantizaron la civilización en el Pacífico. Para el capitán, la colonización británica en el Pacífico era garantía de orden y reglas mínimas en la conducción de la civilización. Veremos que no tuvo la misma percepción con relación a las colonizaciones portuguesa y española de América.

El término anglosajón precede al siglo XIX, aunque aparezca en ese período directamente vinculado a la idea de raza. La palabra anglosajón, en general, designaba la fusión de los diferentes pueblos germánicos: anglos, sajones y jutos que llegaron a ocupar el Sur y el Este de lo que actualmente es Inglaterra, a partir del siglo V. De tal manera, el término era una referencia central para remitirse a los ingleses, sus mitos y sus símbolos de identidad.

Quien se interese en comprender a los anglosajones, inevitablemente se verá remitido a la época medieval y al universo de los caballeros y la caballería. El año 1066 siempre es recordado por los estudiosos del tema, porque fue cuando los normandos conquistaron Inglaterra, transformando el "*ethos*" anglosajón. En general, se destaca la rebeldía y el brío de los anglosajones frente a la invasión normanda. Otra fecha importante es 1534, cuando Enrique VIII se separó de la Iglesia de Roma. En ese momento, se divulgó la convicción de que los anglosajones eran diferentes

---

[204] Wilkes v2 226. "*This colony, take it all in all, is in spite of these drawbacks a noble one, and is a new proof of the superiority of the Anglo-Saxon race, and of its enterprise and perseverance in overcoming difficulties.*"

y, por ser más aptos, superiores a los romanos. El rey y sus partidarios recurrieron a este dispositivo con la intención de legitimar la Iglesia Anglicana que éste había instalado en el reino.

A lo largo de los siglos, fue asentándose la convicción de que los descendientes de los teutónicos, o germánicos, considerados "el grupo" que les dio origen a los anglosajones, era reconocido como la rama más talentosa de los caucásicos, siendo que los ingleses y estadounidenses habían heredado el mismo talento, además de un abanico de habilidades de todo orden, vigor y determinación. La novela de caballería, *Ivanhoe*, del escocés Sir Walt Scott, publicada en 1819, recuperaba el mito de lo anglosajón, reinsertándole otros atributos, tales como comportamiento heroico, idealismo, postura caballeresca y piedad cristiana.[205] Vale considerar que, en muchos casos, los autores que se dedicaban a los anglosajones eran hombres que miraban al pasado buscando los orígenes comunes para un pueblo, en general, heterogéneo, o construían y fortalecían mitos que involucraban el sentimiento de pertenencia a una comunidad en particular.[206]

Durante el siglo XIX, como ya lo he indicado, el término anglosajón sufrió cambios y apareció sólidamente ligado a la idea de raza, especialmente en Inglaterra y Estados Unidos. Según Reginald Horsman, a quien le debo gran parte de las informaciones aquí interpretadas, con la importante ayuda de los científicos, la expresión más utilizada fue "raza anglosajona".[207] Publicado en 1981, el trabajo de Horsman sigue siendo una referencia central para quien estudia el tema. Resulta innecesario desarrollar aquí que el concepto no resiste la más mínima investigación sobre la definición de lo que sería la raza anglosajona. Aun así, (el término) tuvo una larga vida y fue ampliamente utilizado hasta la primera mitad del siglo XX, en general para elevar a los anglosajones a una posición destacada a expensas de "otras razas". Aunque la idea de raza haya sido cuestionada desde el siglo XIX, fue el advenimiento de la Segunda Guerra Mundial –

---

[205] Richmond.
[206] Sobre los usos del vocablo anglosajón en la Inglaterra del siglo XIX: Stocking Jr. Sobre los usos de anglosajón desde el período medieval, ver: Reynolds 195.
[207] Horsman 1981.

y las formulaciones relacionadas con las "razas nórdicas", la "raza pura", el mito de la "raza aria" y sus conocidas consecuencias–, lo que definitivamente enterró las "elaboraciones raciales científicas" e incluso la de raza anglosajona. Aunque los conflictos étnicos y raciales persistan en las sociedades actuales, están ubicados de manera diferente y son distintos de los tratados anteriormente.

Según Horsman, nunca hubo un pueblo específico en Inglaterra que pudiera llamarse anglosajón, ya que la región había sido poblada por diferentes grupos, entre ellos diferentes tribus germánicas, cuya implantación no suprimió por completo a los grupos celtas que allí vivían, aunque muchos de ellos hayan sido empujados a lo que hoy en día se conoce como Cornualles, región de Inglaterra, Gales, Escocia e Irlanda. En el siglo XIX, muchos establecían una nítida distinción entre lo que consideraban la raza anglosajona y la raza celta.

Algunos filólogos dividieron las lenguas del mundo en germánicas, latinas y celtas, y creían que también podrían clasificar a la humanidad de esta manera, considerando ciertas razas de descendencia común y con características innatas.[208] De tal modo, mientras los filólogos proponían una división de razas basada en el lenguaje, los científicos, incluyéndose muchos naturalistas, sostenían una división basada en la antropometría, entre otras proposiciones de la época.[209] No obstante, es importante destacar que la idea de una raza anglosajona se vinculó más a la cultura que, propiamente, a la biología.

Según Horsman, en Inglaterra, una clara separación entre celtas y teutónicos fue enfatizada y creció en importancia a partir de 1787 con la publicación de autoría de John Pinkerton, *Dissertation on the origin of the Scythians or Goths* (Disertación sobre el origen de los escitas o godos). Pinkerton fue un ilustrado, defensor de la superioridad de los germánicos y sus descendientes. Polémico, argumentó que los celtas eran inferiores a los godos, pueblo germánico, cuya expansión había expulsado a los primeros de Europa. Según Horsman, Pinkerton ya tenía una firme postura respecto a las distinciones entre razas y anticipó los debates que tomarían

---

[208] Reynolds 396.
[209] Horsman 1981.

forma en las décadas siguientes. Para Pinkerton, los hombres se diferenciaban tanto entre sí como ocurría con las razas de perros.[210] Estoy resaltando, por lo tanto, que estaban empezando a demarcarse las distinciones entre los caucásicos.

En cuanto a los celtas, se puede decir de manera simplificada, que así fueron denominados los grupos que vivían en el Norte de la Península Itálica y de la región de Grecia y que compartieron gran parte de lo que hoy es Europa, llegando hasta Anatolia. Con el advenimiento del Imperio Romano, muchos fueron conquistados. Entre los celtas, se encontraban los bretones, los galos, los bátavos, los caledonios, los belgas, etc.[211] Según una de las teorías, la Península Ibérica fue inicialmente habitada por los íberos y posteriormente conquistada por los celtas hasta la llegada de los romanos. Sin embargo, se sugiere que muchos aspectos de la lengua y de las tradiciones celtas permanecieron vivas entre estos pueblos.[212] Como ya lo he indicado, Irlanda, Escocia, Gales y Cornualles, región de Inglaterra, fueron considerados lugares donde se conservaron aspectos de la cultura celta. Irlanda siempre es mencionada cuando se trata de tradiciones celtas, ya que han permanecido más o menos aisladas en el lugar, durante bastante tiempo.

Sobre el enfrentamiento que se libró entre Inglaterra y Francia en el siglo XIX, basta reforzar que, para muchos de los que se consideraban anglosajones, parte de los franceses eran sin duda descendientes de la raza celta. Sin embargo, lo que los hombres del siglo XIX consideraban celta era, como en el caso de los anglosajones, una amalgama de pueblos, tradiciones, culturas y lenguas, resultado de diversas conquistas y mestizaje. Para nosotros, resulta inapropiado considerar el tema racial de esta manera, ya que el asunto ha sido ampliamente debatido y cuestionado. Pero no lo era para Charles Wilkes ni para muchos de su tiempo.

Cuando, en el siglo XIX, los ingleses comenzaron a referirse a sí mismos como anglosajones, ya con connotaciones raciales, fue en el sentido de describir a quienes vivían dentro de las fronteras de Inglaterra,

---

[210] Horsman 31.
[211] Powell; Rankin.
[212] Maier.

oponiéndose a los descendientes de los celtas.[213] Pero en otras ocasiones, los propios ingleses utilizaron el término para referirse a una especie de vaga fraternidad entre los pueblos de habla inglesa del mundo, incluyéndose a los estadounidenses.[214]

### 6.1.3 – Lo anglosajón en Estados Unidos

En los Estados Unidos, durante el siglo XIX, el término se usaba con menor precisión todavía. En la década de 1840, "a menudo se lo usaba para describir a los blancos de Estados Unidos en contraste con los negros, indígenas, mexicanos o asiáticos."[215] Y los blancos, como se sabe, provenían principalmente de las oleadas de inmigración de alemanes, ingleses, escoceses, irlandeses, escandinavos, etc.

Paulatinamente, el término anglosajón se fue convirtiendo en sinónimo de buen gobierno, de coherencia de las instituciones gubernamentales, de preparación para el progreso y, en consecuencia, para la civilización. Cabe señalar que, durante las guerras de independencia en Estados Unidos y el período inicial de formación del Estado nacional, los estadounidenses necesitaron justificar y legitimar por qué las 13 colonias se separaron de Inglaterra, la "patria de los anglosajones". Concibieron que, en ese momento de la década de 1770, el rey y el Parlamento inglés habían descuidado las prácticas del "buen gobierno", despreciando a los súbditos del otro lado del Atlántico.

Thomas Jefferson, por ejemplo, uno de los "conocidos padres de la nación" y uno de los que firmaron la Declaración de Independencia del nuevo país, admiraba a Inglaterra y el desarrollo de las leyes y políticas del país europeo. Lo fascinaban los teutónicos y los anglosajones e incluyó estudios sobre el "idioma anglosajón" en la Universidad de Virginia que él había ayudado a fundar. Muchos hombres de esa generación creían que actuaban como verdaderos anglosajones luchando por la libertad y por los

---

[213] Maier 4.
[214] Maier 4.
[215] Maier 4.

principios del "buen gobierno". Como buenos anglosajones, habían luchado por conseguir representaciones en el Parlamento inglés. Esto significa, reitero, que los partidarios de la independencia no estaban contra los anglosajones, sino contra la Monarquía de Jorge III, que no ejerció el poder de moderación en favor de sus súbditos, evitando cohibir al Parlamento. Con la independencia y la formación del Estado nacional, es como si los estadounidenses hubiesen recuperado los principios republicanos perdidos por Inglaterra y Europa. La "antorcha de la libertad" estaba con ellos.[216]

En palabras de Horsman:

> a lo largo del siglo XIX, los estadounidenses continuaron temiendo y desacreditando en Inglaterra, algunos incluso la despreciaban, pero muchos líderes creían que, a excepción de Estados Unidos, Inglaterra era el país más feliz y más democrático de la Tierra. La creencia de que los estadounidenses eran los descendientes más distinguidos de los anglosajones creció más de lo que disminuyó en las décadas posteriores a la independencia del país.[217]

Durante la primera mitad del siglo XIX, la idea de raza anglosajona, además de ser un tema central de la ciencia, comenzó a ser difundida por políticos, académicos y científicos, entre otros.

Sin embargo, la situación era susceptible de rápidos cambios: "un irlandés podía ser descripto como un celta sucio, andrajoso y perezoso cuando llegaba a Nueva York, pero si sus hijos se establecían en California, bien podían ser aclamados como parte de la vanguardia de los enérgicos anglosajones, gente con la postura de dar un paso decisivo desde ahí [California] hasta Asia".[218] De esta forma, no es posible encontrar precisión, delimitaciones ni coherencias a la hora de definir la raza anglosajona.

---

[216] Kauffmann 448.
[217] Horsman 82.
[218] Horsman 4.

Y, en tal sentido, reitero que la expresión "raza anglosajona" estaba predominantemente ligada a cultura, tradición y lenguaje.[219]

Según Horsman, la idea de la superioridad racial anglosajona se fortaleció en los Estados Unidos en la época de la guerra contra México (1846-1848), cuando la energía y la franca superioridad anglosajona se enfrentaron a la debilidad e incapacidad de los latinos. Dicha oposición fue explotada por periódicos, revistas, libros y políticos a nivel federal o estatal, justificando la guerra y legitimando la anexión del territorio mexicano. Pero también fue ampliamente debatido por científicos que abogaban por una clara separación entre una y otra raza.

Entre los defensores más vehementes de las "teorías científicas raciales" en los Estados Unidos, se encontraban: el conocido médico Samuel George Morton (1799-1851), a quien me referiré a continuación, proponente de la teoría de que era posible comprobar la distinción entre razas a partir de la craneometría, y el médico sureño y defensor de la esclavitud y la inferioridad indígena, Josiah Clark Nott (1803-1873). El segundo también creía en la superioridad de los anglosajones y les atribuía a los alemanes el origen de la raza. Escribió a fines de la década de 1849, cuando concluyó la Guerra con México, un folleto titulado *Two lectures on the connection between the biblical and physical history of man*:

> los antiguos alemanes son responsables de las existencias originarias que causaron la explosión de la moderna y poderosa civilización. La mejor sangre de Francia e Inglaterra es alemana; la clase social gobernante rusa es alemana; y observe Estados Unidos y el contraste entre nuestro pueblo y los de oscura piel española. Es evidente que la piel oscura celta los está debilitando lentamente frente a la raza superior, y ellos deberán ser absorbidos progresivamente.[220]

---

[219] Frantzen.
[220] Apud Horsman 131.

Nott no descreía totalmente de los franceses, ya que encontraba elementos germánicos entre ellos, pero sí desacreditaba completamente de los mexicanos, informando que su debilidad y piel oscura demostraban que pertenecían a la raza celta. Esta argumentación justificaba la guerra y la anexión del territorio mexicano.

El encuentro con hombres diferentes, ocurridos en los viajes por Europa, el advenimiento de la Ilustración y las cuestiones planteadas por la esclavitud, hicieron que los científicos –naturalistas, etnólogos, filólogos, etc.–, ubicados a ambos lados del Atlántico, debatieran a lo largo del siglo XIX, si las diversas razas humanas descendían de un solo hombre, Adán, argumento defendido por los conocidos monogenistas, o si tenían diferentes orígenes, argumento defendido por los poligenistas, entre ellos Morton y Nott.[221] Además, muchos profesaban que ciertas razas sólo prosperaban en determinados climas, y otras degeneraban en regiones tropicales, por ejemplo.[222]

El ya citado Charles Pickering, uno de los naturalistas de la U.S. Exploring Expedition, publicó su *Races of man* en el que argumentó que había once razas de hombres en todo el mundo, pero que eran parte de la misma especie. Según algunos autores, Pickering optó por el "*middle ground*", un camino intermedio entre los monogenistas y los poligenistas. Pickering confirmó en su libro la posición prominente de la raza caucásica sobre las demás y el lugar privilegiado de la raza anglosajona. No le resultó fácil a Pickering que el comité de publicación del Congreso aprobara su trabajo debido a sus controvertidas "constataciones", ya que las proposiciones monogenistas, basadas en el creacionismo cristiano, eran más aceptadas en la época. Para tal, necesitó contar con el apoyo de científicos influyentes de la época. El propio Charles Wilkes estaba preocupado por las declaraciones de Pickering y sobre cómo reaccionaría el público en relación al trabajo de la expedición.[223] En medio de este debate, que no siempre fue fácil de seguir, los científicos trataban de demostrar que el

---

[221] Sobre el debate entre monogenistas y poligenistas: Patterson; Bieder 2003. Para los viajeros que emitieron juicios de valor sobre Brasil a partir de la etnología estadounidense: Paulino.
[222] Gerbi.
[223] Stanton 1960.

ingenio y la habilidad de la raza anglosajona eran los más adecuados para llevar adelante el progreso y la misión de la civilización.

Paulatinamente fueron apareciendo otras denominaciones: en lugar de raza anglosajona, también empezó a circular la expresión raza anglo-normanda para referirse a los descendientes de los teutónicos. Si, en un primer momento, los normandos habían sido repudiados como aquellos que dominaron Inglaterra, fueron recuperados especialmente por los sureños de Estados Unidos, quienes, como era de esperarse, también se encantaban con las novelas de caballería, en especial *Ivanhoe*, de Sir Walter Scott.[224]

Los historiadores no se quedaron atrás, y estadounidenses como George Bancroft y William Prescott ayudaron a popularizar el mito de la raza anglosajona. Prescott se especializó en obras sobre Hispanoamérica y ganó reconocimiento con su *The Conquest of México*, de 1843 y, posteriormente, con *The conquest of Peru,* de 1847. Es digna de destaque la distancia que Prescott construyó entre Estados Unidos e Hispanoamérica.

A principios del siglo XX, dos presidentes –Theodore Roosevelt (1901-1909) y Woodrow Wilson (1913-1921) –, actuaron, cada uno a su manera, proporcionando más "evidencias sobre la fuerza de los anglosajones".[225] Roosevelt, en particular, utilizó una serie de mitos y símbolos que ayudaron a reforzar la idea del carácter excepcional de los estadounidenses en el siglo XIX, y la concepción de raza anglosajona se encontraba entre ellos. Además de las intervenciones militares en el Caribe y en América Central, entre el siglo XIX y el XX, las conquistas de Hawái y Filipinas se concretaron usando como justificativas las elaboraciones intelectuales relacionadas con la actitud, la aptitud, el ímpetu y la energía de la raza anglosajona.[226]

No hay dudas de que los científicos y oficiales a bordo de la U.S. Exploring Expedition estaban convencidos de la superioridad de la raza

---

[224] Horsman.
[225] Kaufmann.
[226] El archipiélago de Hawái fue anexado después que los estadounidenses dominaron a los nativos, en 1894. Las Filipinas, por entonces colonias españolas, fueron anexadas después de los acuerdos firmados cuando concluyó la Guerra Hispanoamericana, en 1898.

anglosajona. Tal disposición puede observarse, implícita o explícitamente, en la narrativa oficial escrita por Charles Wilkes. Era conveniente para los militares, pero también para los científicos, creer que estaban al frente, que eran la vanguardia de la raza anglosajona de los Estados Unidos, cuyo ímpetu y talento les permitió poner en práctica una expedición con seis navíos y 346 hombres para llevar a cabo la vuelta al mundo en cuatro años. Como anglosajones, ellos se consideraban preparados y autorizados para ejecutar dicho emprendimiento.

De aquí en adelante, me dedicaré a las proposiciones sobre raza realizadas por Charles Wilkes en la narrativa oficial de cinco volúmenes de la expedición, donde él confirma la primacía de la anglosajona y le da nombres a las que considera "otras razas".

## 6.2. La U. S. Exploring Expedition en América del Sur.

### 6.2.1 Río de Janeiro: atraso y "mezcla de razas"

La llegada a Río de Janeiro fue celebrada por Charles Wilkes. Finalmente, anclaron en un puerto seguro donde los hombres pudieron descansar y disfrutar del tiempo libre, repararon las embarcaciones y las abastecieron con alimentos frescos: una parada estratégica para enfrentar el Cabo de Hornos y el primer intento de expedición a la Antártida. El paso por Río estaba previsto en las instrucciones de viaje realizadas por el ya mencionado James Paulding, secretario de Estado.

> En Río de Janeiro reabastecerá [a las embarcaciones] con provisiones, tomando especial cuidado en abastecer, usted mismo personalmente, la cantidad suficiente de todos los productos mejor considerados como remedios y preventivos contra el escorbuto. Usted determinará la longitud del lugar, tanto como la de Cabo Frio.[227]

---

[227] Paulding, apud Wilkes v1 XXVI. "*At Rio Janeiro you will replenish your supplies, taking special care to furnish yourself with a sufficiency of all those articles which are considered the best*

En la época, los navegantes ya controlaban satisfactoriamente el escorbuto: con alimentos frescos, especialmente con cítricos como limas, naranjas, limones y col agria (chucrut). Cuando anclaban en los puertos, era urgente la reposición de estos productos.[228] Río de Janeiro y Buenos Aires eran los lugares que garantizaban la logística de los viajes con destino al Pacífico.[229]

> Mientras avanzábamos hacia el puerto, se vio nuestra bandera ondeando sobre esa magnífica pieza de arquitectura naval, el Independence [navío de la flota brasileña, anclado en Río de Janeiro]; y cuando lo pasamos, nuestros pechos latían al ritmo de "Hail Columbia", tocada por la banda. Existe un sentimiento de seguridad cuando se entra al puerto de Río, que rara vez he experimentado en cualquier otro lugar, ni siquiera en nuestras propias aguas. Era como si las montañas proporcionaran una protección completa contra los vientos y los océanos.[230]

Debió haber sido importante para esos hombres entrar a la Bahía de Guanabara y recibir el saludo del Independence. Como vimos en el Capítulo 1, se suponía que los escuadrones "debían proteger el comercio estadounidense en otras aguas". La recepción del Independence mostraba, por un lado, que el Escuadrón de Brasil estaba en pleno funcionamiento

---

*preventives and remedies for the scurvy. You will determine the longitude of that place, as well as of Cape Frio."*

[228] Rodrigues.

[229] Sobre las escalas de viajeros extranjeros en las costas brasileñas de los siglos XVII y XVIII: Hutter.

[230] Wilkes v1 42-43. *"As we proceeded up the harbor, our own flag was seen to wave over that magnificent specimen of naval architecture, the Independence; and as we passed her, our bosoms beat to the tune of Hail Columbia, played by the band. There is a feeling of security on entering the harbor of Rio, that I have seldom experienced elsewhere, not even in our own waters. The mountains seem as it were to afford complete protection from the winds and ocean".*

y, por el otro, que se estaba aguardando en el puerto la llegada de las embarcaciones de la U.S. Exploring Expedition.

Durante las seis semanas que estuvieron en Río de Janeiro, Wilkes y demás funcionarios y científicos tuvieron la oportunidad de conocer la ciudad. Con los instrumentos instalados en la Isla de Enxadas, especialmente designada para tal fin, pudieron realizar mediciones y reunir datos sobre el lugar.

La impresión general de Wilkes fue que Río de Janeiro había mejorado de muchas maneras. En ese momento, Brasil se encontraba en medio del período de regencia (1831-1840), marcado por las revueltas provinciales que colocaban en riesgo la integridad del territorio brasileño.

> En el momento de nuestra visita [1838], un gran cambio parecía haber ocurrido en poco tiempo, tanto en su apariencia exterior como en su gobierno e instituciones [...]. Bajo el monarca anterior, Pedro I, estaban presentes todos los aspectos de una residencia de la corte; ahora, había una completa reversión.[231]

Este fragmento nos muestra que Charles Wilkes ya había estado en Sudamérica antes de 1838. Podemos agregar que, además de las estrategias discursivas utilizadas para escribir la narrativa del viaje, desarrolladas en el capítulo anterior, el comandante también comparaba lo que había conocido durante su viaje entre 1821 y 1822 –cuando aún era aspirante a guardiamarina–, y ahora como comandante de la U.S. Exploring Expedition.[232]

En 1821, Wilkes viajaba a bordo del Franklin, y al mando de Charles Stewart, se dirigió a Valparaíso, Chile, donde el buque de guerra y la goleta Dolphin comenzaron a responder por el Escuadrón del Pacífico, creado el mismo año por el Congreso de los Estados Unidos. El objetivo

---

[231] Wilkes v1 47. *"At the time of our visit a great change appeared to have taken place within a few years, as well in its outwards appearance as in its government and institutions (…) Under its former monarch, Don Pedro the First, it had all the aspect of a court residence; now it is the very reverse".*

[232] El paso del capitán por Río de Janeiro, en 1821, fue relatado en su autobiografía: Wilkes 1978.

era garantizar especialmente la seguridad de los balleneros norteamericanos que cruzaban el Pacífico y también de otras embarcaciones que portaban la bandera del país. Wilkes, indudablemente, había participado de las actividades de expansión por los mares de la U.S. Navy.[233] Con relación a lo que había visto en Río de Janeiro, Wilkes quiso subrayar en este pasaje que el Brasil de Pedro II abandonaba gradualmente algunos aspectos de la Monarquía en dirección a la descentralización, abdicando de pompas y rituales.

**Vista del Corcovado desde la Bahía de Botafogo**[234]

En Río de Janeiro, además de supervisar las reparaciones y las provisiones de los barcos, Wilkes realizó mediciones en el lugar, confirmó la temperatura, verificó las cartas náuticas, recopiló la mayor cantidad de datos posible sobre el país y convivió con miembros de la élite local. A algunos de los oficiales se les ordenó subir al Pão de Açúcar, que fue inspeccionado por ellos dos veces, ya que Wilkes les exigió que verificasen los datos que habían obtenido la primera vez. Tal actitud había comenzado a disgustar a aquellos hombres que consideraban innecesarias ciertas

---

[233] Wilkes 1978 109-166.
[234] Wilkes v1 68.

medidas ordenadas por el capitán. Algunos de los científicos recibieron autorización para ir a la Serra dos Órgãos y allí visitaron el lugar, recolectaron lo que pudieron en especies para clasificación futura y para los debidos comentarios en sus informes finales.

En cuanto al tema racial, el principal aspecto que llamó la atención de Charles Wilkes sobre Río de Janeiro fue la esclavitud y la gran cantidad de negros que observó en la ciudad. "La gran y distintiva característica de Río es la esclavitud y sus esclavos. Este mal parece ser precisamente una marca, y los pensamientos [del comandante] no pueden ir muy lejos, ya que son devueltos de golpe a la realidad".[235]

En este punto podemos aproximarnos a algunas de las posiciones de Wilkes. Él veía la esclavitud como un mal, pero afirmaba, en otra parte de la narrativa, que los esclavos eran, en general, bien tratados y circulaban cerca de sus amos. Vale recordar que, durante esta época, el sistema de la esclavitud todavía se estaba extendiendo por los Estados Unidos, de sur a norte. Durante la Guerra Civil (1861 y 1865), Wilkes comandó el navío *Jacinto* junto a los norteños. Lo que sostengo es que el comandante estaba en contra de la esclavitud, pero entendía que los negros ocupaban niveles bajos en términos de civilización, como le convenía sostener a un hombre blanco, militar de carrera de la U.S. Navy, convencido de la superioridad de la raza anglosajona.

A Wilkes lo impresionó que el número de negros excediera al de blancos en la ciudad de Rio de Janeiro. Para alguien que creía en la supremacía de la raza anglosajona, esta constatación no era un buen síntoma, ni sobre la ciudad ni sobre el país. Reconoció que hubo mejoras en la ciudad, en gran parte debido a "las formas republicanas, hábitos y costumbres que poco a poco se estaban irguiendo en su nueva constitución."[236]

---

[235] Wilkes v1 54-55. *"The great and distinctive characteristic of Rio may be its slave and slavery. It seems fairly branded with this evil, and the thoughts cannot wander very far, before they are brought back its reality."*

[236] Wilkes v1 45. *"Republican forms, habits, and customs, are gradually creeping in under its new and reformed constitution"*

## A toda vela

Si bien hubo avances, las cuestiones de la continuidad del tráfico de esclavos, el número de negros en la ciudad y la "mezcla de clases" y de "razas" eran un problema desde la perspectiva del comandante.

> Todos, al desembarcar por primera vez en Río, quedarán impresionados por la indiscriminada *mezcla de todas las clases*, en su lugar, todos apareciendo en términos de la mayor igualdad. Oficiales, soldados y sacerdotes, blancos y negros, mezclándose y actuando en sus respectivos deberes, sin preocuparse por el color o la apariencia. La única distinción parece ser la de libertad y la de esclavitud. Hay muchos negros libres, adinerados, muy respetables, que se fusionaron con familias blancas y que son, aparentemente, recibidos en perfecta igualdad.[237]

Wilkes utiliza el término clase, no raza, para reiterar la mezcla generalizada que vio en Brasil, y él mismo mezcla el color de la piel con la profesión para abordar el tema. Es interesante notar que, para evaluar los diferentes grupos de negros y esclavos libres en la ciudad, contó con la ayuda del filólogo de la expedición, Horace Hale y de uno de los artistas, Alfred Agate. Wilkes informa que Hale recibió colaboración de un *gentleman* de Río para elaborar las principales distinciones entre los negros de la ciudad:

> La apariencia y la postura de los negros Mina son expresivas de inteligencia y dignidad, y revelan poco de la ligereza que generalmente se le atribuye a la *raza negra*.

---

[237] Wilkes v1 47. El subrayado es mío. *"Every one, on his first landing at Rio, will be struck with the indiscriminate mingling of all classes, in place, all appearing on terms of the utmost equality. Officers, soldiers, and priests, both black and white, mixing and performing their respective duties, without regard to color or appearance. The only distinction seems to be that of freedom and slavery. There are many wealthy free blacks, highly respectable, who amalgamate with the white families, and are apparently received on a perfect equality".*

> En Brasil, ocupan los puestos más altos que se les permiten a los esclavos, siendo empleados como servidores confiables, artesanos y pequeños comerciantes [esclavos de lucro]. Ellos tratan con superioridad y se niegan a tener cualquier conexión o participación en el empleo de otros negros. Muchos de ellos leen y escriben, y todos pueden repetir algunas frases. El mayor número de esclavos que compró su propia libertad pertenece a <u>esa raza.</u>[238]

Este extracto es ejemplar para comprender cómo Wilkes usó el término raza para referirse a todos los negros como frívolos, pero también lo utilizó para dirigirse específicamente a los Mina, considerándolos más calificados que otros negros. Según Eneida Maria Mercadante Sela, cuyo trabajo se refiere a la narrativa de viaje de la U.S. Exploring Expedition sobre el tema de la esclavitud en Brasil, la distinción entre los esclavos que venían del norte de África, los Mina, y los que venían de otras regiones centroafricanas, como los Cambinda, los Angola, los Congo y demás, eran conocidas y repetidas en varios lugares.

El comandante, así como otros viajeros de su época, se deparó con grupos que estaban separados geográfica y temporalmente. Un buen ejemplo puede verse en el pasaje que se presenta a continuación, en el que compara a los negros de Río de Janeiro con los polinesios.

> Existe una singularidad que parece ser común a los habitantes de ambas regiones y que puede compararse

---

[238] Wilkes 1845 57. El subrayado es mío. *"The look and bearing of the Mina black are expressive of intelligence and dignity, and they betray little of the levity usually ascribed to the negro race. In Brazil they occupy the highest position that slaves are allowed to attain, being employed as confidential servants, artisans, and small traders. They look down upon, and refuse to have any connexion with, of participation in, the employment of the other negroes. Many of them write and read the Arabic, and all can repeat some sentences of it. The greatest number of slaves who purchased their freedom belong (sic) to this race."*
[238] Sela.

debido a la práctica del tatuaje que prevalece íntegramente en las tribus polinesias: la costumbre de cortar y tallar ciertas marcas en el rostro y el cuerpo, mediante la cual los individuos de una tribu pueden distinguirse de cualquier otra. Esta práctica está muy generalizada entre todos los Mina y también prevalece a lo largo de la parte oriental de Mozambique, costa del sur de África. [...] Entre las *naciones Mina*, así llamadas antes de llegar al puerto de la *Slave Coast*, en la Alta Guinea, donde se obtienen estos esclavos, esta práctica [la del tatuaje] se lleva a cabo en su máxima dimensión.[239]

Aquí Wilkes reunió a los negros de Río de Janeiro, los de África y las tribus de la Polinesia, que no especifica, en base al tatuaje que vio en los cuerpos y rostros de esos hombres. Como ya hemos visto, para escribir esta parte de la narrativa, Wilkes contó con la ayuda de Hale y del *gentleman* de Río de Janeiro. Pero si consideramos que la narrativa fue escrita después del regreso de los navíos, en 1842, es posible inferir que Wilkes se haya respaldado en su propia evaluación al hacer dicha comparación, basándose en los nativos que conoció en las islas del Pacífico. Es más: el comandante trataba a los Mina como "naciones Mina", en plural, reproduciendo, según él, cómo se llamaba a estos negros en la *Slave Coast*. Así, en primer lugar, utilizó el término clase para dirigirse a los negros en general, luego se refirió a ellos como la "raza negra". En segundo lugar, se refirió a esos hombres como la "raza de los Mina" y, en tercer lugar, consideró a los Mina como una nación.

Este tratamiento no era infrecuente en la época. El término fue utilizado por un conjunto diverso de pensadores, abarcando escritores,

---

[239] Wilkes 1845 57-58. El subrayado es mío. *"There is one singularity which seems to be common to the inhabitants of both regions, and which may be compared with the practice of tattooing which prevails throughout the tribes of Polynesia, viz., the custom of cutting or branding certain marks upon the face and body, by which the individuals of one tribe may be distinguished from those of any other. This practice is general among all the Minas, and also prevails along the eastern or Mozambique coast of Southern Africa (…) Among the Mina nations, so called after a port on the Slave Coast in Upper Guinea, where these slaves are obtained, this practice is carried to its greatest extend".*

periodistas, científicos y militares. Dependiendo del autor, el término raza era utilizado para agrupar diferentes elementos, de un modo o de otro. Charles Wilkes fue uno de ellos.

Además de los negros y de la esclavitud, que eran vistos como obstáculos para el progreso en Brasil, cambió el tono y describió áreas que consideraba agradables en Río de Janeiro. Entre ellas:

> Lo que le da a Río su principal encanto son los barrios y las pequeñas granjas alrededor de la ciudad. Nada puede superar su belleza alrededor de Glória y Botafogo. Estos lugares suelen estar ocupados por extranjeros establecidos aquí para hacer negocios. Hay mucho de agradable en esa sociedad extranjera, formada por cuerpos diplomáticos, muchos jubilados y, en general, oficiales de diferentes naciones.[240]

En opinión del comandante, la región más encantadora y agradable de Río de Janeiro estaba habitada principalmente por extranjeros. Respecto a los brasileños en general, escribió:

> Aún no están lo suficientemente avanzados en civilización y educación, considerando hasta ahora la masa de población que se levanta de la degradación mental que ha provocado la política de la madre patria. Los brasileños, por el tipo de carácter que pude observar, son ceremoniosos y meticulosos, susceptibles a los halagos, desconfiados, aunque corteses, egoístas, disimulados, asumiendo franqueza y generosidad, tímidos, volubles en sus propósitos y les falta una visión más

---

[240] Wilkes v1 68. *"What gives Rio its principal charm are its suburbs and the small quintas around it. Nothing can exceed the beauty of those around Gloria and Botafogo. These situations are generally occupied by foreigners who are established here in business. (…). There is much agreeable foreign society, composed of the diplomatic corps, many retired gentlemen, and generally the officers of the several men-of-war of different nations".*

amplia y comprensiva. Lo que se afirma de ellos en términos de modales confiados y valientes es fácilmente admitido por ellos, mientras que, al mismo tiempo y a menudo, debido a su completa ignorancia, se vuelven presuntuosos.[241]

En mi opinión, aunque el comandante no se refiriera a la raza anglosajona en muchos pasajes y de la que se consideraba un orgulloso participante, lo que formó la opinión de Wilkes, fue la certeza del nivel alcanzado por los anglosajones en términos de civilización. Aquí encontramos algo ya debidamente discutido por la historiografía cuando se trata del encuentro entre culturas, especialmente nítido en los relatos de viaje. Más que referirse a los brasileños, Charles Wilkes estaba valorizando a Estados Unidos y a lo que consideraba la raza anglosajona.

La maquinaria política por la que se administra el gobierno es tosca y torpe, compuesta por una mezcla de nociones feudales con los refinamientos de los tiempos modernos. [El gobierno] trabaja y se sustenta más por el hábito de obedecer las leyes, que por la pericia y los juicios para administrarlo. Existe una ausencia total de todas las fuerzas, tanto morales como físicas, para apoyar al gobierno; aunque se le atribuya en gran parte a éste, el hecho de que el país no haya caído en la anarquía y la confusión.[242]

---

[241] Wilkes v1 81. "(…) *They are not yet sufficiently advanced in civilization and education, so far as regards the mass of the population, to have risen from the mental degradation which the policy of the mother country entailed upon them. The Brazilians, from the character I have received of them, are very ceremonious and punctilious, susceptible of flattery, suspicious yet courteous, selfish, cunning; assuming frankness and generosity, timid, unsteady in purpose, and without any large and comprehensive views. What is claimed as a right in a bold and confident manner, is readily yielded, while often through their ignorance they become presumptuous."*

[242] Wilkes v1 82. *"The whole political machine by which the government is administered is uncouth and awkward, being composed of a mixture of feudal notions with the refinements of modern times. It is moved and sustained more by habit of obeying the laws, than skill (sic) and judgment in administering them. There is an entire absence of all force, moral as well as physical, to sustain the*

Puede notarse que la palabra que más se repite cuando se trata de Brasil es mezcla (*mixture*). Mezcla de clases, de razas y de los modos de vida de un mundo atrasado y otro moderno. Wilkes enfatizó que la maquinaria administrativa del gobierno presentaba aspectos feudales y modernos al mismo tiempo. El comandante probablemente juzgó al país de esa manera, debido al hecho de que en Brasil se negoció la independencia y se estableció el Imperio. Sin embargo, veremos que no sólo el gobierno brasileño fue considerado atrasado, sino también los países hispanoamericanos –y republicanos– con algunas inevitables excepciones, como veremos a continuación.

### 6.2.2 – Tierra del Fuego: el encuentro con una "raza sencilla".

Después de una estadía de seis semanas en Río de Janeiro, los barcos de la expedición atravesaron el Río de la Plata y llegaron a la provincia de Río Negro donde mapearon la desembocadura del río del mismo nombre. En ese momento, Argentina estaba bajo el gobierno de Juan Manuel de Rosas (1835-1852), nombre que Wilkes no menciona, pero señala que conocía la política del "gobierno actual que buscaba concentrar los negocios en Buenos Aires". En su relato, Wilkes se refirió a los indígenas Patagones:

> Al parecer, tenían poca curiosidad y nada parecía atraerlos o sorprenderlos; su principal característica parecían ser los celos. Aunque se trata de una *raza sencilla*, no les falta astucia, y con gran dificultad fueron persuadidos de que se separaran de sus arcos y flechas para intercambiarlos con nosotros. Y así lo hicieron, des-

---

*government; yet to this in a great measure is it to be ascribed, that the country has not been a prey to anarchy and confusion".*

pués de pedirle permiso al jefe. [...] Rechazaron el tabaco, el whisky, el pan y la carne, y sólo querían conseguir chatarra, clavos y argollas de hierro.²⁴³

Como hemos visto, para nuestro comandante los indígenas eran una raza sencilla. Obsérvese que utiliza el término raza para referirse a un grupo indígena. Luego de ocho días en Río Negro, la expedición se dirigió hacia el archipiélago de Tierra del Fuego, el extremo austral de América del Sur, y desde allí, más precisamente a partir del puerto de Orange, se aventuraron hacia la Antártida.

**Los seis veleros de la expedición anclados en *Orange Harbour*, Tierra del Fuego**²⁴⁴

Algunos navíos permanecieron en el puerto, mientras que otros se encaminaron al continente helado. También fue en ese lugar donde los oficiales y científicos se detuvieron a describir a los nativos fueguinos. Wilkes estaba sorprendido por el aspecto desagradable de esos indígenas.

---

²⁴³ Wilkes v1 118. El subrayado es mío. *"They had little apparent curiosity, and nothing seemed to attract or cause them surprise; their principal characteristic seemed to be jealousy. Though they are a simple race, they are not wanting in cunning; and it was with great difficulty that they could be prevailed upon to part with their bows and arrows in trade, which they however did, after asking permission from their chief. (...). They refused tobacco, whiskey, bread, or meat, and were only desirous of getting old iron, nails, and pieces of hoop-iron."*

²⁴⁴ Wilkes v1 124.

Según el comandante, llegaron en canoas y estaban completamente desnudos, con apenas un pedazo de piel de foca cubriéndoles los hombros. Según él, pertenecían al grupo *Petcherai*.

> Es imposible imaginar algo en la naturaleza humana que sea más inmundo. Son una <u>raza fea</u> y mal formada. Tienen poca o ninguna idea del valor relativo de los artículos, incluso aquellos que uno podría suponer que les eran de máxima utilidad, como el hierro y los objetos de vidrio. Una botella rota es mucho más valiosa que un cuchillo.[245]

En este extracto, Wilkes, al igual que lo hizo con los Patagones, trató a los *Petcherai* como una raza. Hasta ahora, hemos visto que el comandante utilizaba el término raza para referirse a individuos con el mismo color de piel (negros), para dirigirse a un grupo de negros del norte de África subsahariana (los Mina) y también para referirse a una tribu.

El comandante, al igual que otros viajeros europeos, le dedicó algunos párrafos al encuentro con los indígenas de Tierra del Fuego, a quienes consideró como descalificados. El fragmento nos muestra que Charles Wilkes no entendía por qué los indígenas no les atribuían valor a ciertos objetos que él mismo consideraba que les serían útiles. Sin embargo, en ningún momento se dio cuenta de que esa era su propia valoración, su perspectiva, y que los indígenas no pensaban del mismo modo. De hecho, para el capitán, "ellos no pensaban".

A continuación, Wilkes afirmó que las chozas (*huts*) construidas por esos hombres indicaban que estaban poco acostumbrados a las "artes útiles". Esa era una medida para confirmar el nivel de civilización en el que se encontraba un pueblo determinado: una sociedad era evaluada por los científicos de la época en base a la capacidad e ingenio para producir

---

[245] Wilkes v1 126-127. El subrayado es mío. *"It is impossible to fancy anything in human nature more filthy. They are an ill-shapen and ugly race. They have little or no idea of the relative value of articles, even of those that one would suppose were of the utmost use to them, such iron and glass-ware. A glass bottle broken into pieces, is value as much as a knife".*

bienes materiales, herramientas y casas de ladrillo; el tratamiento que se le daba a las ciudades, tales como pavimento e iluminación; el buen funcionamiento de algunos servicios públicos, como el transporte; además de demostrar estabilidad política y progreso económico. Eran muchos elementos para considerar en su evaluación.

En el caso de los indígenas, obviamente, estos atributos estaban ausentes: desde el punto de vista del comandante, no había ni política ni economía, mucho menos "arte útil". Probablemente, fue pensando en la falta de ingenio y destreza de esa "raza fea y sencilla" que Wilkes incluyó, en la narrativa, la imagen de una precaria casa de un nativo de Tierra del Fuego, donde la temperatura se mantenía cercana a 0° y, aun así, esos hombres permanecían desnudos.

## Choza fueguina[246]

Acerca de las mujeres nativas, Wilkes las consideró tan absolutamente horribles que, según su relato, una de ellas rompió a llorar cuando se vio reflejada por primera vez en un espejo. El llanto, según el comandante, demostraba que la mujer no soportaba reconocer su propia apariencia. Sobre un nativo que permaneció unos días a bordo, Wilkes comentó que luego de ser lavado (*washed*) y peinado (*cumbed*) presentó "dos o tres tonos más claros" de piel que cuando había llegado a la embarcación. Para demostrar lo que decía, específicamente con relación a la apariencia y la higiene de los nativos, incluyó en la narrativa una imagen de

---

[246] Wilkes v1 128.

ese hombre, dibujada por Joseph Drayton, uno de los artistas de la expedición.

Luego de dos meses entre Tierra del Fuego y la Antártida, se dirigieron a los puertos de Chile y Perú para recuperarse del esfuerzo sufrido en el continente helado. Mientras cruzaban el Cabo de Hornos, como ya se dijo, perdieron el buque de apoyo, la goleta Sea Gull. Pero fue sólo en Valparaíso, Chile, que realmente se dieron cuenta de que ya no verían ni el barco ni la tripulación, porque esperaron, esperaron, pero el velero jamás apareció.

**Nativo de Tierra del Fuego.**[247]

### 6.2.3 Chile: ¿una excepción en América del Sur?

Los hombres llegaron a la costa de Chile, curiosos por ver la cordillera. Charles Wilkes, fue recibido por el cónsul de Estados Unidos, y un

---
[247] Wilkes v1 126.

inglés le ofreció una casa para que se hospedara por algunos días. Mientras los navíos permanecieron en Valparaíso, los oficiales y científicos viajaron por tierra hasta Santiago. Los últimos, especialmente el mineralogista James Dwight Dana, subieron las altas montañas para analizar minerales y recolectar especies de la región. Fueron escritas páginas y más páginas de la narrativa dedicadas a las minas de Chile. Sin duda, esa producción de minerales le interesaba a los Estados Unidos.

Al igual que en Río de Janeiro, recopilaron la mayor cantidad de información posible sobre la región, cuya diversidad iba desde los especímenes recolectados hasta la temperatura y el clima locales, el tipo de gobierno y la economía del país. El puerto de Valparaíso, como el de Río de Janeiro, era esencial para el buen funcionamiento de los viajes de larga distancia. Según Wilkes, "Valparaíso ha crecido enormemente en tamaño e importancia en los últimos años y se ha convertido en el gran puerto de Chile y, de hecho, de toda la costa".[248]

Con respecto a los chilenos, Wilkes aplicó el mismo recurso interpretativo utilizado para referirse a los habitantes de Río de Janeiro: hizo comparaciones entre su primera visita, en la década de 1820, y la del año 1839.

> Tuve la oportunidad de descubrir y comparar el actual estado de Valparaíso con el de 1821 y 1823. La ciudad era entonces una pequeña aldea, compuesta, salvo contadas excepciones, de ranchos dispersos. [...] En mi visita anterior, no había ningún tipo de orden, regulación ni buen gobierno. Se cometían abiertamente robos, asesinatos y adicciones de todo tipo. Ahora Valparaíso, y de hecho todo Chile, muestra un gran cambio positivo: reina el orden en todas partes, rara vez hay noticias de delitos y cuando los hay, nunca se quedan sin castigo; el buen orden y el decoro prevalecen en todas partes, de modo que se ha establecido la máquina

---

[248] Wilkes v1 170.

> del buen gobierno y la política activa y eficiente. Chile está admirablemente regulado y ha tomado todas las medidas necesarias, no sólo para proteger la vida y la propiedad, sino también para aumentar las comodidades de sus habitantes.[249]

Chile fue visto por Charles Wilkes como una excepción en América del Sur. Es importante señalar que ese "lugar común" se reitera aún en los días de hoy. Mientras la mayoría de los países hispanoamericanos eran vistos como tomados por la inconstancia, Chile era percibido como el lugar de la estabilidad política y del crecimiento económico. El gobierno conservador y autoritario de José Joaquín Prieto (1831-1836 y 1836-1841), con la ayuda del ministro Diego Portales, a quien Wilkes le dio especial protagonismo en la narrativa, había aplacado la fuerte inestabilidad ocurrida poco después de la independencia del país. Volubilidad que Wilkes afirmó haber presenciado la primera vez que estuvo en la región y que ahora descubría que había sido completamente superada.[250] Es verdad que Chile no pasó por las extensas disputas políticas que atravesó la región del Río de la Plata, especialmente Argentina, en la constitución de su Estado nacional. Sin embargo, el choque entre liberales y conservadores también fue importante en ese país. Es probable que Wilkes haya hecho eco de la versión del gobierno conservador, ya que permaneció en Chile sólo 21 días, poco tiempo para consolidar una opinión al respecto.

La forma en que el comandante evaluó el grado de civilización de los chilenos merece ser desarrollada. Veamos un fragmento en el que el capitán se refirió a las mujeres de la clase alta y al tema de la civilización en el país.

---

[249] Wilkes v1 170-172. *"I have had some opportunity of knowing Valparaiso, and contrasting its present state with that of 1821 e 1823. It was then a mere village, composed, with but few exceptions, of straggling ranchos. (...) On my former visit, there was no sort of order, regulation, or good government. Robbery, murder, and vices of all kinds, were openly committed. (...) Now, Valparaiso, and indeed all Chili, shows a great change for the better; order reigns throughout; crime is rarely heard of, and never goes unpunished; good order and decorum prevail outwardly everywhere; that engine of good government, an active and efficient policy, has been established. It is admirably regulated, and brought fully into action, not only the protection of life and property, but in adding to the comforts of the inhabitants".*

[250] Sobre ese período en Chile: Collier.

> La moda de vestir francesa prevalece y ellas están empezando a usar tocados. El avance de la civilización es rápido: la imitación de los hábitos y costumbres extranjeros pronto comenzará a predominar en Chile; y lo que es más consecuente: se le está dando atención a la educación.[251]

En este pasaje, civilización es sinónimo de adopción de ciertas costumbres y modales. En todo caso, Chile era una excepción, pero lo era porque imitaba a los extranjeros. Las mujeres imitaban la moda francesa. Y considérese que Francia fue menos citada por el comandante que Inglaterra. Francia fue mencionada para referirse a la moda femenina y también por los viajeros que hicieron la circunnavegación entre los siglos XVIII y XIX. Más adelante, veremos que el comandante consideraba al país un lugar secundario en relación a Inglaterra. En la pulseada entre Francia e Inglaterra, el comandante se inclinaba fuertemente hacia esta última. En el texto, Wilkes pasó de escribir sobre la élite femenina de Chile a referirse a todo el país. El fragmento citado nos muestra que, para nuestro comandante, la civilización ya estaba presente en Chile porque había sido importada. Una vez más, la colonización portuguesa y española definitivamente no nos favorecía. Había que mirar hacia afuera, copiar, imitar si queríamos avanzar en los pasos de la civilización.

### 6.2.4 Perú y la ineficiencia de la raza española

Después de Chile, los barcos levaron anclas y se dirigieron a Callao, Perú. Al igual que en Río de Janeiro y Valparaíso, el puerto también era una base importante para la logística de viajes de larga distancia. De la misma manera que en Río de Janeiro, donde los expedicionarios contaron

---

[251] Wilkes v1 175. *"The French fashion of dress prevails, and they are just beginning to wear bonnets. The Advancement of civilization is rapid; the imitation of foreign habits and customs will soon predominate over those of Chili; and what is of more consequence, some attention is being paid to their education."*

con el apoyo del Escuadrón de Brasil, en Perú recibieron el apoyo del navío *Falmouth* y de otros, responsables de la Flota del Pacífico, embarcaciones que también le brindaron soporte al comercio y a los barcos estadounidenses que se aventuraron en los mares del sur, en particular los balleneros. De la misma forma, Wilkes hizo comparaciones entre su visita a la región en 1821 y 1840. Escribió sobre Callao:

> Desde mi visita a Callao en 1821, mucho ha cambiado y para mejor, a pesar de las vicisitudes, el puerto ha experimentado mejoras desde entonces. Se erigió un buen rompeolas, rodeado por una valla de hierro. Encima se encuentra la garita de vigilancia con soldados trabajando, había dos o tres de guardia. [...] Las calles de Callao se ensancharon y la ciudad tiene un aspecto más decente. El agua se extrae del canal y llega hasta el rompeolas, un ferrocarril recoge productos para el fuerte, que ahora se ha convertido en un almacén. Este lugar, el puerto de Lima, es un excelente refugio para las embarcaciones, no sólo por su seguridad, sino también por la conveniencia en el abastecimiento de víveres. [...] Entendí que en general tienen la misma cantidad de embarcaciones que ahora encontramos en el puerto, es decir, 42 veleros, nueve [sic] de los cuales eran buques de guerra: cinco estadounidenses, dos franceses, un chileno, y 35 buques mercantes peruanos, grandes y pequeños.[252]

---

[252] Wilkes v1 239-240. *"Since my visit to Callao in 1821, it had much altered and for the better, notwithstanding the vicissitudes it has gone through since that time. A fine mole has been erected, surrounded by an iron railing. On it is a guard-house, with soldiers lounging about, and some two or three on guard. (...) The streets of Callao have been made much wider, and the town has a more decent appearance. Water is conducted from the canal to the mole, and a railway takes the goods to the fortress, which is now converted into a depot. This place, the seaport of Lima must be one of the great resorts of shipping, not only for its safety, but for the convenience of providing supplies. (...) I have understood that there is generally about the same number as we found in port, namely, forty-two, nine of which were ships of war: five Americans, two French, one Chilian, and thirty-five Peruvian merchantmen, large and small"*

## A toda vela

Vimos que Wilkes ya había anclado en importantes puertos de América del Sur antes del advenimiento de la U.S. Exploring Expedition y que establecía comparaciones entre el período de independencia de los países sudamericanos y su momento presente, casi dos décadas después. El fragmento nos muestra que Wilkes reconoció la importancia de los puertos en América del Sur para los viajes de larga distancia, especialmente los que se dirigían a la región del Pacífico. No se trataba solamente de los puertos, sino también de toda la región aledaña. Sin embargo, su aprobación se limitaba a algunas de las mejoras realizadas en la infraestructura de Callao, ya que nuestro comandante se vio muy afectado por la "insostenible" condición de la capital, Lima.

> En Lima, me impresionó el cambio negativo que hubo desde mi última visita. Todo ahora señala la decadencia y la pobreza; un cambio triste en vista de su antiguo esplendor y riqueza. Esta apariencia fue observada no sólo en relación a la ciudad, sino también en relación a sus habitantes. Familias enteras fueron barridas del lugar y sus subordinados o forasteros se convirtieron en propietarios de las casas y propiedades. El país ha sido escenario de conmoción y revolución durante los últimos 25 años, durante los cuales Lima, durante mucho tiempo, fue el centro [...]. Ciertamente, Lima puede ser designada como una ciudad decadente.[253]

---

[253] Wilkes v1 243. *"At Lima I was struck with the change that had taken place since my former visit. Everything now betokens poverty and decay; a sad change from its former splendor and wealth. This appearance was observed not only in the city, but also among the inhabitants. Whole families have been swept off, and their former attendants or strangers have become the possessors of their houses and property. The country has been a scene commotion and revolution for the last twenty-five years, of which Lima for a long time was the center. (…). It may with truth be designated a declining city."*

Charles Wilkes estableció un contraste significativo al describir primero a Chile y luego a Perú, aunque en ciertos momentos el comandante haya registrado las "mejoras" que observó en el lugar. Para Wilkes, Lima estaba en ruinas. Describió lo que vio en la capital desde plazas, palacios, catedral, conventos, mercado, museo, biblioteca, hasta el teatro de la ciudad.

La independencia del Perú fue declarada el 28 de julio de 1821 por el general José de San Martín, aunque las fuerzas de Bolívar lucharon hasta 1824 por el desmantelamiento completo de los ejércitos españoles. Luego de un período de disputas internas por el poder, se estableció la Confederación Peruano-boliviana entre 1836 y 1839, enfrentada simultáneamente por chilenos y argentinos, además de contar con la oposición de parte de los propios peruanos y bolivianos. Las fuerzas chilenas, con la ayuda de los exiliados peruanos contrarios a la Confederación, invadieron el país en 1838. Wilkes llegó al Perú tras el derrocamiento del proyecto del general boliviano Andrés de Santa Cruz, quien había estado a cargo de la Confederación. El general Agustín Gamarra asumió la presidencia del país y promulgó una constitución conservadora. Gamarra, sin embargo, después de un intento fallido de invadir Bolivia, fue asesinado en 1841, cuando Perú enfrentó nuevas inestabilidades políticas. Para Wilkes, en la época de la expedición, Perú todavía estaba bajo el control de los chilenos.

> Durante nuestra visita, las tropas chilenas controlaban el país y Lima estaba tomada por ellos. Los peruanos son, a todos los efectos, un pueblo conquistado, aunque consideren amigos a los chilenos y dicen que la guerra fue sólo contra Santa Cruz y su política. No se puede realizar ningún informe favorable sobre el Estado del Perú. Hay una falta de confianza en todas partes. El gobierno está en quiebra, en principios y en fon-

dos. La posesión de la propiedad es incierta; la opresión, la extorsión y la falta de principios han llevado al país al límite de la ruina.²⁵⁴

Wilkes reflejaba los efectos de las disputas en la región y el fin de la Confederación Perú-Bolivia. Fueron estos enfrentamientos por la formación del Estado nacional en Sudamérica los que dejaban desolado a Charles Wilkes con lo que veía, a pesar de que el comandante se expresara negativamente sobre el lugar, y, con vehemencia, en base a los escasos 22 días que los navíos que comandaba permanecieron anclados en el puerto del país.

**Portal de la ciudad de Lima²⁵⁵**

Retomando la cuestión que estoy desarrollando a lo largo de este capítulo, la idea de raza expresada por el comandante, veamos los comentarios que realizó sobre la población del Perú.

---

²⁵⁴ Wilkes v1 256-257. *"During our visit, The Chilian troops were in possession of the country, and Lima was garrisoned by them (…). The Peruvian are to all intents and purposes a conquered people, although they profess to think the Chilian their friends, and say that the war was only against Santa Cruz and his policy. No favorable accounts can now be given of the state of Peru. A want of confidence exists everywhere. The government is bankrupt in principle and funds. The tenure of property is uncertain, and oppression, extortion, and want of principle have brought the country to the verge of ruin"*

²⁵⁵ Wilkes v1 234.

> Existen tres clases de habitantes, a saber: blancos, indígenas y negros. La unión de los dos primeros produce el cholo; los dos últimos, el zambo, y el primero y el último, el mulato. *Los españoles, o blancos, son una raza alta*, especialmente las mujeres. Tienen color de piel morena, ocasionalmente un color brillante, y ojos y cabello negros. Algunos de ellos son extremadamente hermosos. Los cholos son bajos, pero bien hechos, y tienen manos y pies particularmente pequeños.[256]

En este pasaje, el comandante utilizó el término clase, en lugar de raza, para referirse a los indígenas, blancos y negros, pero se remitió a los españoles, a quienes consideraba blancos, también como una raza. Los indicios muestran que raza y clase, en el texto de Wilkes, eran sinónimos. Recuerdo que anteriormente Wilkes trató a todos los negros como una raza, luego consideró a los negros Mina de la misma manera y señaló al menos dos tribus indígenas como una raza. Aquí, los blancos españoles fueron tratados primeramente como una clase de habitantes y luego se refirió a ellos como una raza. Al final, ¿qué era una raza para nuestro comandante? Al acompañar los grupos que Wilkes señala como siendo de esta o aquella raza, lo mejor no es buscar una definición bien delimitada y coherente. Lo más apropiado es discriminar lo que él señalaba como tal. Reitero que Wilkes contaba con la ayuda de naturalistas y filólogos de la expedición para emitir los juicios de valor sobre las razas que iba conociendo. Y vuelvo a repetir que la narrativa del comandante fue leída y bien valorada, y no sólo por los estadounidenses. La interpretación que hizo sobre las razas, no sorprendía a los lectores. Si bien esta "clasificación" de Wilkes fue apropiada para el siglo XIX, la misma no resistió los siglos XX y XXI.

---

[256] Wilkes v1 250. El subrayado es mío. *"There are three classes of inhabitants, viz.: whites, Indians, and negroes. The union of the two first produces the cholo; of the two last, the zambo, and of the first and last, the mulatto. The Spaniards, or whites, are a tall race, particularly the females. They have brown complexions, but occasionally a brilliant color, black hair and eyes. Some of them are extremely beautiful. The cholos are shorter, but well made, and have particularly small feet and hands."*

## A toda vela

Lo cierto es que las discusiones sobre "las razas que existen en el mundo" se encontraban en sus orígenes, tanto en Inglaterra como en Estados Unidos. De este modo, es posible encontrar una cantidad considerable de imputaciones sobre qué grupo podía pertenecer a tal o cual raza. Como es de esperarse, la única afirmación constante era que la raza blanca estaba en el tope de la escala. Es comprensible, por lo tanto, que, para nuestro comandante, los nacidos en España pertenecieran a la raza española, pero también lo fuesen los blancos en zonas de colonización española anterior, descendientes de los españoles. Más adelante veremos que Wilkes tratará a los mexicanos de la misma manera que a los pertenecientes a "la raza española". Veamos a continuación una comparación que hizo el comandante entre Estados Unidos y Perú:

> [En Lima] existen algunas pequeñas manufacturas de filigrana de oro, pero prácticamente todos los productos que se venden y consumen en el país son extranjeros. Lima es un gran lugar para el comercio. Recientemente se estableció una fábrica de vidrio, pero es demasiado reciente para que podamos juzgar su éxito. Los trabajos mecánicos son numerosos, pero todos se encuentran en estado rudimentario. Cuando consideramos que Lima fue fundada casi un siglo antes de la colonización de nuestro país [Estados Unidos], esto muestra la marcada diferencia a favor de la *raza anglosajona*.[257]

Nuevamente, uno de los indicios del progreso de un pueblo fue medido por su capacidad de producir objetos y, posteriormente, venderlos, promoviendo el comercio del país. En este sentido, la comparación

---

[257] Wilkes v1 251. El subrayado es mío. *"There are several small manufactories of gold lace, & c., but nearly all the goods sold and consumed in the country are foreign. Lima is the great retail place. There has been lately a manufactory of glass, but too recently to judge of its success. The mechanical employments are numerous, but all are in a rude state. When it is considered that Lima was founded nearly a century before the settlement of our own country, it shows a marked difference in favor of the enterprise, & c. of the Anglo-Saxon race."*

entre los estadounidenses, o raza anglosajona, y los peruanos, o raza de españoles, se estableció con la reiterada descalificación de estos últimos y la inevitable "excelencia" de los primeros.

Vale destacar que, en ningún momento, Wilkes se refirió a los pueblos de Iberoamérica como latinos –lo que sería más predecible dado el uso generalizado de la forma binaria anglosajona y latina, común en la época–, sino como raza española. De todos modos, la brecha que se estableció entre ésta y la anglosajona fue expresiva y con pocas posibilidades de transformar esa diferenciación. Wilkes describió un panorama desolador de América del Sur, con la rara excepción de Chile, que, bajo la administración de un gobierno conservador, según él, comenzó a adoptar algunas costumbres extranjeras.

**Baños, Perú, por Alfred Agate.**[258]

---

[258] Wilkes v1 272 y 273.

## 6.3 La U. S. Exploring Expedition en la costa Oeste de América del Norte.

### 6.3.1– Oregón: los indígenas y el papel de la Hudson Bay Company.[259]

Los expedicionarios partieron de las costas de América del Sur el 17 de julio de 1839, en dirección a las Islas Paumotu (también conocidas como Tuamotu), en el Pacífico. Trazaron mapas de islas, archipiélagos y accidentes naturales sumergidos en el océano; llegaron a Nueva Zelanda, soltaron anclas en lo que hoy conocemos como Australia; y desde allá, se aventuraron de nuevo hacia la Antártida. El estudio hidrográfico del océano y de las islas del Pacífico abarcó un año y 50 días. Sólo después de terminar esta actividad se dirigieron a las *Sandwich Islands* (Hawái) para concentrar sus esfuerzos en la costa NO de América del Norte. En el Pacífico, simultáneamente con el trabajo hidrográfico, Wilkes describió a los nativos: la mayoría eran polinesios.

El caso más frecuentemente informado por los historiadores y antropólogos interesados en la expedición, es el del jefe Veidovi Thokonauto, hermano del también jefe de Rewa, en la región de Viti Levu, la isla más grande del archipiélago de Fiyi. Abro aquí un paréntesis para abordar brevemente el tema, ya que explica algunas de las prácticas de las Armadas en el siglo XIX. En agosto de 1834, el capitán y otros miembros de la tripulación de un barco estadounidense llamado Charles Doggett, que comerciaban en la región, fueron asesinados por los nativos bajo el mando del jefe de Rewa. El episodio fue conocido por el gobierno de Estados Unidos como "la masacre de Charles Doggett". Seis años después, Charles Wilkes resolvió hacer justicia y le encargó al capitán William Hudson, comandante del Peacock, que llevara a cabo el castigo. Hudson redactó la sentencia de Veidovi que, en lugar de ser ejecutado ahí mismo, iba a ser transportado hasta Estados Unidos para enfrentar el juicio por

---

[259] A partir de este momento y hasta el final del capítulo, voy a referirme a la extensa región que va desde Oregón hasta California, denominándola costa Oeste de América del Norte o costa NO de América del Norte.

los crímenes contra la tripulación de Charles Doggett. En las expediciones navales, el comandante podía convocar a los oficiales de mayor rango para que arbitraran determinadas disputas. También era posible que se estableciera una corte marcial en los viajes de larga distancia para juzgar a los oficiales infractores.

A Veidovi le pusieron grilletes durante el camino hacia Estados Unidos. Wilkes les advirtió a los demás nativos que el navío se dirigía hacia Kantavu para castigar a cualquier otro jefe que, por ventura, pudiera haber participado en la acción ocurrida en 1834. Wilkes selló la suerte de Veidovi, ya que las condiciones de salud del hombre se deterioraron rápidamente y, en 1842, cuando regresaron a las playas nacionales, el nativo se encontraba en riesgo de muerte inminente.

Cuando la expedición finalmente llegó a Estados Unidos, el naturalista Charles Pickering se apresuró a escribirle a Samuel George Morton (1799-1851), médico, naturalista y autor de la reciente e influyente obra *Crania Americana*, publicada en 1839, considerado el difusor de la *Escuela Americana de Antropología*.[260] Morton, basándose en la antropometría, medidas específicas de la "cabeza de cierta raza", argumentaba que cuanto mayor fuese el cráneo, más grande era el cerebro y, por lo tanto, mayor la inteligencia de esa raza. Como no podía dejar de serlo, las medidas de Morton apuntaban la superioridad de los anglosajones. Morton ayudó a allanarle el camino a los poligenistas que, como ya fue explicado, eran quienes creían que las razas tenían diferentes orígenes, a diferencia de los monogenistas, cuyos principios se basaban en las sagradas escrituras y estaban seguros de que todas las razas descendían de Adán.[261] Pickering convocó a Morton para que no se perdiera esa oportunidad única que tenían en manos:

> Esta [carta] es para informarle que nuestro jefe de
> Fiyi está en las últimas y que, probablemente, mañana

---

[260] Sobre Morton y la Escuela Americana de Antropología: Bieder 1989; Banton. Fredrickson.

[261] Existe una vasta bibliografía sobre el debate racial y el papel de Samuel G. Morton y su taxonomía: Gould 1978; Fredrickson; Bieder 1986.

## A toda vela

entregará su alma a Dios. Dado su interés en la Antropología, sería una buena idea que viniera de inmediato, ya que usted nunca ha visto este espécimen de humanidad y es posible que no vuelva a tener la misma oportunidad.[262]

Mientras tanto, Veidovi fue llevado al Hospital Naval, pero no resistió. En nombre de la ciencia, cortaron su cabeza y expusieron su cráneo como parte de las colecciones de la U.S. Exploring Expedition.

Vuelvo a referirme a los intereses de la expedición científica en las Américas. En mayo de 1845, parte de los navíos arribaron al NO de América del Norte, en la región de Oregón, donde los viajeros se encargaron de la última gran tarea de la expedición: mapear la región que iba desde el Estrecho de Juan de Fuca –en la actualidad, bahía entre Estados Unidos y Canadá, donde se encuentran las ciudades de Seattle (Estados Unidos) y Vancouver (Canadá)–, cruzando el río Columbia para, finalmente, llegar a Alta California.

> Nada puede superar la seguridad y la belleza de estas aguas: no hay bajíos en el Estrecho de Juan de Fuca. Admiralty Inlet, Puget Sound o el Canal de Hood tienen la capacidad, en cualquier caso, de interrumpir su navegación con un navío de 74 cañones. Me arriesgo a decir que no hay lugar en el mundo que tenga aguas como estas.[263]

---

[262] La carta mencionada fue fechada el 10 de junio de 1842 y citada por Joyce 145. *"This is to let you know that our Feejee Cheif is on his last legs and will probably give up the ghost tomorrow. As you go in for Anthropology, it would be well worth your while to come on immediately, for such a specimen of humanity you have never seen and the possibility is, that you may never have the opportunity again"*

[263] Wilkes v4 325 y 326. *"Nothing can exceed the beauty of these Waters, and their safety: not a shoal exists within the Straits of Juan de Fuca, Admiralty Inlet, Puget Sound or Canal de Hood, that can in any way interrupt their navigation by a seventy-four-gun ship. I venture nothing in saying there is no country in the world that possesses waters equal to these."*

Admiralty Inlet es un estrecho y, Puget Sound, un estuario: ambos dentro del gran Estrecho de Juan de Fuca. Wilkes informaba que había un puerto extraordinario en la costa NO de América del Norte que le ofrecía, sobre todo, seguridad al navegante.

El río Columbia tiene una gran desembocadura. Es el cuarto río en volumen de agua en los Estados Unidos y, si fuera posible cruzar sus aguas turbulentas para encontrar el mar, sería una notable vía para avanzar tierra adentro. ¡Quién sabe, se podría llegar a las montañas rocosas! Exactamente donde se encontraban las fronteras de los Estados Unidos en aquella época.

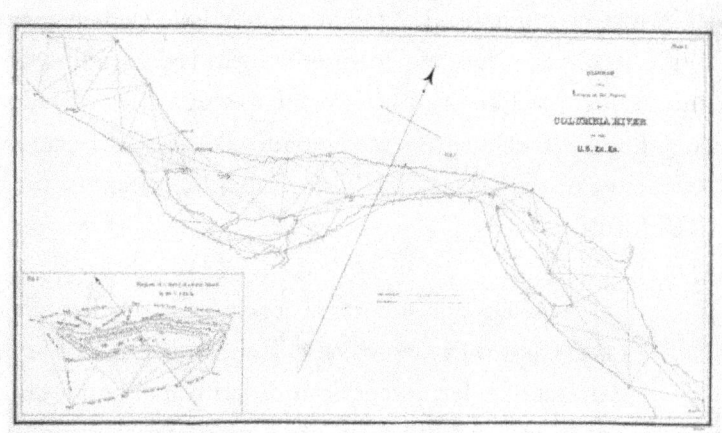

**Mapeo del río Columbia por el método de triangulación.**[264]

Sin embargo, la desembocadura del Columbia aún hoy es conocida por tratarse de una peligrosa entrada fluvial, de aproximadamente dos kilómetros y medio. Wilkes trató de describir la violencia de los vientos y el impacto resultante del estruendoso chorro de millones de litros de agua dulce en el mar como una de las más "terribles visiones" que un navegante podía enfrentar. En la boca del río, el oleaje podía llegar hasta los 30 metros, lo que impedía el recorrido en determinados momentos de creciente. El miedo era tal entre los navegantes, cuando se trataba del río Columbia,

---

[264] Wilkes, v23 6ª.

que Wilkes se llevó de Honolulu un piloto que conocía el río.[265] Pero el comandante no fue el primero de la expedición que llegó al lugar.

El velero Peacock, capitaneado por William Hudson, y el Flying Fish, partieron de Honolulu al frente y a todo vapor para prepararle el sitio a los demás miembros de la expedición y para adelantar el trabajo de mapeo. Tan pronto como llegaron, esperaron el reflujo y trataron de cruzar la desembocadura del río. Pero el gran y pesado Peacock terminó varado en la boca del Columbia, por más que los marineros accionaron dinteles y velas e intentaron maniobras a sotavento con la firme intención de llevar el barco de vuelta al mar. Mientras tanto, las olas aumentaron en volumen y tamaño. Pese a los esfuerzos, las maniobras resultaron ineficaces, pues el velero, ya varado, recibió los golpes de sucesivas olas, cuya fuerza no permitía más su retirada. La nave zozobró, entre una y otra ola, hasta su completa destrucción.[266]

En los cuatro años que duró el viaje, perdieron dos embarcaciones: Sea Gull, en el Cabo de Hornos, y Peacock, en Columbia. Fue un gran luto para todos los que estaban a bordo, según Charles Wilkes, ya que el Peacock era el segundo barco de la expedición. En la región, Wilkes compró un bergantín al que rebautizó Oregón, con el objetivo de ubicar a sus hombres y completar la circunnavegación.

**El naufragio del Peacock, por Alfred Agate.**[267]

---

[265] Philbrick 2003 287.
[266] El comandante relata detalladamente el naufragio del Peacock en la narrativa. Wilkes v4 522-527.
[267] Wilkes v4 524.

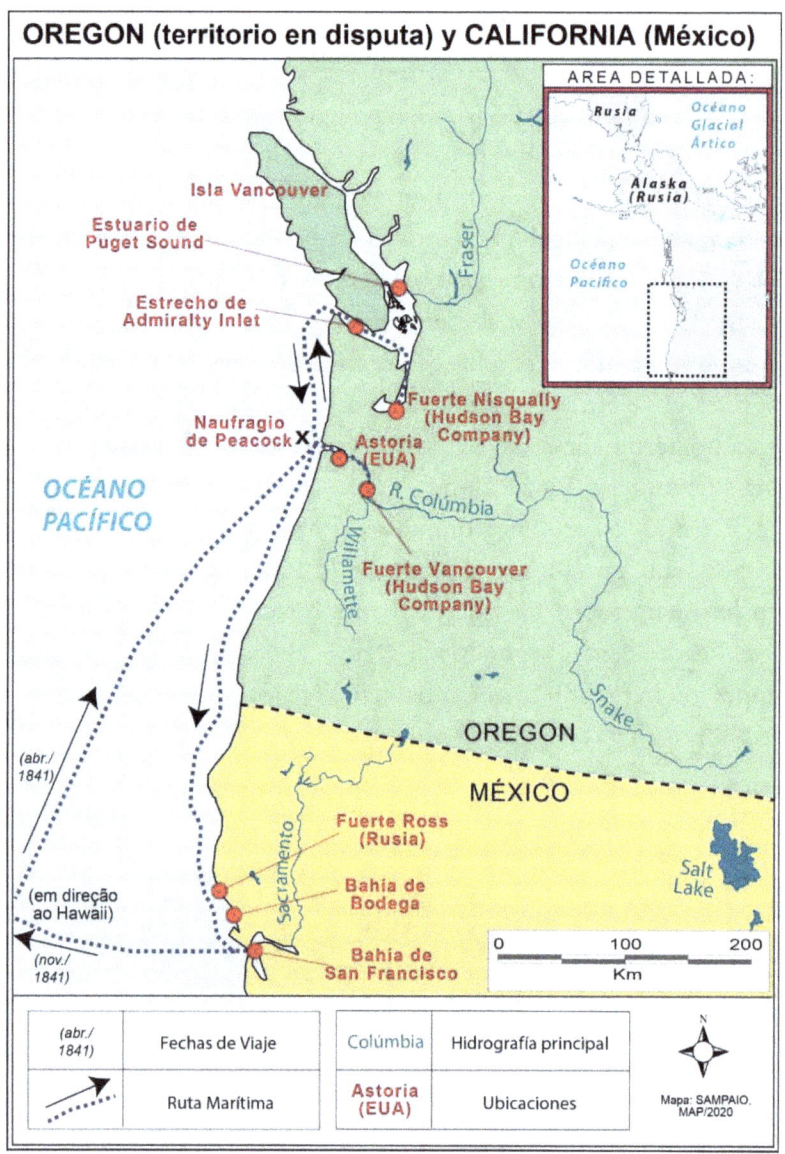

**Oregón y California.**

La región de Oregón, así conocida debido a un grupo indígena establecido allí y que llevaba ese nombre, era controlada por la Hudson

Bay Company, empresa inglesa responsable de la colonización en el oeste de Canadá y que estableció fuertes militares y almacenes comerciales en la región. Efectivamente, la zona era un gran terreno de disputa entre ingleses, estadounidenses y rusos.[268] Aún no habían sido establecidas las fronteras y los estadounidenses de la región disputaban áreas de la Hudson Bay Company.[269]

Sin lugar a dudas, Wilkes recibió instrucciones de realizar un estudio detallado de la región: playas y alrededores, penetrando en el interior tanto cuanto le fuera posible. Además del estrecho de Juan de Fuca, también mapearon el valle del río Willamete, afluente del Columbia, y llegaron hasta el pueblo de Vancouver, bajaron más hacia el sur por el gran río y visitaron Astoria, lugar que concentraba habitantes de Estados Unidos.

**Bosque de pinos en Oregón.**[270]

---

[268] Para relatos sobre los rusos en California durante la primera mitad del siglo XIX: Gibson 2013.
[269] Sobre la conquista de Oregón por parte de los estadounidenses: Meining 1993.
[270] Wilkes v5 120.

Mientras que en los demás lugares donde echó anclas la U.S. Exploring Expedition, generalmente eran los científicos quienes se aventuraban tierra adentro, en Oregón y Alta California, Wilkes personalmente se encargó de la tarea. Visitó pueblos y conoció ingleses y estadounidenses que habían llegado a esa costa por tierra, o por mar. También estuvo en varios fuertes de la Hudson Bay Company, fue bien recibido por los encargados de los puestos y también recibió ayuda de algunos de ellos para el reabastecimiento de los barcos. Wilkes le dio gran valor al papel ocupado por la compañía en la región.

Para el comandante, la Hudson Bay Company era el brazo de la civilización, cuyo "empeño" permitía mantener las reglas entre los blancos y evitar disputas entre los grupos indígenas de la región.

> Se puede decir que esta tribu [los Flathead] está prácticamente bajo control; al menos ninguna acción por parte de ellos es admitida u organizada con regularidad. Parecen vagar en pequeños grupos [...], pero buscan apoyo mutuo contra su enemigo más poderoso, los Pikani o Black Feet. En el pasado, estas pequeñas tribus rivalizaban entre sí con gran resentimiento, pero la benéfica influencia ejercida sobre ellas por la Hudson Bay Company los ha inducido a vivir juntos y en paz.[271]

---

[271] Wilkes v4 475. *"This tribe (Flathead) can scarcely be said to be under any general government; at least it is certain that none is regularly organized or acknowledge. They appear now to roam in small bands (…), but these join for mutual support against their more powerful enemies, the Pikani or Black feet. In bygone days, these small tribes contended against each other with great bitterness; but the beneficial influence exercised over them by the Hudson Bay Company, they have been induced to live together in peace (…)"*

Astoria, puesto estadounidense en la región del Río Columbia.[272]

Fuerte Vancouver, de la Hudson Bay Company, en las cercanías del Río Columbia.[273]

---

[272] Wilkes v5 118 y 119.
[273] Wilkes v4 349.

Wilkes concibió la acción de la compañía inglesa como una alternativa que le trajo un mínimo de dignidad a aquellos hombres salvajes. No hace falta decir que la Compañía era poderosa en la región y que actuaba en el lugar como un brazo de la corona inglesa.[274]

**Ramsey y George, indígenas Flathead que condujeron a los hombres de la expedición por el río Columbia para realizar el relevamiento topográfico.**[275]

Con relación al encuentro entre los hombres de la expedición y los indígenas, es importante resaltar los fenómenos de las zonas de contacto, como propone Mary Louise Pratt, el lugar de encuentro entre las diferentes culturas y, a menudo, las desiguales relaciones de poder.[276] Los expedicionarios se valieron del conocimiento indígena sobre la región. Las incursiones de Charles Wilkes, y demás oficiales y científicos, por el interior fueron realizadas siguiendo los senderos indígenas, a menudo con los propios nativos como guías. Aun avanzando sobre los conocimientos in-

---

[274] La historia de la Hudson Bay Company se confunde con la Historia de la formación de Canadá: Royle 2011.
[275] Wilkes v5 121.
[276] **Pratt 1992.**

dígenas de los cuales el comandante se apropió, Wilkes informaba haberles ordenado a sus subordinados que cocinaran el pan a la manera indígena, en hornos hechos dentro de la tierra, para abastecer a las embarcaciones con este alimento. Sin embargo, la descalificación hecha sobre los nativos fue implacable:

> Por la mañana, se nos acercó una gran canoa con indígenas, que hablaban pocas palabras en inglés y tuvimos la oportunidad de observar la gran diferencia entre ellos y los polinesios, en idioma y apariencia. Ningún contraste puede ser más impactante que ese. Parecen tener poca idea de la decencia y están un poco menos elevados en moral y cualidades que los fueguinos. El principal de ellos vino hacia nosotros, estaba vestido con una chaqueta roja con botones de la Hudson Bay Company y con pantalones de terciopelo. No llevaba camisa, zapatos ni sombrero, aunque la lluvia caía con fuerza. Los demás se cubrían con mantas o pieles y usaban un sombrero cónico, similar al de los chinos. La primera pregunta que nos hicieron fue si estábamos en los barcos de Boston o en los del rey Jorge. Era su forma de distinguir a estadounidenses de ingleses.[277]

Obsérvese que los fueguinos se convirtieron en una referencia para el comandante. Para él, se trataba de uno de los grupos ubicados sin duda en el nivel más bajo de la civilización. Los fueguinos incluso perdían frente a los "lamentables indígenas de Oregón" en la escala, mientras que

---

[277] Wilkes v5 317. *"In the morning we were boarded by a large canoe, with Indians, who spoke a few words of English; and we had occasion to notice the wide difference between them and the Polynesians, both in language and appearance. No contrast can be more striking than this. They seemed to have scarcely any idea of decency, and to be little less elevated in their moral qualities than the Fuegians. The principal man of the party was dressed in a coarse coat of red cloth, with the Hudson Bay Company buttons, and corduroy trousers. He had neither shirt, shoes, nor hat, although the rain was falling fast. The others were habited in blankets or skins, and wore conical grass hats, resembling in shape those of the Chinese. The first inquiry was, whether we were Boston or King George's ships, by which they distinguished Americans and English."*

los polinesios eran más dignos de consideración por parte del comandante. Este extracto revela que la presencia inglesa y estadounidense era significativa en la región, al punto de que los indígenas preguntaban si eran de Boston o si eran súbditos del rey. Aunque Wilkes afirmó que la vida de los blancos sería imposible en la región sin la ayuda de los indígenas, no había salida para esos nativos. Para el comandante, los fueguinos, los Black Feet, los Flathead: todos tenían el destino sellado. Iban a desaparecer por tratarse de una raza sencilla y débil, cuyos individuos se extinguirían gradualmente al entrar en contacto con los blancos, especialmente ante la energía, el ímpetu y la industria de la raza anglosajona.

> La propensión a los vicios de estos indígenas fue vista, ya que aparecen en todos los puestos de la Hudson Bay Company o donde acampan los extranjeros: el juego es la adicción a la que más se inclinan. Ambos sexos son igualmente inmundos, y tiendo a creer que continuarán siéndolo; sus hábitos están enraizados y, en base a los informes que obtuve de diferentes fuentes, existen motivos para creer que no han mejorado ni se han beneficiado de su constante intercambio con los blancos, salvo en muy pocos casos. Es probable que la raza, en general, se extinga con el tiempo.[278]

Era evidente el pesimismo del comandante en el sentido de que "aquella raza" pudiera avanzar rumbo a la civilización. Compartía posiciones similares a las de otros de su época, muchos de los cuales justificaban y legitimaban la Conquista del Oeste, en base a argumentos similares a los de nuestro capitán. Los indígenas, sentenciados por Wilkes a ser una raza

---

[278] Wilkes v5 122. *"The vicious propensities of the Indians were seen here, as they appear around all the posts of the Hudson Bay Company, or where strangers are encamped: gambling is the vice to which they are most prone. Both sexes are equally filthy, and I am inclined to believe will continue so; for their habits are inveterate, and from all the accounts I could gather from different sources, there is reason to believe that they have not improved or been benefited by their constant intercourse with the whites, except in a very few cases. It is indeed probable that the whole race will be extinguished are long."*

débil, estaban condenados a desaparecer en su contacto con la evolucionada raza anglosajona.

Además de las ácidas opiniones sobre los nativos, Wilkes tampoco fue bondadoso con los franceses que encontró. En el valle del río Willamette, consideró las diferencias entre estos y los ingleses:

> Al pasar por Willamette, tuve una buena oportunidad de contrastar a colonos de diferentes países; y mientras que la mayoría de los descendientes de los franceses parecían satisfechos, felices y cómodos, los de la raza anglosajona mostraron más desempeño comercial e ímpetu, un principio tan en boga en nuestra casa.[279]

Para el comandante los franceses estaban acomodados, satisfechos y, por lo tanto, eran menos activos. En cambio, los ingleses eran inquietos, emprendedores y hombres con iniciativa. Podría decirse que los grupos que encontró, nativos, franceses, hispanoamericanos, etc., y en consecuencia los juicios que emitió sobre ellos, sirvieron para que el capitán fortaleciera su opinión sobre la raza anglosajona, la más apta, activa e impetuosa del globo, cuya circunnavegación estaba a punto de completarse.

Es verdad que los estadounidenses ya tenían información sobre el lugar, proveniente de comerciantes y viajeros que habían llegado hasta ese lugar desértico. Ahora, el trabajo científico de la U.S. Exploring Expedition se encargaba de recopilar y organizar los conocimientos adquiridos sobre la región.

---

[279] Wilkes v4 383. *"In passing through the Willamette, I had a good opportunity of contrasting the settlers of different countries; and, while those of French descent appeared the most contented, happy, and comfortable, those of the Anglo-Saxon race showed more of the appearance of business, and the "go-ahead" principle so much in vogue at home."*

Pesca de salmón en las cataratas del río Willamette, por Joseph Drayton.[280]

### 6.3.2 Alta California: raza anglosajona *versus* raza española.

Después de cinco meses en Oregón, la expedición se dirigió hacia Alta California, donde permanecieron unos 50 días. Tan pronto como desembarcaron, Wilkes envió un oficial para que se presentara frente a las autoridades locales. Si, en Sudamérica, Wilkes no escatimó sus críticas emitidas con respecto a los peruanos y a las condiciones de la ciudad de Lima, en la costa Oeste de Norteamérica, el comandante les dedicó inclementes comentarios a los habitantes de Alta California, por entonces, provincia mexicana. El texto de la narrativa de viaje oscila entre las notables posibilidades de la región y el lamentable "bajo nivel" de los mexicanos. Esta imagen fue construida a partir de un amplio abanico de conjeturas y descripciones de locales, cuyo lugar común iba desde la apariencia de los

---

[280] Wilkes v4 370.

individuos, pasando por su historia, llegando hasta la mala organización del gobierno.

> Aunque estuviera preparado para la anarquía y la confusión, me sorprendí cuando encontré una total ausencia de gobierno en Alta California. [...] Me resultó muy difícil obtener buenas informaciones sobre el lugar. El país, en nuestra visita, y desde hacía algunos años, estaba en estado de revolución y, como suele suceder en casos de circunstancias similares, ha estado envuelto en la anarquía y la confusión, sin leyes ni seguridad para las personas y las propiedades. El país está experimentando cambios frecuentes, que son difíciles de entender o describir.[281]

Cuando Wilkes estaba en México, el país estaba atravesando serias luchas de poder por el Estado nacional. Como en otras regiones en las que desembarcó, el comandante elaboró algunas páginas sobre la historia del lugar, pero, a diferencia de los demás países de América donde se encontraba, se preocupó por la historia de la Alta California. Optó por referirse a la región, más que al país, aunque esporádicamente se remitiera a México en general. Además de la dificultad para entender la política local, como dijo el capitán, la opción de dedicarse a la Historia de Alta California, y no a la de México, señala el específico interés de Estados Unidos en esa región de la costa Oeste.

Cuando se refirió a Brasil, el comandante evaluó que en el país existía una superposición de aspectos de atraso y modernidad; los vestigios del período colonial convivían con las innovaciones típicas de los

---

[281] Wilkes v5 162-164. *"Although I was prepared for anarchy and confusion, I was surprised when I found a total absence of all government in California (…). I found it very difficult to obtain accurate information in relation to Upper California. The country, at the time of our visit, and for several years previous, had been in a state of revolution; and, as is often the case under similar circumstances, was involved in anarchy and confusion, without laws or security of person and property. It is undergoing such frequent changes, that it is difficult to understand or describe them."*

países recién independizados. Francamente, hizo consideraciones negativas sobre aspectos del período colonial que convivían con el período post independentista. Sin embargo, procedió de manera diferente cuando se trató de Alta California. Wilkes evaluó que especialmente algunos aspectos de la Iglesia católica del período colonial eran más apropiados que los de la era nacional:

> Antes del año de la revolución en la que California se separó de España [1823], todo el país, se puede decir, estaba bajo las reglas de las misiones y de los padres que las comandaban. Habían adquirido una gran influencia sobre los indígenas, así como sobre los soldados que estaban apostados en las cárceles, como guardias y protectores de las misiones. Había 21 misiones y sólo cuatro cárceles. Afortunadamente para la región, los sacerdotes y las autoridades de las misiones eran hombres bien adaptados a su vocación: buenos modales, cristianos sinceros, ejercían una influencia saludable en todos los que se les relacionaban. [...] Cuando comenzó la revolución, se negaron a tomar partido por el nuevo gobierno: muchos, como resultado, dejaron las misiones y se retiraron del país, y algunos han muerto desde entonces.[282]

El comandante se refería a la región de California (Alta y Baja), pero terminó abarcando todo México. En su percepción, el orden y la estabilidad que allí imperaban, fruto del trabajo de las misiones jesuitas,

---

[282] Wilkes v 5 172-173. *"Previous to the year of the revolution by which California was separated from old Spain (1823) the whole country may be said to have been under the rule of the missions, and the padres who were at their head had acquired a vast influence over the Indians, as well as amongst the soldiers who were placed in the presidios as the guards and protectors of the missions. There were twenty-one missions, and only four presidios. Fortunately for the country, the padres and rulers of the missions were men well adapted for their calling: good managers, sincere Christians, they exerted a salutary influence over all in any way connected with them. (…) When the revolution broke out, they declined taking the oath to the new government: many, in consequence, left their mission and retired from the country, and some of the others have since died."*

en el período que precedió al nacional, eran más razonables que las que "verificó" en 1841. Distante del centro de poder, situado en la Ciudad de México, para Wilkes California reunía extranjeros, incluso los estadounidenses:

> Durante los años anteriores, muchos extranjeros se establecieron en California y participaron en sus asuntos. Había nativos de todos los países; y entre ellos estaban los de Estados Unidos, que habían dejado su vida como cazadores y comerciantes de pieles, algunos vivían en las Montañas Rocosas y el río Columbia, mientras que otros provenían del mismo México. Estas personas eran naturalmente inquietas y estaban dispuestas a participar en cualquier cosa que les produjera estímulo; audaces e intrépidos en su disposición, no podían quedarse callados ante lo que estaba sucediendo en California y ahora se unieron e instigaron la oposición al gobernador. Ellos [los opositores] argumentaron que California debería formar un estado libre, declarando su independencia de México, que no tenía capacidad para gobernar el lugar.[283]

El comandante se refería a 1836, cuando los extranjeros, insatisfechos con las acciones del gobernador Nicolás Gutiérrez, propusieron la independencia de California. Entre los estadounidenses, lideraba el movimiento Isaac Graham, de Kentucky, y, entre los locales, Mariano Guadalupe Vallejo. Según Wilkes, los dos fueron incapaces de movilizar a los

---

[283] Wilkes v5 175. *"During preceding years, many foreigners had settled in California, who had taken a part in its affairs. These included natives of all countries; and among them were to be found Americans, who had led the lives of hunters and trappers, some of whom had been living in the Rocky Mountains, and on the Columbia river, whilst others had come from Mexico. These persons were naturally of a restless disposition, and disposed to engage in any thing (sic) that would produce excitement; bold and reckless in their disposition, they could not remain quiet under the turn things were taking in California, and they now joined and instigated the party opposed to the governor. They argued that California ought to form itself into a free state by declaring its independence of Mexico, which had not the power to govern it."*

"habitantes indolentes e ignorantes" a su favor. En 1841, cuando la expedición estuvo en la región, el gobernador de California era Juan Alvarado. Las informaciones señalan que el gobernador sospechaba de las intenciones de la expedición, debido a la mencionada revuelta en California, el conflicto en Texas y el implacable expansionismo del Norte del país.

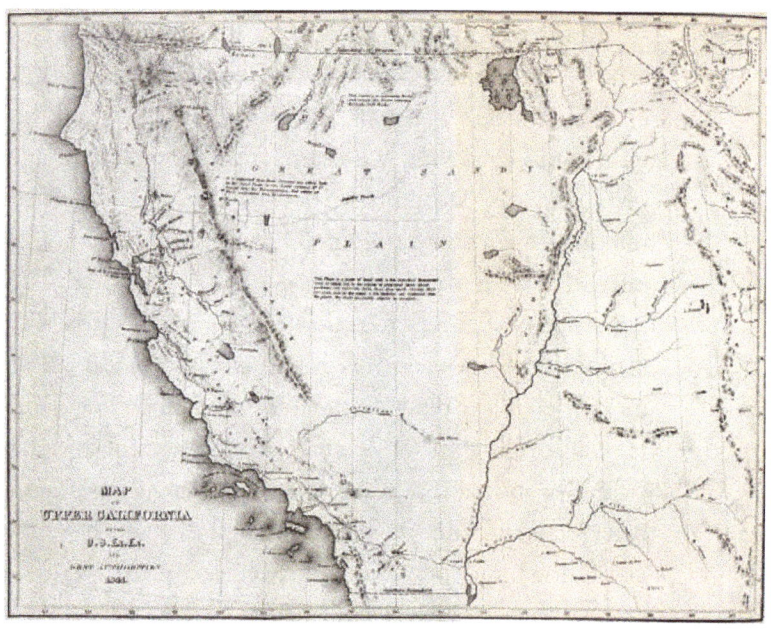

**Mapa de California.**[284]

Los inmigrantes de los Estados Unidos poblaron Texas, que en esa época también era una provincia mexicana. En 1836, el mismo año de la revuelta de California, los inmigrantes declararon su independencia de México y se convirtieron en una República independiente, conocida como *Lone Star Repúblic* (la República de la estrella solitaria). En 1846, Texas fue anexado a Estados Unidos, precipitando la guerra, en la cual, como ya lo señalé, el país latinoamericano perdió la mitad de su territorio.[285]

---

[284] Wilkes v5 161.
[285] Vásquez; Meining.

## A toda vela

No obstante, lo que interesa destacar es el hecho de que Charles Wilkes consideraba a los oriundos de Estados Unidos, situados en Alta California, hombres con iniciativa e industria. De esta forma, establecía el contraste con la reiterada "indolencia" de los mexicanos. Al referirse a estos últimos, Wilkes establecía una oposición ineludible entre unos y otros.

> Las mujeres de la comunidad son ignorantes, degradadas y esclavas de sus maridos. Se preocupan mucho por sus vestidos y hacen cualquier sacrificio a su honra para beneficiarse en nombre de sus vestimentas. Los hombres no tienen negocios propios y dependen enteramente de los indígenas y de las misiones, algunos de los cuales son bastante ingenuos, trabajan como carpinteros y herreros. Los blancos son muy indolentes y, además, consideran degradante cualquier trabajo manual; de hecho, consideran a todos los subordinados de la misma manera. Como resultado, nunca se les puede persuadir para que trabajen. Me contaron una historia sobre alguien que prescindió de la cena, aunque la comida estaba a sólo unos metros de distancia, porque el indígena no estaba cerca para alcanzársela.[286]

El comandante reprodujo ciertos estereotipos sobre los mexicanos que ya circulaban en Estados Unidos. Se les veía sucios, grasientos, mal educados y, por supuesto, indolentes. Tal descalificación, como sabemos, legitimó la avasalladora conquista que el país norteño ejerció sobre

---

[286] Wilkes v5 187. *"The female portion of the community are ignorant, degraded, and the slaves of their husbands. They are very fond of dress, and will make any sacrifice, even their own honor to gratify it. The men have no trades, and depend for everything upon the Indians at the missions, some of whom are quite ingenious, both as carpenters and blacksmiths. The whites are so indolent, and withal have so much pride, as do make them look upon all manual labor as degrading; in truth, they regard all those who work as beneath them; they, in consequence can never be induced to labor. An anecdote was related to me of one who had been known to dispense with dinner, although the food was but a few yards off, because the Indian was not at hand to bring it to him."*

México. Los hombres de industria, los de raza anglosajona, eran los más capacitados para poblar esas tierras, pero los mexicanos, no.[287] El hecho de que eran descendientes de los españoles, los desacreditaba totalmente:

> Para todos los extranjeros, excepto los de *raza española*, los indígenas en general parecían de buen humor, ya que recibieron buen trato, gentil y amable, por parte de los sacerdotes de la misión. [...] El conocimiento que [los indígenas] tienen de los californianos, de los establecimientos misioneros y de la forma de conducirlos no les permite actuar con mayor eficacia; y si no fuera por la presencia de los ingleses y estadounidenses, serían expulsados por la *raza española* para fuera del país, o estarían confinados dentro de los estrechos límites de sus aldeas.[288]

Wilkes se ubica del lado de los indígenas, de las misiones católicas del período colonial y en contra de los mexicanos. Explicaba que esos indígenas no eran salvajes, como los demás que encontró durante el viaje. Sin embargo, el hecho de defender la presencia de ingleses y estadounidenses con el motivo de proteger a los nativos, no resiste la menor explicación. Es innecesario recordar que los indígenas fueron los mayores perdedores en la conquista territorial que llevó a cabo Estados Unidos, junto a los mexicanos que perdieron la mitad de su territorio. Los que no sucumbieron a las enfermedades, o a las balas de la caballería, fueron confinados en reservas destinadas a tal fin. Pero lo que me interesa discutir en

---

[287] Al respecto de las imágenes negativas sobre los mexicanos que circulaban por los Estados Unidos durante la primera mitad del siglo XIX: León; Johannsen.

[288] Wilkes v5 186. El subrayado es mío. *"To all strangers but those of the Spanish race, the Indians seen in general well disposed, as they have usually received from the former considerate and kind treatment. (...) The knowledge they have of the Californians, of missionary establishments, and the manner of conducting them enable them to act more effectively; and if it were not for the presence of the English and American, they would either drive the Spanish race out of the country, or confine them to the narrow limits of their village."*

relación a este fragmento es menos la cuestión indígena y más cómo Wilkes se refirió a los mexicanos. Nuevamente, la ascendencia española y portuguesa no favoreció a los habitantes de Iberoamérica, con la única excepción de Chile, que, según el comandante, mantuvo la estabilidad política y adoptó hábitos europeos.

Reiterando, vale destacar que lo que el comandante señalaba como "una raza" carecía de precisión: podía abarcar a todos los negros, una tribu, una nación. Además, se refería a la raza de los anglosajones para hablar de los ingleses y sus descendientes, y a la raza española para referirse a los españoles y sus descendientes.

**Indígenas jugando en Sacramento, California**[289]

Sin lugar a dudas, las ideas de raza estaban íntimamente ligadas a la esclavitud que asolaba al país y a la expansión territorial de Estados Unidos. La certeza de la supremacía de la raza anglosajona movió las iniciativas de la conquista. Cabe señalar que no sólo Estados Unidos estaba interesado en California, sino que los ingleses y franceses también codiciaban esos dominios de clima templado y el puerto de San Francisco, considerado por Wilkes como uno de los "mejores del mundo".

---

[289] Wilkes v5 228.

> Alta California puede presumir de tener uno de los mejores, si no el mejor, puerto del mundo, el de San Francisco. [...] Pocos son más extensos o podrían defenderse más fácilmente como él. Las flotas combinadas de todas las potencias navales europeas podrían atracar en ese puerto al mismo tiempo.[290]

Alta California reunía muchas condiciones favorables: clima agradable, suelo apto para el cultivo de maíz y uva, pastos para la cría de ganado, buenos ríos para la pesca del salmón y, sobre todo, el mejor puerto del mundo: buena profundidad, amplio, seguro y protegido. El puerto de San Francisco también era el lugar ideal para que zarparan barcos hacia Asia. No en vano Inglaterra, Francia y Estados Unidos aspiraban a poseer la región. También era conocida la presencia rusa, identificada por inmigrantes y particularmente por Fort Ross, al Norte de la Bahía de San Francisco. Wilkes escribió sobre el tema:

> El primer establecimiento en Bodega lo hicieron los rusos en 1812, con el permiso del entonces gobernador de Monterey, para construir unas pequeñas chozas para salazón de carne. Un pequeño número de hombres supervisó este negocio, que creció en pocos años, hasta que el lugar se volvió muy importante a los ojos de las autoridades españolas. Se les ordenó abandonar la colonia después de que los rusos intentaron establecerse en San Francisco. Éstos se negaron y se volvieron demasiado fuertes para ser removidos por la fuerza española. Permanecían imperturbables hasta el momento de nuestra visita.[291]

---

[290] Wilkes v5 168. *Upper California may boast of one of the finest, if not the very best harbor of world, that of San Francisco. (…). Few are more extensive or could be readily defended as it; while the combined fleets of all the naval powers of Europe might moor in it.*

[291] Wilkes v5 191. *"Bodega was first established by Russians in 1812, under a permission of the then governor of Monterey, to erect a few small huts for salting their beef. A small number of men*

## A toda vela

Bodega es un puerto en el interior de la bahía de San Francisco. El Fuerte Ross fue vendido a un mexicano de origen suizo en 1841, después de que el negocio que los rusos estimularon allí, especialmente el comercio de pieles, disminuyó drásticamente.

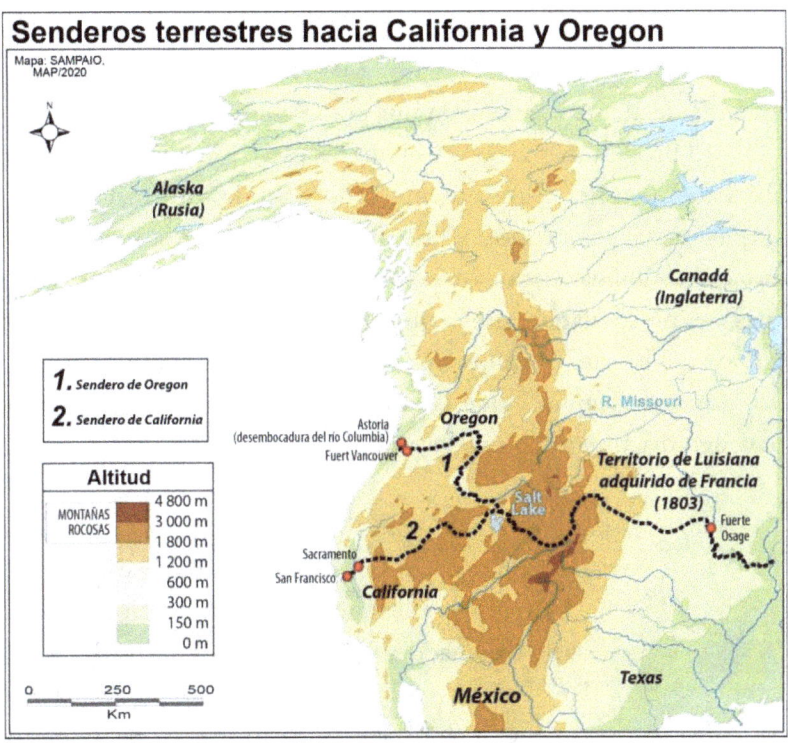

**Senderos terrestres hacia California y Oregón.**

Los estadounidenses llegaron a California por tierra y por mar. Y resultaba más fácil hacerlo de esta última manera, atravesando el Cabo de Hornos. Cabe imaginarse la magnitud de los obstáculos que había que

---

*were left to superintend this business, which in a few years increased, until the place became of such importance in the eyes of the Spanish authorities, that on the Russian attempting to establish themselves at São Francisco, they were ordered to leave the country. This they refused to do, and having become too strong to be removed by the Spanish force, they had been suffered to remain undisturbed until the time of our visit."*

superar para llegar al Pacífico a través de las Montañas Rocosas. Wilkes describió las rutas terrestres, que le fueron relatadas por un tal Dr. Marsh, a quien el comandante consideraba muy inteligente y con quien estaba en deuda por las numerosas informaciones que recibió sobre esa provincia de México. Es notable destacar que Wilkes indicó rutas terrestres que probablemente el gobierno de los Estados Unidos desconocía. Finalmente, concluye: "Muchos de los de Estados Unidos están comenzando a establecerse en esa parte del país, y no pasará mucho tiempo antes de que se convierta, de alguna manera, en una colonia estadounidense."[292]

El propósito era claro y el interés estaba manifiesto. Ciertamente, Wilkes fue instruido para obtener todo tipo de informaciones sobre el lugar, averiguar los propósitos de otras naciones en la región e informar sobre las posibilidades que ofrecía la misma. Al respecto, no mantuvo reservas y expresó claramente lo que creía que sucedería en la costa NO de América del Norte. Termino este capítulo con un fragmento que considero muy significativo y que, en mi perspectiva, refleja sintéticamente lo que vengo discutiendo hasta ahora.

> *La situación en Alta California provocará su separación de México en pocos años.* [...] Es muy probable que esta región se una a Oregón con la que puede formar un Estado, y que estaría destinada a controlar los destinos del Pacífico. Este futuro Estado admirablemente situado puede convertirse en una poderosa nación marítima, con dos de los mejores puertos del mundo, Juan de Fuca y San Francisco. Estas dos regiones tienen todo para crecer y mantener vínculos con la Polinesia, así como con los países de América del Sur, por un lado, y China, Filipinas, Nueva Holanda y Nueva Zelanda, por el otro. Dentro de unos años se puede incluir a Japón. Los diversos tipos de clima proporcionarán los materiales necesarios para un beneficioso intercambio de productos

---

[292] *"Several Americans from the United States are beginning in settle in this part of the country, and it will not be long before it becomes, in some respects, an American colony."*

que, a su debido tiempo, se volverá inmenso. Si bien esta costa occidental disfruta de un clima en muchos aspectos superior a cualquier otro en el Pacífico, *para ser poseída como debería ser por la raza anglo-normanda*, y no encontrando rivalidades, aparte de los indolentes habitantes de clima cálido, evidentemente está destinada a ocupar un gran espacio en el futuro de la historia mundial".[293]

La costa oeste de América del Norte era considerada estratégica. Desde allí, se podía tener control sobre una vasta área del Pacífico, repleto de islas habitadas por polinesios, además de la facilidad del libre flujo de navíos, –"sin competencia"–, hacia Asia y América del Sur. Wilkes primero imaginó un futuro para la región, casi un jardín de placeres, el único impedimento eran los indolentes habitantes de los climas cálidos: los mexicanos. Para él, era casi un derecho de la raza anglo-normanda apropiarse de la región, debido a su liderazgo, ímpetu, aptitud e industria. Desde la perspectiva de nuestro comandante, los mexicanos definitivamente no eran un rival a la altura de la raza anglosajona.

El discurso de Charles Wilkes es nítidamente revelador de la cultura imperialista que se estaba apoderando de Estados Unidos, a pesar de la oposición que también existía en el país con respecto a la vertiginosa conquista territorial y las iniciativas en el exterior. El texto del capitán fue elaborado en base a un claro y delimitado lugar de enunciación. Escribió

---

[293] Wilkes v5 182-183. El subrayado es mío. *"The situation of Upper California will cause its separation from Mexico before many years (...) It is very probable that this country will become united with Oregon, with which it will perhaps form a state that is destined to control the destinies of the Pacific. This future state is admirably situated to become a powerful maritime nation, with two of the finest ports in the world, - that within Juan de Fuca and San Francisco. These two regions have, in fact within themselves everything to make them increase, and keep up an intercourse with the whole of Polynesia, as well as the countries of South America on the one side, and China, The Philippines, New Holland, and New Zealand, on the other. Among the latter, before many years, may be included Japan. Such various climates will furnish the materials for a beneficial interchange of products, and an intercourse that must, in time, become immense; while this western coast enjoying a climate in many respect superior to any other in Pacific, possessed as it must be by the Anglo-Norman race, and having none to enter into rivalry with it but the indolent inhabitants of warm climate is evidently destined to fill a large space in the world's future history."*

como un oficial superior de la Armada de los Estados Unidos. Se ubicó en un lugar de poder y, desde esa posición, juzgó a los pueblos que conoció a lo largo de los cuatro años que duró su viaje. Charles Wilkes evaluó a los "demás estadounidenses" desde un lugar de autoridad. Este lugar, el nivel superior en el que se ubicaba, estaba íntimamente relacionado con el hecho de que consideraba que la mayoría de los blancos estadounidenses pertenecían a la preeminente raza anglosajona.

# 7

## UNA ESCUELA EN EL MAR: EL VIAJE EXPLORADOR Y LAS EXPECTATIVAS DE OFICIALES Y MARINEROS

*A life on the ocean wave
and a home on the rolling deep.*[294]

En 1837, mientras la U.S Navy preparaba los seis navíos para el viaje exploratorio, se le atribuyó a Charles Wilkes realizar el mapeo del área sumergida ubicada en las cercanías de Boston, conocida como George Bank. El joven Charles Erskine, que contaba con unos 15 años, comenzó a trabajar con el capitán. Para ingresar a la Marina, necesitaba la autorización de su madre, quien se mostraba reacia en permitirle a su hijo que se aventurara más allá de las playas de Boston. Después de mucha insistencia, Erskine obtuvo la aprobación y se convirtió en grumete (*cabin boy*), uno de los rangos más bajos entre los marineros, encargado de la limpieza y de servir en los camarotes de los oficiales. En 1838, estaba a bordo del velero Vincennes para realizar la circunnavegación científica. Durante esos cuatro años, fue ascendido a marinero (*ordinary seaman*). Con la ayuda de un marino más calificado, Erskine aprendió a leer y a escribir, también durante el viaje, copiando palabras que le resultaban importantes. La primera que escribió fue *mother*.

Según Nathaniel Philbrick, había 346 hombres en la expedición, incluidos científicos y artistas.[295] A lo largo del camino, ese número fue variando, debido a las muertes, deserciones, etc., pero también debido a nuevas inclusiones. Por ejemplo, estando en Río de Janeiro, Charles Wil-

---

[294] "Una vida sobre las olas del océano y una casa en su abismo". Primeros versos de una canción de la época, de Henry Russel y Epes Sargent (1813-1880) –"A life on the ocean wave", (Una vida sobre las olas del océano), citada por el marinero Charles Erskine–.

[295] Philbrick 2003 XVII.

kes decidió contratar treinta hombres más. Tuvo que solicitarle autorización al comodoro Nicholson, al mando del escuadrón en Brasil, anteriormente citado, y que estaba anclado en el puerto de Rio de Janeiro.

Entre los marineros había hombres de distintas nacionalidades, ya que algunos eran contratados en los puertos donde atracaban los barcos. Pero otros fueron seleccionados cuidadosamente; fue el caso, por ejemplo, del nativo de Nueva Zelanda, el maorí John Sac, quien fue reclutado en los Estados Unidos porque podía servir como mediador entre oficiales y grupos nativos en el Pacífico. Los relatos a los que me dediqué describen a un hombre con el cuerpo y el rostro tatuados. Sac había sido llevado a los Estados Unidos por un capitán para "exhibición" y había vuelto al Pacífico como intérprete, junto con la expedición.[296]

Para los objetivos de investigación he considerado los 346 hombres citados por Philbrick. La mayoría eran marineros (*ordinary seaman* o *seaman*), además de los contratados para ejercer oficios específicos, tales como carpinteros, calafateadores, toneleros y cocineros. Hay muy pocos registros sobre la vida de estos hombres a bordo y sobre sus expectativas, ya que la documentación analizada, en particular el informe oficial del viaje, tenía como ejes describir otros lugares y detallar los resultados del trabajo científico (que incluía oficiales y científicos).

Aunque la circunnavegación de la U.S. Navy haya sido cuidadosamente planeada, no le resultaba fácil a esos hombres, ni a todos los que estaban comprometidos en viajes de larga distancia, completar un viaje de cuatro años. Tenían que someterse a una alimentación poco nutritiva, sufrían por la falta de alimentos frescos y se veían obligados a mantener malas condiciones de higiene. Si ese tipo de viaje le resultaba complicado a militares y a científicos –que debían enfrentar situaciones extremas, como lo fue pasar por el Cabo de Hornos, intercaladas con periodos de exasperante calma sin los vientos necesarios para una buena navegación— la situación era mucho peor para los marineros que, además de las vicisitudes mencionadas, sufrían con la posibilidad de trágicos accidentes en la vida diaria (no era raro que un hombre del mar tuviera alguna parte del

---

[296] Stanton 1975 117. Sobre el alistamiento en Brasil durante la primera mitad del siglo XIX: Jeha.

cuerpo amputada). Además, se encontraban bajo estrictos controles jerárquicos, muchas veces subordinados a arbitrarias órdenes de mando. Como ya lo mencioné, no resulta fácil identificar en las fuentes, las huellas del día a día y del trabajo: ellas aparecen ocasionalmente, en las entrelíneas o de forma fragmentada y enrarecida.

Me he valido de los indicios encontrados, en menor medida, en la narrativa de la U.S. Exploring Expedition, escrita por Charles Wilkes y, con mayor asiduidad, en los relatos de viaje de un aspirante a oficial (*midshipman*), llamado William Reynolds, y en el del marinero antes mencionado (*ordinary seaman*), Charles Erskine. El primero se enfrentó al comandante y el segundo, tras recibir un violento castigo, guardó serios resentimientos contra el mismo a lo largo de su vida.

Si en el anterior capítulo he analizado la narrativa del viaje de Wilkes, acompañando el modo en que el comandante describió e imaginó las Américas, aquí navegaré en otras aguas, recurriendo de un modo diferente a los relatos de viaje.[297] En primer lugar, me propuse rastrear en los tres textos, las expectativas de aquellos hombres que embarcaron en la U.S. Exploring Expedition; en segundo lugar, detectar pistas y evidencias de la vida a bordo, con la intención de mostrarle al lector algunos de los conflictos y sociabilidades que afectaron a esos hombres a lo largo de esos cuatro años;[298] y, por último, relacioné el presente capítulo con el anterior y brevemente muestro cómo, el marinero y el aspirante a oficial, concibieron a las Américas en sus informes de viaje, indicando incluso el papel que ellos consideraban que le cabía a Estados Unidos en el mundo que visitaban.

Al comienzo del viaje, Charles Wilkes emitió órdenes expresas de que todos los oficiales llevaran un cuaderno de bitácora y que tales notas le fueran entregadas al capitán cuando terminara el viaje. Formaba parte del contrato entre la cúpula de la Armada y los participantes de la expedición, que absolutamente todo lo que fuera escrito y anotado en los veleros

---

[297] Leite; Franco 2010 62-86. Disponible en: http://historia.fflch.usp.br/sites/historia.fflch.usp.br/files/CSP2.pdf. Accesado 12/07/2021.
[298] Ginzburg.

se le entregara a Wilkes. Al igual que otros viajes estratégicos del mismo tipo, la U.S. Navy pretendía tener un control total sobre los productos del viaje. La información anotada por los oficiales y posteriormente recolectada por Wilkes, alimentó la narrativa escrita por el capitán, aspecto ya comentado en los capítulos anteriores.

A pesar de las órdenes de la U.S. Navy, el aspirante a oficial William Reynolds mantuvo dos diarios: uno oficial (*log-book*) que le entregó a Wilkes al final del viaje, y otro que mantuvo en secreto con él mismo. Escrito en forma de diario, este segundo texto revela algunos aspectos de la vida cotidiana a bordo. Lo encuentro especialmente interesante por el hecho de haber atravesado el tiempo y llegado hasta nuestros días sin la censura impuesta por la U.S. Navy. El documento fue entregado a una biblioteca en Lancaster, ciudad de Reynolds, Pensilvania, años después del viaje y por parte de sus parientes.[299] El manuscrito del diario de viaje de William Reynolds se puede encontrar en la *Special Collection of the Shadek-Fackenthal Library* del *Franklin and Marshall College*, localizado en dicha ciudad. Thomas Philbrick, historiador y padre del también historiador Nathaniel Philbrick, transcribió el manuscrito de Reynolds, que se encontraba en bastante mal estado.[300]

Además de este relato de viaje, Reynolds le escribió cartas a sus familiares, que fueron publicadas por una hermana y también se revelaron útiles para la construcción del presente capítulo.[301] La correspondencia de Charles Wilkes, por otro lado, está microfilmada y se encuentra disponible al público en la División de Manuscritos de la Biblioteca del Congreso de los Estados Unidos. Si bien fueron consultadas las cartas del período de la expedición, desde mi punto de vista, fueron los relatos de viaje los que más informaron sobre el tema en cuestión, más aún que la correspondencia aquí verificada.

---

[299] El bibliotecario, Michael R Lear, gentilmente me envió ese texto transcripto en archivo PDF.

[300] En este capítulo utilizo principalmente el manuscrito que transcribió Philbrick, y a partir de este momento será citado de la siguiente manera: Reynolds. Vale destacar que el propio Thomas Philbrick y su hijo, Nathaniel Philbrick, editaron el manuscrito supra citado, suprimiéndole algunas partes, publicado por Penguin.

[301] Cleaver.

A su vez, el marinero Charles Erskine, para escribir su narrativa, leyó la de Charles Wilkes con la intención de "refrescar la memoria". Erskine escribió su relato 50 años después del viaje y lo publicó recién en 1890. A pesar de haberlo hecho tantos años después, nos informa sobre algunos aspectos de la vida a bordo, aunque, como ya lo mencioné, está atravesado por la narrativa de Wilkes, particularmente en lo que atañe a las descripciones de los lugares visitados. En algunos pasajes, Erskine usa los mismos términos y expresiones que fueran utilizadas por el comandante.

### 7.1 - Charles Erskine: de "*cabin boy*" a marinero.

En *Twenty years before the mast,* Erskine nos cuenta que nació en Roxbury, cerca de Boston, en 1822.[302] Su padre era descendiente de escoceses, y Erskine recién lo conoció cuando cumplió 30 años. En 1823 su familia vivía modesta y decentemente, él tenía seis hermanos y su padre, que trabajaba con cueros, era alcohólico. Ese año, abandonó a la familia y la madre tuvo que trabajar arduamente para mantener a los hijos, preocupándose para que pudieran encontrar empleo desde una edad temprana. Erskine vivía en el puerto de Boston, escuchando historias sobre lugares distantes y aprendiendo sobre la vida en el mar. Cuenta en su relato, que fue contactado por un agente de la U.S. Navy para trabajar en la Armada. Sin embargo, los primeros viajes que hizo, ocurridos antes del viaje de la U.S. Exploring Expedition, cuando él contaba con apenas 13 años, fueron hacia el sur de los Estados Unidos y a las Indias Occidentales, en barcos pesqueros.

Según Wilkes, Erskine era un joven muy bonito, de piel clara y con bellos ojos azules. En su propio relato, él demostraba afecto por su madre y decía, sobre sí mismo, que no era "uno de los mejores muchachos de Boston", pero afirmaba que tenía la mejor madre del lugar.

---

[302] En este capítulo utilizo el facsímil del relato de Erskine, editado por Smithsonian Institution, publicado en 2006 y citado: Erskine. Existe otra edición muy bien cuidada, organizada por Thomas Philbrick, con una buena introducción al libro y con importantes informaciones sobre el autor, publicada en 1985.

En su relato, Erskine insistía en que él siempre fue un buen muchacho, ingenuo, cariñoso y devoto de su madre. Wilkes, en su autobiografía, escrita antes de la publicación del relato de Erskine, informaba que, debido a ciertos "malos hábitos", él era "*too much for her*", la madre.[303] Si hubo malos hábitos, cuáles fueron y si Erskine o Wilkes tenían razón, nunca lo sabremos. Lo que sí es cierto, como veremos, es que el capitán azotó duramente al muchacho y éste se sintió amargamente resentido contra Wilkes durante toda su vida.

**Imagen de Charles Erskine
publicada en *Twenty Years Before the Mast*.**

Erskine era analfabeto, y cuando llegó a Río de Janeiro, decidió aprender a leer y a escribir. Con la ayuda de un marinero más experimentado, comenzó a copiar las palabras que más le interesaban. Como ya lo mencioné, la primera de ellas fue *mother*. Estando en el Pacífico, ya podía

---

[303] Wilkes 1978 331.

reconocer y escribir otras palabras. En Honolulu, Hawaii, redactó la primera carta a su madre.[304] Al comienzo de sus memorias de viaje, escribió: "el mundo fue mi escuela, y del libro de la naturaleza recolecté todas mis lecciones".[305] Durante el viaje, cuando podía, le enviaba dinero a su familia en Boston.

Después de algunos meses de haber embarcado, Erskine fue promovido a marinero (*seaman*). Muy satisfecho con el logro, decía que había ascendido de muchacho a hombre, pasando a ganar diez dólares, en lugar de ocho. Reproduzco a continuación, en inglés, el texto de Erskine en el cual él no encontraba palabras que rimaran para poder expresar su gran alegría: *Just so, to be raised from a boy to man – from eight dollars to a ten – is not so bad, after all, is it?*[306]

Erskine no sólo aprendió a leer y escribir, sino a rimar. Según el historiador Marcus Rediker, en el siglo XVIII, capitanes, jefes y pilotos debían dominar los principios de la navegación, mientras que el resto de los marineros, no.[307] Sin embargo, los relatos que analicé muestran que la proximidad que esos hombres tenían entre sí durante la convivencia en los navíos, hacía posible que ocurrieran algunos aprendizajes, más allá de lo que era esperado para tal o cual función. Veremos que Erskine demostró no sólo su perseverancia para aprender las primeras letras, sino que también manifestó un deseo genuino por saber más sobre los principios de la navegación.

Un marinero que dominase sólo los rudimentos de la escritura, nunca llegaría a ser oficial. Este era un cargo que le pertenecía a quien había estudiado en la escuela naval, generalmente un *gentleman*. Sin embargo, Erskine pasó de grumete (*cabin boy*) a marinero. En general, el trabajo seguía siendo duro, pero existía la posibilidad de mejorar el nivel –y el salario– con la adquisición de ciertas habilidades, en la carrera de los marineros.

---

[304] Philbrick 2003 234.
[305] Erskine.
[306] Erskine.
[307] Rediker 87.

**Marinero descalzo. Alfred T. Agate (1840)**[308]

Después de experiencias en el ámbito de la U.S. Navy y de la Marina Mercante, en 1850 Erskine abandonó su vida en el mar y se dedicó a trabajar como pintor, profesión que compartía con uno de sus hermanos. De anciano, ayudó con el servicio religioso de la ciudad.[309] Se casó dos veces, tuvo dos hijos y falleció en 1900, a los 78 años.

### 7.2 - William Reynolds: de guardiamarina a segundo oficial.

William Reynolds tenía 22 años cuando los navíos de la U.S. Exploring Expedition partieron de los puertos de la costa Este de los Estados Unidos, en 1838. Segundo de ocho hermanos, era guardiamarina (*midshipman*) –o aspirante a oficial–, pero anhelaba llegar a segundo oficial

---

[308] *"Sailor with bare feet."* Imagen disponible en la página oficial del Naval History and Heritage Command:
https://www.history.navy.mil/content/history/nhhc/our-collections/art/exhibits/exploration-and-technology/alfred-agate-collection/18390/rio-janeiro--brazil/sailor-with-bare-feet.html. Accesado 12/07/21.

[309] No fue posible descubrir a cuál facción protestante perteneció Charles Erskine.

(*second oficial*), lo antes posible. Los padres de Reynolds eran de ascendencia escocesa e irlandesa y formaban parte de una familia de buena posición en Lancaster, Pennsylvania.[310] Su padre, John Reynolds, trabajaba con un Banco de Lancaster y luego compró el *Lancaster Journal*, un semanario que funcionó entre 1820 y 1834. En la época del viaje exploratorio, John estaba trabajando con el negocio de la fundición Cornwall Iron Furnace.

Aunque pertenecía a una familia de renombre en la ciudad, Reynolds, al igual que otros oficiales, comenzó como aspirante, pero cuando subió al velero de la expedición, estaba seguro de que llegaría al puesto que ambicionaba. Era bien calificado para la función, sin embargo, la "vacante" apareció sólo unos años después de haber empezado el viaje. Reynolds declaró, en 1841, en su relato personal, cuando los veleros ya estaban en el Pacífico: "Pasé mi cumpleaños tranquilamente, pero tomé una copa desbordante de champán con todos a bordo. Veinticinco años, nueve de ellos aún en servicio como un mísero guardiamarina."[311]

Reynolds afirmó que no se había sumado a la expedición en busca de un sueldo, sino de lo que el viaje podía ofrecerle: ascender a otro puesto dentro de la jerarquía militar. Por tal motivo, en medio del viaje, estaba resentido por el hecho de continuar siendo un aspirante a oficial. Aun así, Reynolds pudo concluir esos cuatro años ocupando el puesto que tanto deseaba (finalmente pudo cargar la insignia de oficial) y llegó al final de su carrera como almirante.

Es importante señalar que este último hecho ocurrió después de 1862, en plena Guerra Civil (1861-1865), cuando la U.S. Navy instituyó ese cargo. Durante las primeras décadas después de la independencia, los hombres de la joven República, consideraban al almirantazgo un cargo demasiado vinculado a la Monarquía. Los altos puestos de la Armada eran ocupados por "*capitanes de alto rango*". Además, algunos de ellos recibían el

---

[310] Algunas informaciones sobre la familia de William Reynolds pueden encontrarse en la página de la Special Collection of the Shadek-Fackenthal Library de la Franklin and Marshall College, que conserva la documentación de la familia Reynolds. Disponible en: https://library.fandm.edu/c.php?g=940538&p=6778551 Accesado 12/07/2021.

[311] "*My birth day passed quietly, but I drank a bumper of Champaigne to all hands at home. '25 years old – was 9 years in the Service & a miserable Midshipman still*". Reynolds 570.

título de comodoro.³¹² La jerarquía de la U.S. Navy comprendía los rangos de Capitán (*captain*), Comandante Maestro (*master commandant*), Teniente Capitán (Lieutenant) y Guardiamarina (*midshipman*). Charles Wilkes dirigió la expedición con la insignia de Teniente Capitán en su uniforme, aunque anhelaba ser elevado al cargo de Comodoro cuando estuviera en tierra.³¹³ Con relación al de Guardiamarina, el historiador William P. Leeman afirma:

> Entre los oficiales, había tres clases sociales distintas: en la parte superior de la jerarquía social estaba el capitán que ocupaba un camarote, espacioso para los estándares de la Armada. Era el único a bordo que disfrutaba de cierto grado de privacidad. Debajo del capitán estaban los tenientes (*lieutenants*), el capitán de navegación (*sailing master*), el cirujano (*surgeon*), el oficial responsable por las finanzas del viaje contador (*purser*), el capellán (*chaplain*). Estos oficiales eran considerados socialmente iguales. Cenaban juntos en el alojamiento o en la sala de los oficiales y ocupaban pequeños camarotes adyacentes a la sala antes mencionada. Debajo de estos oficiales venían los guardiamarinas que ocupaban, y se alimentaban, en la "tercera clase", un alojamiento grande y único ubicado en la cubierta de los camarotes (la que está debajo de la cubierta de los cañones), entre

---

³¹² El advenimiento de la Guerra Civil le dio impulso a la carrera profesional dentro la U.S. Navy. Desde las guerras de independencia hasta la de Secesión, el cargo de comodoro (commodore) en Estados Unidos, era un título honorario. En 1862 -cuando el Congreso votó por un cargo más alto y condecoró a nueve hombres con la insignia de almirante (rear admiral)- el cargo de comodoro fue institucionalizado por la U.S. Navy, dejando de ser apenas un título honorario para convertirse en un alto rango en la carrera de la Marina de Guerra, que antecedía al de almirante. El comodoro, en general, recibía la mitad del salario de un almirante.

³¹³ No entraré en detalles sobre la vida del comandante Charles Wilkes, como sí lo haré con Charles Erskine y con William Reynolds, porque ese trabajo ya fue realizado por Philbrick. Philbrick 2003.

la sala de oficiales y las habitaciones de los marineros. Este lugar dentro del barco dejaba mucho que desear.[314]

Inclusive ocupando "un espacio poco noble dentro del navío", acompañando la interpretación de Leeman, se esperaba que un aspirante a oficial fuera un joven *gentleman* y que se comportara como tal.[315] Reynolds no rehuyó a tales beneficios: como veremos más adelante, le satisfacían plenamente la buena mesa y los vínculos con sus iguales. Aunque algunos cargos provenientes de la época monárquica eran rechazados, vale recordar que un *gentleman*, entre los oficiales de la U.S. Navy y durante los primeros tiempos de la República, era un hombre que no se dedicaba a trabajos subordinados. En general, trabajar con las manos seguía siendo un signo de "indistinción" y un diferencial de quien pertenecía a tal o cual segmento social. Hombres que realizaban funciones como contramaestres, carpinteros, artilleros, toneleros, calafateadores, etc. se ganaban la vida trabajando con las manos. Y el marinero corriente (*ordinary seaman*), mayoritariamente analfabeto, pertenecía a los segmentos más bajos de la sociedad.

Debido a los límites impuestos para la ascensión social, provenientes del período colonial y que se mantuvieron durante la primera época de la República en Estados Unidos, surgió el ideal del *self made man*, el hombre común que construía la vida con su propio esfuerzo, en muchos casos, estableciéndose en la región Oeste del país.[316] Aun así, insisto en destacar que una línea fuertemente demarcada separaba socialmente a los oficiales de los marineros en la U.S. Navy, por más que hubiera proximidad, intercambios y aprendizajes entre ellos.

A pesar de que los estadounidenses defendían los ideales republicanos, persistían algunos hábitos culturales heredados del período colonial

---

[314] Leeman 56.
[315] Hunter.
[316] Un ejemplo paradigmático sobre este tipo ideal: Franklin. Vale recordar que Franklin era un tipógrafo vinculado al mundo de las letras y a quien le interesaban los servicios públicos. Él cuidaba personalmente de sus propios negocios y simbolizaba a los estratos medios que estaban surgiendo.

y monárquico. Como, por ejemplo, batirse a duelo, una práctica que persistió entre los oficiales, común en el el Antiguo Régimen. Durante la expedición, hubo al menos un caso de duelo entre dos oficiales. Uno de ellos fue entre Henry Wilkes, sobrino del comandante, quien se enfrentó al aspirante a oficial, George Harrison, cuando estaban en Valparaíso. No fueron aclarados los motivos de la disputa. No obstante, este tipo de enfrentamientos era condenado por la U.S. Navy.

La conducta de quien pertenecía a "las capas superiores de la sociedad", aunque se tratara de un republicano, debía seguir los principios de la ética, una disciplina interiorizada desde la infancia, evitando las indulgencias o los excesos autodestructivos. Debía cultivar la cortesía en la relación con sus iguales, los buenos modales, además de demostrar hábitos de higiene, elegancia personal y tener intereses personales refinados.[317] En la U. S. Navy, los aspirantes a oficiales debían ser instruidos por sus superiores en prácticas de etiqueta y protocolo, así como debidamente corregidos en caso de "conducta inapropiada".[318] Con relación a las aptitudes necesarias para ejercer el buen desarrollo de su trabajo, nuestro aspirante a oficial, William Reynolds, afirmó que era imprescindible poseer:

> presencia de ánimo y disposición, en todas las circunstancias, juicio impecable sobre las condiciones meteorológicas, un conocimiento profundo de las cualidades y capacidades de su barco, un ojo agudo y atento para detectar algún error que pueda haber en el rumbo, o un problema en el mástil, una infinidad de recursos sobre accidentes o cargas, y conocimientos necesarios para aplicar la fuerza física: son algunos de los requisitos que un oficial de cubierta debe poseer y ejercitar en su vida diaria.[319]

---

[317] Leeman.
[318] Leeman.
[319] Reynolds 52. *"(…) presence of mind & promptness, under all circumstances, faultless judgement regarding the weather, a thorough knowledge of the qualities and capabilities of his ship, a keen and watchful eye to detect a wrong set to a sail, or a complaining of a spar, an infinity of resources under*

Un aspirante a oficial estudiaba, en tierra, sobre prácticas de navegación y matemáticas, además, recibía clases de idiomas extranjeros, en particular francés y español.[320] Pero la experiencia a bordo era lo más importante para formar a los jóvenes que podían llegar al rango de capitán dentro de la U. S. Navy.

**William Reynolds**[321]

Reynolds prestó sus servicios en diferentes navíos de la U. S. Exploring Expedition, pero se mantuvo por más tiempo en el velero de

---

*accident or charges, and a knowledge to apply the physical force of the some of the requisites that an Officer of the Deck must possess and exercise every day of his life."*

[320] Leeman 59.

[321] La imagen es fácil de encontrar en Internet. Disponible en: https://library.fandm.edu/c.php?g=940538&p=6778551 Acceso 12/07/21.

apoyo, el Flying Fish.³²² Se quejaba del tamaño pequeño de la embarcación y de su falta de comodidad. En su relato realizó un balance de su servicio en la U. S. Navy:

> Hoy se cumplen siete años desde que fui designado guardiamarina. Durante ese período, pasé cinco años y siete meses en servicio. Dos años y seis meses en [los navíos] *Boxer* y *Peacock*, un año y seis meses en el *Potomac* y en el *Delaware*, nueve meses en la Norfolk School, haciendo mi examen en Baltimore, y enfermo en el Hospital de Filadelfia (durante ese tiempo, visité mi casa durante una semana o diez días), un mes en el *Pennsylvania*, tres meses en la ciudad de Washington y cuatro a bordo del *Vincennes*. Cuando estaba en el hospital, ciertamente no estaba de servicio, sino bajo la responsabilidad del gobierno y a su disposición. Durante un año y cinco meses estuve ausente, la mayor parte del tiempo en casa: tres meses cuando volví de la India, siete meses cuando llegué del Mediterráneo [probablemente el Escuadrón del Mediterráneo], cuatro meses después de salir del Hospital y hasta servir en el *Pennsylvania*, tres meses después de dejar la embarcación, me fui a Washington, viajé a mi casa antes de poner los pies en el Vincennes [ciertamente en 1838, comienzo de la expedición]. Entonces, si no pasa nada en este viaje, al final de los 11 o, más probablemente, 10 años de servicio [considerando los años de viaje de la U.S. Exploring Expedition], habré pasado 17 meses de todo ese tiempo con mi familia.³²³

---

³²² William Reynolds salió de Estados Unidos en el Vincennes; en 1839 pasó al Peacock; en 1840 al Flying Fish, en Honolulu; y en Singapur, cuando el Flying Fish fue vendido, fue al Porpoise: Wilkes 1845 XXXIV.

³²³ Los nombres en itálica se refieren a los navíos de la U.S. Navy. El más grande era el *Pennsylvania*, tenía 120 cañones. Reynolds 83 y 84. *"This day seven years ago I was appointed as an Acting Midshipman. Of this time, I have been on duty 5 years and seven months. 2*

Se esperaba que quienes ingresaban a la Armada se dedicasen a ella con exclusividad y que estuvieran listos para atender cualquier llamado de sus superiores. Pero Reynolds extrañaba la familia, una ausencia que trataba de compensar escribiendo cartas, como el relato al que me estoy refiriendo. Es más: sentía falta de la presencia femenina. Dondequiera que anclasen, observaba a las mujeres de diferentes culturas y sufría debido a la ausencia de la "suavidad y delicadeza" de las jóvenes.

En los puertos donde atracaban los veleros, los hombres esperaban ansiosos por noticias de sus familiares, que llegaban en otros navíos estadounidenses, militares o mercantes. Reynolds recibió sus primeras cartas sólo cuando llegó a Valparaíso, en Chile, nueve meses después de haber empezado el viaje.[324]

El oficial escribía a la luz de las velas y algunas noches a la luz de la luna. Leía cuando podía y declaraba abiertamente sus preferencias: libros sobre los descubrimientos y conquistas británicas: la Royal Navy. Reynolds, y otros, como vimos anteriormente, revelaban repetidamente su admiración por los logros de la mayor Armada del planeta.[325] Aunque expresaba su encanto por los éxitos de Inglaterra, le preocupaba la llegada de esos hombres hasta remotos rincones del planeta, especialmente en los que él juzgaba que le pertenecían a Estados Unidos, como veremos a continuación.

---

*years & 6 months in the Boxer & Peacock, 1 year & 6 months in the Potomac & Delaware, 9 months at the Norfolk School and attending my Examination at Baltimore & sick at the Philadelphia Hospital (in this period I made a visit home of a week or ten days), 1 month in the Pennsylvania, 3 months at Washington & 4 months on board the Vincennes. When I was in the Hospital, I was not on duty to be sure, but I was subject to the care & disposal of Government. One year & five months I have been on "leave of absence", mostly at home: 3 months when I returned from the East Indies, 7 months when I came from the Mediterranean, 4 months after leaving the Hospital & until I joined the Pennsylvania, 3 months subsequent to leaving her at the Expiration of which I went to Washington, making a trip home ere I put my foot on board the Vincennes. Thus, if I do not slip my cable this cruze, out of 11 or most likely 10 years service, I shall have passed but the same 17 months of that time with my family."*

[324] Reynolds 173.
[325] Reynolds 59-60.

Uniformes de la U.S. Navy (1830-1841). De izquierda a derecha: *Midshipmen* (Guardiamarina), *Boatswain´s Mate* (Ayudante de Contramaestre), *Purser* (Oficial encargado de las finanzas), *Lieutenant* (Teniente Capitán), *Captain* (Capitán) y *Boatswain* (Contramaestre).[326]

Una notable característica de Reynolds, mencionada repetidamente en su relato, fue la caza. Siempre llevaba consigo un rifle "para no

---

[326] Naval History and Heritage Command: https://www.history.navy.mil/browse-by-topic/heritage/uniforms-and-personal-equipment/uniforms-1830-1841.html. Accesado 12/07/21.

perder oportunidades". Les disparaba a las aves (patos, garzas, somormujos) y a otros animales marítimos, también buscaba mamíferos cuando estaba en tierra. Por las reglas del deporte de la época, la presa le pertenecía a quien la sacrificaba y todas iban, sin excepción, al fuego: "cocinamos todo tipo de aves que matamos, hasta halcones, las considero suaves y sabrosas sin excepción."[327] Reynolds se enorgullecía de su puntería, disparaba cuando aterrizaban o en la cubierta del velero, compensando el vaivén del mar. Fue así que, cuando estaban navegando por el extremo austral de América del Sur, nuestro oficial le disparó a un pingüino, pero un fueguino que estaba por los alrededores, en su canoa, lo capturó y se llevó el animal muerto. "Después de apropiarse de mi pingüino, se alejó remando y pronto desapareció al contornear un puntal. Por qué vino o adónde se fue, nunca lo supimos".[328]

Indignado, Reynolds soportó la "actitud inadecuada" del indígena, pero no escondió su disgusto por haberle sustraído el "premio" que le pertenecía. Vale comentar aquí un episodio en el que nuestro aspirante a oficial enfatizó la crueldad y la superstición de los marineros cuando capturaron un tiburón, apuñalándolo como si le hicieran al animal lo que él podría hacerles a los propios marineros:

> Es imposible transmitir la idea del grado de salvaje satisfacción que disfrutan los marineros en la captura y destrucción de uno de estos monstruos [tiburones]. Mientras lo torturan con todos los medios que su ingenio puede proporcionarles, se alegran mucho de su torpeza. [...]. Bromean, se ríen y hablan con la víctima como si los pudiera entender, aunque hay tanto rencor sincero en sus tonos, como hay felicidad positiva.[329]

---

[327] Reynolds 138. *"We cooked every kind of bird that we shot, even hawks, & found them sweet and savory without any exception"*.

[328] Reynolds 106-107. *"After appropriating my Penguin, he paddled away and soon disappeared around a point of land. Whither he came, or where he went, we know not"*.

[329] Reynolds 220-221. *"It is impossible to convey the least idea of the degree of savage satisfaction that sailors enjoy in the capture & destruction of one of these monsters. While they are torturing him with all the means their ingenuity can supply, they are as merry over his floundering. (...)They jest*

La ingenuidad y la superstición de los marineros se oponía a la racionalidad de los que estaban ubicados en los más altos escalones de la jerarquía interna del navío.³³⁰ De todos modos, el placer de cazar de Reynolds no era muy diferente de la catarsis de los marineros cuando se encontraron frente al tiburón, uno de los animales más temidos del mar.

Como era de esperarse, Reynolds consideraba que los marineros eran hombres rudos, toscos, supersticiosos y, por lo tanto, inferiores, aunque se compadecía de su situación de subalternidad, representada en el trabajo brazal. Aseguraba que "aprendió a endurecerse" al conocer el destino de algunos de estos hombres. Reynolds estaba en las dependencias de los guardiamarinas cuando:

> Me serví café y me senté a tomarlo de a tragos, triste porque me había perdido los filetes de tortuga que habían preparado para el desayuno. [...] Todo a la vez fue un grito, un grito sofocado de angustia y dolor, y luego muchas voces gritaron que la cabeza de un hombre se rompió entre las barras del cabrestante [máquina utilizada para izar las anclas] y el mamparo. Apoyé mi taza, fui hasta la habitación del médico que estaba durmiendo, y lo desperté. Le dije que la cabeza de un hombre había sido aplastada en la cubierta y volví a tomar mi café. No estoy exento de sentimientos, no sin ese tipo de curiosidad extraña que atrae a los hombres a mirar esos espectáculos, pero a bordo de una embarcación, se aprende a dominar los sentimientos y a no meter las narices cuando no se está de servicio. Si hubiera

---

*& laugh & talk to the victim as if he possessed understanding, though there is as much of hearty spite in their tone as there is of positive happiness."*

³³⁰ Los marineros daban por cierta la existencia de los "monstruos marítimos" y expresaban los peligros de la navegación mediante supersticiones y creencias. El tiburón representaba los peligros del viaje de larga distancia. Se creía que el tiburón circundaba los navíos cuando alguno de los marineros fuese a morir, porque el cuerpo sería arrojado al mar.

subido hasta la cubierta, habría perdido mi café, y lo necesitaba.[331]

Según Reynolds, las vicisitudes de la vida en el mar le hicieron optar por ese "distanciamiento" –o frialdad– frente a los accidentes sufridos por los subordinados de la expedición. Dentro de su lógica, hizo lo que tenía que hacer: llamar al cirujano para que atendiera al hombre, pero no fue hasta la cubierta para ver de qué se trataba o si podía ayudar. Estaba más preocupado por garantizar su desayuno que en demostrar sensibilidad por lo sucedido. Sin embargo, vale relatar que Reynolds se conmovió mucho, estuvo muy triste y demostró sus sentimientos cuando el oficial Joseph Underwood y el aspirante Henry Wilkes, sobrino de Charles Wilkes, fueron asesinados por nativos en Malolo, en las islas Fiyi.[332] Los dos episodios retratan bien el tratamiento que recibían los marineros y el que recibían los *gentlemen*, tanto los aspirantes como los oficiales.

### 7.3 - Aspectos de la vida a bordo.

El relato de Erskine nos informa sobre cómo se reproducía la jerarquía dentro de los navíos. Por ejemplo: los oficiales comían en la mesa, mientras que los marineros, separados en grupos de 12 hombres, estiraban una tela resistente (probablemente una especie de lona) en el piso y se preparaban para alimentarse con la ración que les correspondía. Erskine escribió sobre este momento de la vida a bordo de la balandra de guerra *Vincennes*, el velero más grande de la expedición comandado por el propio Charles Wilkes.

---

[331] Reynolds 452 y 453. *"I had some coffee made for me & sat down to sip it, sad because I should miss the turtle steaks that were cooking for breakfast. (…) All at once was shriek, a smothered cry of anguish & pain, and then may voices cried out that a man's head was smashed between the Capstan bars & bulkhead. I set the cup down, crossed over to the doctor's room, called him from the sleep, told him, that a man's head had ben crushed on deck and seated myself to my coffee again (…) I am not destitute of feeling, not without that strange sort of curiosity that attracts men to look upon such spectacles, but on board ship one learns to subdue his feelings & not to run his nose where he can be of no service. I had gone on deck, I should have lost my coffee, which I needed."*.

[332] Reynolds 482.

Este fue el primer barco de tres mástiles en el que serví, lo que me pareció diferente a todos los demás en los que había trabajado, como balandras, goletas y bergantines. Teníamos tres cubiertas: la del mástil, la de los cañones y la de los camarotes. Entonces, la tripulación también era muy grande: 200 hombres. Nos dividieron en 16 grupos, 12 hombres en cada uno. Fui coordinado por un oficial subalterno. Cada grupo tenía un pedazo de lona que, al abrirse en la cubierta, nos servía de mantel.[333]

Por su parte, nuestro aspirante a oficial, William Reynolds, demostró una gran satisfacción cuando, después del trabajo en el Cabo de Hornos, se sentó a la mesa con su superior, el teniente James Alden:

Esa noche nos divertimos mucho. Alden y yo nos sentamos *a la mesa* una vez más con todos los utensilios decentes para comer a nuestro alrededor, y compañeros de rango social, nos sentimos trasladados a un nuevo estado de existencia, y las copas de vino, que fluyen con el rico jugo de Madeira, fueron bebidas con honesto fervor y disfrutadas con un refinado grado de satisfacción, que se incrementó bastante mientras escuchábamos el fuerte estruendo del Gale y el fuerte golpeteo de la lluvia en la cubierta sobre nosotros. Descansé bien esa noche. Nadie me molestó y mi sueño fue dulce y

---

[333] Erskine 17. *"This was the first full-rigged ship I had ever sailed in, and it appeared different from all my other sea homes, which had been sloops, schooners, and brigs. In the first place, we had three decks – the spar deck, gun deck, and berth deck. Then, too, the crew was so large- two hundred. I was in one of the petty officer's messes. Each mess was provided with piece of canvas, - wich, when spread on deck, served as a table cloth."* El número aquí indicado por Erskine, de 200 hombres en el Vincennes, no se corresponden con los informados por Charles Wilkes. Es probable que, durante algún momento del viaje, 200 hombres hayan estado verdaderamente a bordo del Vincennes, pero esa no parece haber sido la regla durante los cuatro años que duró el viaje.

balsámico, como el de un niño. (subrayado en el original).³³⁴

En ese pasaje, William Reynolds celebró uno de los momentos en que se sentó a la mesa con un oficial de mayor rango e, igualmente importante, alguien de su mismo "estatus social". Reynolds también celebró el consumo de productos de buena calidad, entre ellos el vino y los utensilios típicos de la buena mesa. Un guardiamarina se sentaba con los oficiales de mayor rango cuando era invitado, aunque la costumbre fuera común. Formaba parte del aprendizaje sentarse con los superiores durante las comidas, "esta práctica los insertaba en los aspectos sociales de su profesión y les proporcionaba la oportunidad de aprender modales, que todos los oficiales debían exhibir".³³⁵ Los capitanes debían estar conscientes de su papel y entablar conversaciones sobre navegación, liderazgo, historia naval, tácticas y los eventos cotidianos de su trabajo.³³⁶ Tanto el navío como el viaje eran una gran escuela.

Los marineros, en cambio, tenían derecho a una determinada ración semanal de alimentos, que el supervisor iba debitando de una cuenta, según lo demandaba tal o cual producto que era consumido. Como veremos a continuación, Erskine comenta lo que recibía su grupo de 16 hombres, a pesar de que las raciones eran individuales.

> Los derechos de nuestro grupo, recibidos al final de cada mes, son los siguientes: "té, azúcar, tabaco, mostaza, pimienta, cera, jabón, hilos blancos y negros, dedal, tijeras, agujas grandes y pequeñas, botones, ollas, sartenes y cucharas de metal, otros productos de la

---

³³⁴ Reynolds 152. *"That night we had a merry time. Alden & I, seated once more at a* <u>Table</u> *with all the decent appliances of eating around us & companions of social rank, felt translated in a new state of existence, and the wine cups, flowing with the rich juice of Madeira, were quaffed with an honest fervor & relished with an exquisite degree of contentment that was rather heightened as we listened to the loud raging of the Gale & the heavy pattering of the rain on the deck above us. That night I rested well – I was no disturbed, & my sleep was sweet and balmy as a child's".*
³³⁵ Leeman 57.
³³⁶ Leeman 58.

cuenta: abrigos, mantas, colchones, chaquetas azules, pantalones azules, pañuelo de franela azul, sábanas, metros de tela gruesa, bufandas negras, cintas negras, calcetines, zapatos".[337]

Los hombres también tenían derecho a determinadas cantidades de carne (vacuna y porcina), arroz, pan, manteca, harina, arvejas, melaza, vinagre y bebidas alcohólicas. Ciertamente estos derechos estaban condicionados a las posibilidades de alimentación disponibles en determinadas paradas de los buques. Como sabemos, Río de Janeiro era un puerto importante no sólo para la reparación de embarcaciones, sino porque representaba una gran oportunidad de abastecer a los veleros con todo tipo de productos. Entre los más interesantes se destacaba la harina de mandioca, muy buscada por los marineros debido a su durabilidad. No fue posible verificar si las embarcaciones de la U.S. Exploring Expedition fueron abastecidas con tal mantenimiento, pero es muy probable que sí lo hayan sido.

Aquellos hombres trabajaban entre 10 y 14 horas diarias, y aunque la jerarquía era rígida y los marineros eran rigurosamente controlados, ellos encontraron formas de protestar. Por ejemplo, Erskine y otros de su grupo decidieron hacer un *"Tea Party"*, refiriéndose a uno de los episodios más comentados del período de luchas por la independencia de las trece colonias británicas, en 1773. Debido a los impuestos que los ingleses le aplicaban al té, los colonos tomaron los navíos amarrados en el puerto de Boston y arrojaron las hierbas por la borda, al mar.[338] Erskine le informó al lector que, debido a la baja calidad y el alto costo, decidieron no pedir más el producto, además del azúcar: "Ahora firmábamos por cualquier

---

[337] Erskine 79. *"Our mess bill, wich we received at the end of each month, read as follow: "Tea, sugar, tobbacco, mustard, pepper, bess-wax, soap, white and black thread, thimbles, scissors, palms, large and small needles, dead-eye buttons, tin pots, tin pans, tin spoons" our division bill: "Pea-jackets, blankets, mattresses, blue jackets, blue trousers, blue flannel shirts, yards of sheeting, yards of dungaree, black silk neckerchiefs, yards of black ribbon, stocking, shoes. Whatever of these articles we wanted, we would sign for, and they would be charged to our account".*

[338] Sobre la vida marítima durante la época de la revolución estadounidense: Linebaugh y Rediker.

## A toda vela

producto que necesitábamos, excepto té y azúcar, y luego con intensa ansiedad esperábamos el resultado, con la expectativa de que en cualquier momento oiríamos el tambor con el que el capataz y su inmediato inferior, nos llamaban a todos para que atestiguáramos el castigo".[339]

Cabe señalar que, a pesar haber marineros de distintas nacionalidades embarcados en expediciones como la que he estudiado, la protesta asumió claramente "contornos nacionales" al tomar como referencia un hecho emblemático de las luchas por la independencia. Aunque no hubo un castigo violento por la manifestación, los oficiales contraatacaron y comenzaron a ofrecerles a los marineros sólo ñame, un tubérculo que definitivamente ellos no apreciaban, un trozo de pan y sal.

Aunque la vida en el mar era difícil por innumerables razones, Erskine no consideraba que su trabajo fuera el más difícil a bordo. Pero es verdad que tal valorización fue posible después de haberse convertido en marinero y dejar de ser grumete.

> Nos dividieron en dos grupos de guardia, a estribor y a babor, y nos apostaron en diferentes partes del navío: algunos en el castillo de proa, otros en la parte principal de la proa, en la parte superior del mástil y algunos esperando la siguiente guardia. Yo estaba entre los 40 hombres que estaban a cargo del trabajo menos arduo, yo era un hombre en lo alto del palo de mesana.[340]

Las escalas de los navíos en determinados puertos, como hemos visto, tenían como principal objetivo reparar los navíos averiados y abastecerlos, sobre todo con alimentos frescos que los ayudaban a combatir el escorbuto. William Reynolds, por ejemplo, al llegar a Orange Harbor,

---

[339] Erskine 79. *"We now signed for everything we wanted, except tea and sugar and then with intense anxiety, awaited the result, expecting every minute to hear the drum beat to quarters, or the boatswain and his mate calling all hands to witness punishment."*

[340] Erskine 18. *"We were also divided into watches – starboard and larboard – and stationed in different parts of the ship, - some on the forecastle, some in the fore, main, and mizzen tops and some in the waist and after guard. I was one of the forties, that is, the "never-sweats", - a mizzen top man."*

notó la existencia de pequeños cítricos que podían ayudar a combatir el mal que atacaba primero las encías, comprometiendo los dientes y dificultando la cicatrización de las heridas.[341] "Los arándanos crecen salvajemente. En apariencia es como nuestra mora, pero de color rojo y con una mezcla de sabor a fresa y piña. El apio también crece en abundancia. Así, este puerto ofrece un excelente recurso para los balleneros por sus frutos que previenen el escorbuto, la madera y el agua".[342]

**Dos marineros trabajando en la cubierta (Alfred T. Agate).[343]**

Nuestros viajeros trataron pocas de las enfermedades a bordo, aparte de la prevención del escorbuto. Wilkes relata que algunos hombres llegaron a Oregón con fiebre tifoidea y Reynolds informa que en las islas

---

[341] Sobre la lucha contra el escorbuto: Rodrigues.

[342] Reynolds 107. *"Cranberries grow wild and a berry like our black berry in appearance but of a red colour and of the mingled taste of strawberry & pine apple. Celery alto grows in plenty, so that this harbor affords an excellent resort for whalers for anti-scorbutics, wood and water"*

[343] Two sailors working on deck (Alfred Agate): https://www.history.navy.mil/our-collections/art/exhibits/exploration-and-technology/alfred-agate-collection/18390/rio-janeiro--brazil/two-sailors-working-on-deck.html. Accesado 12/07/21.

Samoa, en el Pacífico, se estableció una "especie de hospital" en tierra para alcanzar la completa recuperación de los enfermos. Sin embargo, no especificó qué tipo de enfermedad había atacado a los hombres.

Como sabemos hoy, muchas de las enfermedades son provocadas por virus, bacterias y por falta de ciertas vitaminas. Varias de ellas tenían su origen en las pésimas condiciones higiénicas de las propias embarcaciones. Charles Wilkes cuenta en su narrativa que, al llegar al puerto de Callao, en Perú, tuvo que hacer desinfectar el velero Relief, atacado por una plaga de ratas. Ordenó que se descargara el buque, para luego limpiarlo. Consta que fueron retirados del buque tres barriles llenos de roedores muertos.[344] William Reynolds también describió la insana convivencia de los tripulantes con ratas y cucarachas:

> Los ratones, los ratones, los ratones y las cucarachas que son como muchos buitres. Cómo hablar de sus travesuras aquí en el papel. Las últimas son asquerosas y se extienden por todas partes. Me toma media hora sacar sus fragmentos de mi té cada mañana, y ellas recorren el camarote, como si fueran muchos caballos. En cuanto a las ratas, tan pronto como llega la noche, comienzan la juerga y permanecen así hasta llegar la luz del día.[345]

Reynolds dice que las ratas galopaban en la cubierta y que era común despertarse con una cucaracha mordiéndole las uñas de los pies. En el mismo episodio, Charles Erskine se refiere, además de las ratas, al hecho de que el Relief "hervía" por la cantidad de cucarachas.[346] Vale destacar

---

[344] El episodio de la desinfección del Relief se encuentra tanto en el relato de viaje de Charles Wilkes como en el de William Raymond.

[345] Reynolds 662. *"The mice – the mice – the mice, and the cockroaches that are like so many Turkey buzzards! How shall I talk of your pranks on paper. As to the later, they are hideous and orerrun every thing. It takes me half and hour to bale their fragments out of my tea every morning, and they scour about the Cabin like so many Horses. As to the mice, so soon as night sets in they commence their revels, and they keep it up till day light".*

[346] Erskine 59.

que estas condiciones de higiene iban del "grumete" al comandante: no había posibilidad de escapar de esos ambientes insalubres.

Además de los roedores y de los insectos, los navegantes invariablemente tenían que lidiar con el agua contaminada y con los gusanos que infestaban las reservas de alimentos. Era común que los viajeros se refirieran a las galletas y a sus compañeros prácticamente inseparables, los gusanos, cuya proliferación evolucionaba invariablemente a lo largo del viaje. El marinero Charles Erskine cuenta que tenía una forma de lidiar con ellos: sumergía la galleta en el té, esperaba a que las larvas flotaran, las sacaba y sólo después bebía tranquilamente su alimento.[347] En cambio, Reynolds se mostró bien mal-humorado cuando recibieron en el Flying Fish, del velero Peacock, 80 galones de agua sucia y fétida.[348] Definitivamente, la vida a bordo en el siglo XIX no era para el mundo aséptico, ni para los estómagos delicados, de los siglos XX y XXI.

Además de gusanos, insectos y roedores, esos hombres también convivían con otros animales a bordo. William Reynolds, a lo largo de su relato, comenta la presencia en cubierta de cerdos, perros, avestruces, zorros, canguros, armadillos, tortugas, etc., además de los que derribaba a tiros, como ya comentamos. Todos terminaban invariablemente en el fuego. Un día, luego de alimentarse de armadillos y avestruces, nuestro *gentleman* guardó los huesos de los cráneos (*skulls*) de los animales para llevárselos a casa, aunque el guardiamarina no considerase agradables los alojamientos de los científicos, donde guardaban parte de las especies que catalogaban. Incluso con la diversidad de formas de obtener proteína animal, al final del viaje, nuestro ahora oficial se quejaba de que ya no podía más soportar comer carne seca.

Soy deudora de los relatos de Erskine y de Reynolds por todas estas evidencias de la vida a bordo. Wilkes se ocupó de estos temas muy raramente. Cuando, por ejemplo, se refirió a la desinfección del *Relief* fue sólo para indicar que el trabajo había sido realizado, y lo hizo en pocas palabras.

---

[347] Erskine 211.
[348] Reynolds 591. *"(…) we received from the Peacock 80 Gallons of stinking, muddy water."*

## 7.3.1 - Intercambios y sociabilidades.

Si bien la jerarquía entre oficiales, y entre ellos y los marineros, era estricta y se manifestaba en diversas ocasiones, la proximidad entre todos dentro de los barcos también hacía más evidente la sociabilidad, además de que se establecían intercambios y diferentes apropiaciones. Un buen ejemplo de estas últimas fue señalado por Charles Wilkes en su narrativa, al referirse a la relación entre científicos y marineros:

> La novedad de nuestra situación era bastante interesante; tuvimos una comunicación libre y se hicieron esfuerzos para estimular el interés general por todos los objetos de nuestro entorno. Fue divertido ver a todos atrapados en la reciente ocupación de diseccionar los peces recolectados y escuchar los nombres científicos siendo pronunciados por los marineros.[349]

Este pasaje nos permite evaluar que, a pesar de los trabajos específicos y de las distintas competencias que invariablemente se relacionaban con la jerarquía a bordo, el intercambio entre ellos era constante hasta el punto de que el comandante se divertía con el hecho de que los marineros supieran pronunciar nombres científicos. Algo semejante fue relatado por William Reynolds, no con relación a los hombres a bordo, sino a los intercambios que observó entre los nativos del Pacífico y los marineros. Notó que los polinesios entonaban canciones propias de los marineros:

---

[349] Wilkes v1 4. Reynolds 591. *"The novelty of our situation was quite enough to interested all; free communications were had, and endeavours were made to excite a general interest in all objects that were passing about us. It was amusing to see all entering in to the novel occupation of dissecting the fish taken, and to hear scientific names bandies about between Jack and his shipmates."* Vale recordar que la palabra "Jack" era y sigue siendo muy utilizada para referirse a los marineros en general.

Muchas de las jóvenes de Point Venus [Islas de Samoa] aprendieron de los marineros lo que ellos cantaban cuando echaban anclas o realizaban otros trabajos. A menudo nos divertíamos reuniendo a un grupo de ellas para que cantaran para nosotros. Era tan singular escucharlas pronunciar las palabras en inglés de las canciones cuyos nombres no conocían, y las palabras que no sabían pronunciar correctamente. Tenían buenas voces y *"So early in the morning the sailor loves his bottle oh', 'Round the corner Sally', Tally ho, you know"* y decenas de otras tantas, se escuchaban a menudo en la playa durante parte de la noche.[350]

Es muy interesante notar en los relatos los indicios de estos intercambios y de lo que se compartía, no sólo dentro del navío, sino también entre oficiales, marineros e indígenas. William Reynolds, por ejemplo, declaró que pasaba todo su tiempo libre con los científicos:

> Capturamos cuatro o cinco tiburones, dos de ellos de la especie azul, el hermoso color del elemento que es su hogar y el nuestro también. El más grande tenía tres metros. El sr. Drayton hizo algunos dibujos del animal y el dr. Pickering escribió debajo de ellos, muchos nombres difíciles tan pronto como los examinaba. Estos científicos expresan gran fervor en muchas de sus actividades. En el mar, en un día tranquilo, utilizan sus instrumentos y redes en el océano para capturar *anima-*

---

[350] Reynolds 225. *"Many of girls at Point Venus have learned the chorus songs common with sailors in heaving up the Anchor & others Works. We frequently amused ourselves collecting a group & getting them to sing for us. It was so singular to hear them pouring forth in song English words of which they knew not the meaning, nor could they pronounce them in a speaking tone. Their voices were good, and the ditties of 'So early in the morning the Sailor loves his bottle oh', 'Round the corner Sally', 'Tally Ho, you know' & dozen others were often heard along the beach for half the night."*

*culae* o vertebrados, lo que le da vida al agua. Es maravilloso observar esto bajo el microscopio, [...] y como muchas bellezas, no perceptibles a simple vista, ellas se revelan. En tierra, ellos [los científicos] recolectan todo lo que les es curioso, especímenes de los cuales se hacen dibujos y luego son preservados. Esta es la parte divertida de mi día, observar el trabajo de los científicos y aprender más de lo que yo, de otro modo, no me hubiera enterado.[351]

Al aspirante a oficial le encantaba el trabajo de aquellos hombres, revelando el ajetreo en el que los científicos se veían atareados y se refirió a la función de clasificación, en la cual se ocupaban cotidianamente. Además, con buen humor, describió los camarotes de aquellos hombres tan dedicados al desarrollo de las ciencias naturales. El fragmento, ya citado, merece ser repetido aquí:

Los científicos cortan en pedazos, diseccionan, examinan y utilizan su magnífico poder de observación, dibujan, pintan e investigan en sus libros, escriben y registran descripciones, inventan términos impronunciables y nos cuentan sobre todos los misterios de la organización [clasificación del material recolectado]. Tienen lagartos vivos y muertos, peces flotando en alcohol, mandíbulas de tiburones, tortugas embalsamadas, vertebrados y *animaculae* saltando en agua y sal, viejas conchas marinas y muchas piezas igualmente interesantes,

---

[351] Reynolds 52. "*We have caught 4 or 5 sharks, two of them of the Species blue, the beautiful colour of the element which is their and our home. The largest measured 10 feet. Mr. Drayton took sketches of them, and Dr. Pickering wrote down many hard names, as he overhauled them. These Scientifics manifest much ardour in their several pursuits. At sea on calm day they put their scoop nets in the ocean to catch the Animalculae or Vertebrae with which the water is alive. It is wonderful to observe these things through a microscope (…) and how many beauties are disclosed that were not perceptible to the naked eye. And then on shore they collect everything that is curious, specimens of which are preserved and drawings taken. It is part of my day amusement, to look over the labours of the Scientifics, and I learn much that I would not otherwise have known of.*"

colgadas sobre sus camas y distribuidas por las habitaciones: esos objetos encantadores sin duda deleitan los ojos de los científicos y los llevan a la contemplación. ¿Si me gustaría llevar algunos de esos objetos a mi habitación? ¡No, en absoluto! ¡Los visito apenas cuando siento curiosidad![352]

Mientras Reynolds pasaba todo el tiempo que podía con los científicos, incluso informando al lector sobre el trabajo de esos hombres, el marinero Charles Erskine no se dedicaba mucho al asunto. Las memorias de viaje del marinero se ven atravesadas por la difícil relación que tuvo con Charles Wilkes, el comandante de la U.S. Exploring Expedition.

### 7.3.2 – Conflictos y disensos.

Incluso antes de trabajar como grumete en la U. S. Exploring Expedition, Charles Erskine sirvió en el *Porpoise*, dedicándose a cartografiar un gran accidente geográfico sumergido, el *George Bank*, cerca de Boston, como ya lo he mencionado. Fue allí donde un oficial le ordenó al joven que entregara unas cartas en la ciudad. Sin embargo, él regresó al puerto sin habérselas entregado al destinatario y completamente mojado. Charles Wilkes decidió castigarlo y azotó fuertemente al joven. Erskine no pudo sentarse durante semanas, su cuerpo estaba inflamado y las heridas tardaron mucho en cicatrizar. A partir de ese episodio, guardó resentimientos contra el capitán que lo acompañaron durante toda su vida, al punto tal de que ese hecho ocupó un lugar central en sus memorias de viaje, como ya fue dicho: "Me gusta mi puesto, los oficiales y la tripulación, ¡pero el capitán! Cuando lo vi, sentí sed de venganza y era como si el diablo se

---

[352] Reynolds 72. *"The scientifics cut up & dissect and overhaul (…), and make drawings & paintings, and search their books, and write down learned descriptions, and invent unpronounceable terms, and tell us all about the mysteries of organization, &c., &c.,. And they have dead & living lizards, and fish floating in alcohol, and shark jaws, & stuffed turtles, and vertebrata and animaculae in jars of salt water, and old shells, and many other equally interesting pieces of furniture hanging about their beds & around their state rooms – such sweet looking objects as doubtless glad scientific eyes to behold. Catch any of them in my room – no, no! – I'll visit, when I have curiosity in that way"*

hubiera apoderado de mí. Solo quería desear olvidarme del pasado, y que ese sentimiento no me asaltara tan constantemente."[353]

El marinero argumentó que aprovechó el hecho de que el buque estaba anclado en Boston para ir rápidamente a visitar a la madre que no veía hacía mucho tiempo. Con la prisa, las cartas que había guardado en su sombrero cayeron al agua, lo que hizo que tardara más de lo esperado en un intento de recuperar la correspondencia. Apareció todo mojado ante sus superiores con su explicación lista, pero Wilkes no le creyó y decidió castigarlo. Como es sabido, los azotes eran una práctica común tanto en la Marina Mercante como en la Armada.[354] Los marineros, considerados groseros y rudos, sólo "aprendían a mantenerse en el orden prescrito por la *U.S. Navy* después de ser azotados". Aun así, había reglas para hacerlo. Le era permitido a los superiores que le aplicaran hasta 12 latigazos al infractor, más que eso sólo podía ser aprobado en corte marcial, la cual debía analizar la infracción cometida y decidir sobre la punición. Quizás por esto, Erskine se sintió tan decepcionado, no sólo con el capitán, sino también con la U.S. Navy como un todo: "Como a todos los jóvenes y muchachos del escuadrón, me decepcionó la Marina. [...] Aprendí más como marinero a bordo del navío mercante Rainbown, durante un viaje de ocho meses desde Nueva York a Guangzhou, en la China, que en mis siete años en la U.S. Navy".[355]

Según el marinero, en la U.S. Navy sólo le era permitido tomar el timón a los hombres más experimentados, quienes ejercían cierto lide-

---

[353] Erskine 18. *"I like my station, the ship's officers, and the crew; but the captain! – when I saw him, it made me revengeful, and I felt as if the evil one had taken possession of me. I only wished I could forget the past, and that it might not so constantly haunt me"*.

[354] Los azotes fueron prohibidos por el Congreso de los Estados Unidos en 1850, especialmente después de la campaña entre los norteños. Los marineros eran vistos por algunos como tan o más maltratados que los esclavos. En la época de la U.S. Exploring Expedition, el libro de un marinero que había servido en la Armada ayudó en la campaña contra la punición: McNally. Aunque la punición había sido prohibida en los papeles, aún se mantuvo activa por décadas en la Marina de Guerra y en la Mercante.

[355] Erskine 203. *"Like all the young men and boys in the squadron, I felt heartily sick of the navy. (…) I learned more seamanship on board the merchantman Rainbow, during and eight months' voyage from New York to Canton, China, than in my seven years in the navy"*.

razgo y se ocupaban de los aparejos. Por lo tanto, él y otros iguales quedaban fuera de aquellas tareas que requerían mayor especialización y responsabilidad, pero que podían aprenderse navegando en el mar. Si, por un lado, este fragmento indica que probablemente las reglas de la U.S. Navy eran más estrictas que las de la Marina Mercante –quizás a expensas de la seguridad de las embarcaciones–, señala, por otro lado, la predisposición del marinero para dominar ciertas habilidades, ya manifestadas en su deseo de aprender a leer y escribir mientras estaba en viaje. De todos modos, Erskine, a lo largo del trayecto con la U.S. Exploring Expedition, de su vida y de su relato de viaje, cultivó un profundo rencor hacia el capitán y una profunda decepción con la U.S. Navy.

Otro episodio que informa sobre el conocido castigo que aplicaba la Marina tuvo lugar en Tahití, donde desertaron tres hombres. El evento fue narrado por Wilkes, Reynolds y Erskine. El capitán les ofreció a los lugareños 30 dólares por la captura de cada uno de los hombres, lo que hizo que los nativos los capturaran rápidamente. Cada uno recibió 36 latigazos y la cantidad pagada a los polinesios fue deducida de su propio sueldo. El propio Wilkes fue quien ordenó el número de latigazos, sin haber sido constituida la debida corte marcial.

Lentamente, aunque con constancia, el comandante iba sembrando el descontento entre los marineros, los oficiales e incluso entre los científicos. A pesar de ser un hábil cartógrafo, reveló serias dificultades para dirigir la expedición. El peso de la responsabilidad le provocaba constantes dolores de cabeza y desequilibrios emocionales de diversa índole.

Al comienzo del viaje, William Reynolds era un gran admirador de Wilkes; sin embargo, debido a las actitudes del comandante, comenzó a considerarlo incapaz de coordinar tareas de tamaña envergadura. Wilkes también discutió con el comandante Andrew Long, del *Relief*. Tras cruzar el Cabo de Hornos, ya en el puerto de Callao, el comandante les ordenó a los hombres que "provocaban problemas" subir al buque, además del propio capitán Long, "un incompetente", según Wilkes. Todos fueron enviados de regreso a los Estados Unidos con el argumento de que el *Relief* era un velero lento, cuyo mal desempeño había retrasado el viaje.

Según Philbrick, Long, en las cercanías del Cabo de Hornos, había tomado una decisión con respecto a una ruta de navegación que provocó que el *Relief* se demorara más de lo esperado, lo que de ninguna manera era un motivo suficiente para la decisión tomada por el comandante.[356] Como era de esperarse, Long no recibió de buen grado la orden de ser excluido de la U.S. Exploring Expedition justo cuando los veleros se preparaban para una de sus tareas más importantes: mapear el Pacífico.

Joseph Couthouy, el conquiliólogo de la expedición, dejó totalmente furioso al comandante, cuando éste se enteró de que el científico hablaba abiertamente en su contra –buscando aliados entre los oficiales ya descontentos– y sobre su forma "desequilibrada" de comandar una operación que tenía todo para convertirse en orgullo nacional. Wilkes reunió a cinco oficiales y les expuso la situación. Él tenía pruebas de lo que afirmaba, pues se había apoderado de los diarios de Couthouy, en los cuales éste acusaba al capitán. Finalmente, el científico fue acusado de conspirar contra el comandante, con una clara intención de derrocarlo del mando. El hombre terminó abandonando la expedición y regresando a Estados Unidos.[357] Afectado por la situación, en su autobiografía, Wilkes afirmó que Couthouy no era un hombre de ciencia, sino "un insignificante coleccionador de conchas".[358]

Charles Wilkes bajó las anclas de los veleros de regreso a los Estados Unidos en junio de 1842. En lugar de la celebración que había esperado –al final de cuentas, había mapeado el Atlántico y el Pacífico, descubierto que la Antártida era un continente y explorado el río Columbia–, tuvo que dirigirse directamente a las cortes marciales. La mayor parte fue encabezada por sus propios oficiales, entre ellos William Reynolds, quienes reclamaron del temperamento desequilibrado e inconstante del capitán.

Además de estas denuncias, pesaron sobre Wilkes graves acusaciones, entre ellas, la de manipular las fechas en las que vio tierra en la

---

[356] Philbrick 109.
[357] Philbrick 160-161.
[358] Wilkes 1978.

Antártida,[359] la de crueldad, al asesinar nativos (de las Islas Fiyi), además de quemar los lugares donde vivían, en represalia por la muerte de su sobrino, Henry Wilkes, aspirante a oficial.[360] El propio William Reynolds refutó gran parte de los datos y las informaciones que Wilkes explicitó en el documento. Aun así, los cargos contra él no resultaron en un castigo para Wilkes. La cúpula de la Marina relevó las imputaciones, lo que le permitió al capitán organizar el ambicionado informe de viaje, objeto de esta investigación. Wilkes terminó su vida como almirante, un cargo que anhelaba ocupar desde que había sido creado, en 1862. Durante la corte marcial, Reynolds se refirió al capitán de la siguiente manera:

> Mal imaginaba, cuando me ofrecí para servir en la Expedición Exploratoria, lo que significaría para mí. [...] Pero es de nuestra naturaleza que seamos falibles, y es del infortunio que tan a menudo seamos víctimas del engaño. No había aprendido, hasta entonces, la filosofía que reza que quienes se aventuran en empresas que requieren un gran comandante deben comenzar su mandato poniendo los cimientos en su propio pecho, controlando sus propias pasiones; y que aquél que va a trazar el mapa del mundo primero debe investigar las profundidades y los bajíos de su propio carácter.[361]

---

[359] Como ya lo expuse anteriormente, la expedición es conocida por haber revelado que la Antártida era un continente. Uno de los navíos de la expedición se encontró con el francés D´Urville, en la región antártica, lo que provocó que el comandante utilizara algunos artificios para acelerar la divulgación de su descubrimiento y consiguiese los laureles de la hazaña. Los oficiales y el comandante discutieron sobre cuándo fue la fecha exacta en que el primero de ellos vio tierra en aquel lugar.

[360] Sobre las cortes marciales enfrentadas por Charles Wilkes: Joyce 144-145; Philbrick 2003.

[361] Citado por Philbrick 2003 313.

## 7.4 – La defensa de la civilización, por parte de Charles Erskine, y la América de William Reynolds.

El marinero Erskine manifestó mucho más explícitamente su patriotismo en los textos de lo que expresaron Charles Wilkes y William Reynolds. A pesar de todo lo sufrido, consideraba que la U.S. Exploring Expedition había sido una gran hazaña de los Estados Unidos. Bien al comienzo del libro, le informa al lector que su corazón siguió las huellas dejadas por Colón, Drake y Raleigh, y afirmó orgullosamente que pisó en tierras que muchos ni siquiera soñaban que pudieran existir, como la Antártida de los icebergs.

Al igual que Charles Wilkes y William Reynolds, Erskine creía que la misión del hombre blanco era llegar a los confines del globo, llevando los principios de la cristiandad.

> Al principio del mundo, el mandato que Dios le dio al hombre fue el de dominar la tierra, conquistarla, civilizarla y adaptarla para que sea habitada por el género humano. El mandamiento de Dios tampoco se aplicó a esta o aquella porción solamente, o simplemente a tierras donde la naturaleza sonríe con hermosura; ni tampoco a los bosques primitivos, las montañas cubiertas de nubes, las lejanas y extensas planicies o las regiones de hielo y nieve eternos; sino a toda la tierra en su plenitud. Esa es la misión del hombre. Si algún lugar de este enorme globo permanece sin ser dominado; el hombre, el conquistador, debe seguir adelante en esta batalla y desplegar en todos los climas, el estandarte de la civilización y la cristiandad, en obediencia al mandato divino. Tal es, al menos, mi comprensión y mi interpretación del lenguaje de la Biblia.[362]

---

[362] Erskine VII. *"In the world's early days the command of God to man was, to subdue the Earth, to conquer it, and to civilize and fit it for the habitation of the human race. Nor did God's*

Como buen protestante de Boston, Erskine consideraba a la civilización a partir de la creencia cristiana establecida en los Estados Unidos. Recuerdo una vez más que Erskine escribió su relato casi 50 años después de que la expedición abandonara las playas nacionales en 1838. Cuando escribía ya se dedicaba al servicio religioso, lo que debió ayudar al ex marinero a determinar con más fuerza esta relación entre religión protestante y propagación de la civilización. De todos modos, muchos de su tiempo y provenientes de diferentes segmentos sociales, creían que llevarle el cristianismo a los nativos que vivían como en la Edad de la Piedra –y más grave aún, de manera disoluta– era una misión del "hombre civilizado".

También informó con orgullo que su familia había luchado en las guerras de independencia, ya que Boston estuvo en el centro de las rebeliones que llevaron al país a emanciparse de Inglaterra y, posteriormente, en la Guerra de 1812 entre Estados Unidos e Inglaterra. Erskine también se desempeñó como voluntario en la guerra contra México y cuenta que, cuando empezó el conflicto, se sintió "muy patriota",[363] ratificando el expansionismo estadounidense. Lo cierto es que el capitán Charles Wilkes, el aspirante a oficial William Reynolds y el marinero Charles Erskine defendieron las anexiones y las conquistas territoriales, por parte de Estados Unidos, por el dominio del espacio geográfico de Norteamérica, incluso participando en las mismas.

Aunque estaba seguro de que el hombre blanco y protestante debía llevar la civilización a los cuatro rincones del globo, nuestro marino, al escribir sus memorias, cuestionó esa misma civilización que azotaba a los marineros:

---

*command apply to this portion or that only, or merely to lands where nature smiles in loveliness; nor yet to the forest primeval, the cloud-capped hills, the far-stretching plains, or the regions of eternal ice and snow; but to the whole earth in its completeness. This should be man's mission. So long as one spot of this huge globe remains to be subdued, man, the conqueror, must go forth to battle, and unfurl in every clime the standard of civilization and Christianity, in obedience do the Divine command. Such, at least, is mu unlearned interpretation of the Bible language."*

[363] Erskine 114.

## A toda vela

Han pasado cincuenta años y se han hecho pocas reformas en cuanto al trato a los marineros. Es cierto que se suspendió el grog y fueron legalmente abolidos los latigazos. Pero, incluso en el siglo XIX, el marinero es tratado muy tiránicamente, como puede leerse en los periódicos. Por ejemplo, un oficial, desde lo más alto de su autoridad, es declarado culpable de abusar y manejar la vida de algunos de sus hombres. El oficial es sentenciado y se retira por un año. Este castigo en realidad significa un picnic con derecho a pagamento integral. Un capitán de la Marina Mercante, un hombre mezquino, golpeó a sus marineros con la barra del cabrestante y azotó a otro con el látigo. Cuando el navío llegó a Boston, las dos víctimas consiguieron que el capitán fuera arrestado. Fue juzgado y sentenciado a pagar una indemnización de 500 dólares, 250 para cada uno de los marineros. ¿La honra de ellos, después de haber sido azotados y golpeados con la barra de un cabrestante, puede recuperarse con 250 dólares? Sólo puedo decir: ¡Dios mío! Esta es nuestra civilización.[364]

Reitero que Erskine probablemente escribió sus memorias en 1888 o 1889, y su contenido se publicó en 1890. Simultáneamente, Erskine aprobaba operaciones como la que estaba realizando, cuyo desarrollo

---

[364] Erskine 264-265. *"Fifty years have passed, and how little reform has been made in the treatment of sailors! It is true Jack's grog has been stopped, and flogging legally abolished. Still, in this nineteenth century, the sailor is most tyrannically abused, as can be seen by reading the reports in the daily papers. For instance, a naval officer – one high in authority – is court-martialed, and found guilty of abusing and threatening the lives of some of his men. The officer is sentenced to be put on the retired list for a year. This punishment in reality means a twelve month's picnic on full pay. A merchant captain – a very small specimen of man – knocks down of his sailors with handspike, and lashes another to the rigging and flogs him. When the ship arrives in Boston, the two victims cause the captain to be arrested. The captain is tried and sentenced by learned judge to a fine of five hundred dollars – two hundred and fifty for each of the sailors. Would his honor consent to be struck with a handspike of lashed to the rigging and flogged for two hundred and fifty dollars? I cannot help saying, "My God! Is this our civilization?"*

indicaba los avances de la civilización. Según él, permitían llevar el cristianismo hasta los rincones más recónditos del planeta, especialmente a los indígenas, al mismo tiempo que reprobaba los métodos violentos de esa misma civilización con los marineros.

William Reynolds, en cambio, reflexionaba de manera singular sobre el encuentro entre "civilizados" y nativos. En las Islas Fiyi comentó:

> ¿Quién puede juzgar a una nación a partir de otra? ¿Puede un hombre decir que este pueblo es el estándar y que a partir de él sean juzgados todos los demás? Costumbres muy antiguas, quizás más que las nuestras, formaron los hábitos de los *Otaheitians*. Se diferencian mucho de nosotros, pero no tienen conciencia de que están equivocados. Con eso, los apuntaríamos con el dedo de la vergüenza y los condenaríamos como obscenos y pecadores. No imaginan ningún mal, pero son dignos de alabanza y ceremonia. Principios diferentes a los nuestros, como lo es la noche del día, están profundamente arraigados en sus naturalezas, y los esfuerzos humanos por dominarlos han fracasado. Aquí, debo correr el velo. La condición moral de los pueblos exige discernimiento.[365]

Reynolds llegó a ponderar si la presencia del hombre blanco en la región era lo mejor que le podía pasar a los nativos, aunque señalaba que necesitaban ser redimidos de su barbarie. Según él, no debían ser juzgados, no sólo por ser diferentes de los blancos occidentales, sino porque no

---

[365] Reynolds 219. *"Who can judge one nation by another? What man can say, this people shall be my standard, by them I will judge all others? Custom of more ancient date, perhaps, than any among us, has formed the habits of the Otaheitians. They differ from us widely, but they are unconscious that they are wrong. That, which we would point at with the finger of shame & condemn as obscene & sinful, they deem of no harm, but as worthy of commendation & observance. Principles different from ours as night from day are deeply engrafted in their natures, & human efforts have failed to subdue them. Here I must draw the veil! The moral condition of the people passes description."*

sabían que estaban equivocados. No hace falta decir que nuestro guardiamarina sabía cuál era la "cultura correcta". Sin embargo, a medida que avanzaban por el Pacífico, Reynolds se iba olvidando de estas consideraciones y juzgaba sin piedad a los grupos que encontraron en las islas situadas en la región de lo que hoy conocemos como Australia, informándole al lector que el lugar era una especie de "ciudad del diablo", dado que los nativos eran completamente refractarios a las enseñanzas de los misioneros.[366]

William Reynolds se refirió a una parte de las Américas. A pesar de breve, fue contundente. Permítanme comentar sobre las impresiones de nuestro aspirante a oficial sobre la costa oeste de América del Norte, particularmente, Oregón.

Mientras que el marinero Charles Erskine nos informaba, al comienzo de sus memorias, que iba a centrar su narrativa en lo que vivió en la Antártida y el Pacífico, dejando de lado las Américas, William Reynolds fue vehemente al referirse a Oregón o a lo que él consideraba territorio estadounidense. Escribió sobre las líneas de frontera entre Inglaterra y Estados Unidos en la región que se encontraba bajo fuerte dominio de la Hudson Bay Company:

> Los ingleses se divierten entre ellos debido a su ambición de ganar, tan común entre los estadounidenses. La Tierra entera, o hasta donde sea posible tener posesiones, no les basta. Son más codiciosos que Alejandro y son la causa de problemas para todas las naciones bajo el sol. Su auto condescendencia es muy divertida. Pueden llevar sus conquistas a todas partes, y eso está muy bien, pero Francia no puede ocupar Argelia, ni Estados Unidos pueden ocupar Texas. (...) Ciertamente, ver la bandera roja de Inglaterra sobre

---

[366] Reynolds 261.

nuestras posesiones hirió mis ojos, y tengo la más devota confianza de que pronto la nuestra será izada en esa región para siempre.[367]

William Reynolds se refirió rápidamente a Chile y a Perú, donde se fijó insistentemente en las mujeres, pero se dedicó poco al lugar y a la cultura que afirmó haber visitado otras veces. Fue diferente cuando estuvo en la costa noroeste de América del Norte. Lo curioso de este fragmento es que Reynolds les atribuía a los ingleses una ambición que no era diferente de la estadounidense. El comandante Charles Wilkes fue más cuidadoso al tratar ese inmenso espacio territorial en la narrativa oficial de la expedición. En cambio, Reynolds, en su diario personal, fue directo y espontáneo. Para él aquella región debía ser estadounidense, confirmando los objetivos estratégicos de la expedición en lo concerniente a la posibilidad de anexión de la costa noroeste de Norteamérica a Estados Unidos.

---

[367] Reynolds 734-735. *"The English people amuse themselves, by taking of desire for gain, so common among Americans – As far as possessions are concerned, the whole Earth does, not seem to be sufficient for them – they are more greedy than Alexander – and are the cause of trouble to every nation under the sun – their self complacency is too amusing: They may carry their conquest every where, and all is right, but France must not hold Algiers, nor America receive Texas. (…) It did certainly hurt my eyes to see the red banner of England, plying over our possessions, and I do most devoutly trust that the day will soon come, for it to be struck, in that region forever."* Texas, habitado por muchos inmigrantes estadounidenses, plantadores de algodón, como ya fue mencionado, declaró su independencia de México en 1836, bajo el nombre de *Lone Star Republic*. Inmediatamente negociaron su anexión a los Estados Unidos.

# CONSIDERACIONES FINALES

## A toda vela

No fueron cuatro años fáciles. Durante el viaje, el capitán mostró desequilibrios emocionales y, debido a su temperamento imprevisible, creó resentimientos e inseguridad entre la tripulación; se perdieron hombres –aunque no sea posible determinar el número de muertos– y navíos: el Sea Gull, en el Cabo de Hornos, y el Peacock, en la desembocadura del río Columbia. El comandante mandó de vuelta al Relief –una embarcación a la que caracterizó como lenta y con una tripulación que consideró indeseable–, desde Valparaíso, en Chile. En la costa Noroeste de América del Norte, compró el velero mercante Oregón para poder completar lo que faltaba del viaje. Se vio obligado a vender el Flying Fish en Singapur, dado que temía que la embarcación, ya averiada, no soportara cruzar el Cabo de la Buena Esperanza en el camino de vuelta a casa. Salieron con seis embarcaciones y volvieron con tres: Vincennes, Porpoise y Oregón.

Al igual que otras exploraciones europeas, la U.S. Exploring Expedition fue una expedición con claros intereses estratégicos y geopolíticos. A pesar de los resultados más que satisfactorios para los intereses de la U.S. Navy y del gobierno de los Estados Unidos –180 cartas náuticas construidas, la confirmación de que la Antártida era otro continente, un informe de viaje de 23 volúmenes y alrededor de 40 toneladas de especímenes recolectados–, la expedición prácticamente desapareció de la memoria nacional. Los medios de comunicación estadounidenses, que suelen valorar los logros conquistados en el pasado por el país, prácticamente desconocen ese viaje. El universo académico casi no se dedicó a la expedición científica, ni a otras inversiones realizadas por la U.S. Navy en el período. La excepción quedó en manos de la Smithsonian Institution, en particular el Museo de Historia Natural, que en 1985 recuperó el viaje exploratorio a través de una exposición que celebraba los 75 años de la institución. Aún hoy, el museo conserva parte de las colecciones recopiladas en esos cuatro años.

La U.S. Exploring Expedition fue un gran logro de Estados Unidos, lanzado al mar por la U.S. Navy, trabajando en tiempos de paz, en un momento en que el país aún estaba consolidando su Estado nacional y construyendo el mapa político, con la conquista territorial en marcha. Las cartas náuticas y el reconocimiento adquirido por los exploradores sobre las regiones visitadas les dieron a Estados Unidos, sin lugar a dudas, un saber que permitió su avance en las ambicionadas conquistas.

Los oficiales que sirvieron en la U.S. Exploring Expedition participaron activamente en la guerra contra México: es bien conocido el papel jugado por la U.S. Navy en dicha guerra. Para citar un ejemplo, el capitán Robert F. Stockton, junto con las fuerzas terrestres, actuó para tomar California por mar. James Alden, que participó en la toma de Vera Cruz y Tabasco, y William May, herido en combate, lucharon junto con él. Ambos habían servido en la U. S. Exploring Expedition. Charles Wilkes no participó en este enfrentamiento, pero estuvo activo durante la Guerra Civil, del lado de los norteños. Terminó su vida como siempre lo anheló, con la insignia de almirante estampada en su uniforme.

Los navíos levaron anclas en 1838, en un momento en que los europeos avanzaban velozmente en una carrera hacia lo desconocido, reforzando la conciencia planetaria originada en el siglo XVIII y buscando consolidar sus imperios de ultramar. El fenómeno conocido hoy como globalización se había acelerado y recibiría, a mediados de siglo, un impulso con el desarrollo de la navegación a vapor y con el aumento del comercio internacional. Aun así, gran parte del mundo no era conocido por los occidentales. Era urgente conocer, localizar, cartografiar, descifrar no sólo para garantizar la seguridad de los barcos comerciales y militares de los países, sino también para salvaguardar buena parte de los descubrimientos.

Charles Wilkes describió, reflexionó, argumentó y juzgó lo que vio en el mundo –y para lo que me interesó investigar, los países y regiones de las Américas– basándose en lo que él creía: la excelencia de la "raza anglosajona", la más preparada para llevar la civilización a todos los rincones del planeta. Justificó la acción de Estados Unidos y descalificó a otras sociedades y otros lugares, comparando el espacio propio con el territorio extranjero. Cuatro años después de que los barcos regresaron a casa, y antes de que terminara la guerra contra México, Estados Unidos ya izaba su bandera en California y, en 1848, en Oregón. Las fronteras nacionales finalmente habían llegado hasta el Pacífico.

En cuanto a las relaciones entre Estados Unidos y América Latina en el siglo XIX, como se sabe, hubo hitos declarados: la Doctrina Monroe (1823); el Destino Manifiesto y la Guerra contra México (1846-1848); y la Guerra Hispanoamericana (1898), en la que Estados Unidos, a pesar de luchar junto a los cubanos por la independencia, terminó interviniendo militarmente la isla. No obstante, el viaje científico nos muestra que hubo diferentes tipos de contactos y aproximaciones entre el país del Norte con otros países y demás regiones de las Américas. Inclusive indica que hubo, por parte de Estados Unidos y durante la primera mitad del siglo XIX, intereses en América del Sur poco estudiados por nosotros, como ya lo han señalado otros investigadores.

Desde mi punto de vista, la U.S. Exploring Expedition revela la cultura imperial plausible de encontrarse en Estados Unidos desde los orígenes del Estado nacional. Marca la intención del país de buscar su lugar en un mundo disputado por los europeos, particularmente Inglaterra y Francia. El discurso de nuestro comandante, me refiero específicamente a la narrativa de viaje de cinco volúmenes, fue elaborado a partir de una voz de autoridad y en relación con el mundo que había visitado. Aunque esa misma voz haya oscilado entre una posición de admiración y otra de oposición cuando se refería a los ingleses y a su papel imperial entre los países occidentales.

Creer inexorablemente en la excelencia e idoneidad anglosajonas no le permitió a Charles Wilkes percibir los intercambios y apropiaciones que ocurrieron en esos encuentros asimétricos de hombres que vivían en diferentes temporalidades. O, mejor dicho, Wilkes llegó a notar que los marineros empezaron a utilizar términos científicos durante el viaje, pero no tuvo capacidad de evaluar lo que eso significaba. Tampoco supo apreciar que tanto él como los demás, se valieron de los saberes y productos locales, independientemente de dónde atracaran, lo cual les permitió completar su viaje de circunnavegación. Se trataba de historias compartidas y entrelazadas, aunque –en la mayoría de los casos– entre grupos sociales con posiciones desiguales de poder.

La cultura imperial, la afirmación nacional, el saber y las redes transnacionales de conocimiento atraviesan este trabajo de investigación. La expedición nos reveló que el conocimiento construido sobre el globo terrestre por algunas de las naciones ubicadas a ambos lados del Atlántico formaba parte de los flujos de conocimiento transnacionales –ya que fue una construcción que demandó un esfuerzo conjunto–, pero en tensión con la cuestión de la afirmación nacional. Es necesario reiterar que tales variables relacionadas con la adquisición de conocimientos no estaban circunscriptas a Estados Unidos, porque es inherente a la formación del conocimiento moderno. Ejemplificando: los estadounidenses persistieron en independizarse de Europa con respecto a constituir un "saber propio"; pero utilizaron, para el mismo fin, el instrumental generado inicialmente por los europeos, como lo fue el sistema clasificatorio de la naturaleza. Los científicos y los militares buscaban insertarse en las redes transnacionales de conocimiento, a veces dialogando pacíficamente y a veces enfrentándose, particularmente con Inglaterra.

A partir de entonces, empezaron a constituir su "propia cartografía", buscando independizarse de los europeos, como fue señalado. En Estados Unidos, las áreas del saber, tales como las Ciencias Naturales, son grandes herederas de ese impulso inicial dado por el viaje exploratorio. Es verdad que el gobierno invertía en la capacitación de los hombres que formaban parte de las instituciones militares y académicas. La afirmación nacional de Estados Unidos –como en otros países– exigía el reconocimiento de sus pares, en particular de los europeos. Por tal motivo, el discurso de la narrativa de viaje de la expedición osciló entre la afirmación nacional y la búsqueda del reconocimiento internacional de la operación.

A pesar del esfuerzo realizado durante las primeras décadas del siglo XIX, el ímpetu de Estados Unidos pareció comprometerse durante los años posteriores al regreso de la expedición, en 1842, dado que la guerra contra México y la Guerra Civil, ya mencionadas, se impusieron y exigieron la concentración de esfuerzos por parte de la Marina de Guerra. Los tiempos de paz parecían haber llegado al fin. Además, el comandante estuvo bajo cortes marciales después de irresolubles conflictos con sus subordinados, tal como hemos visto, lo que en parte dificultó la divulgación de los grandes logros de la operación, por más que los periódicos de la época transmitieran las hazañas del viaje exploratorio. El olvido, un desenlace poco probable para la expedición, fue uno de los resultados más intrigantes de esa operación puesta en marcha en aquellos cuatro años.

Aun así, y en medio de los exasperados conflictos internos que llevaron al país a la Guerra Civil en la década de 1850, los estadounidenses volvieron a lanzar al mar otras expediciones de exploración científica, incluso a Sudamérica, como ya fue dicho. Algunas de ellas, aunque no tuvieron la intención de completar la vuelta al mundo, se destacaron por su éxito. El Congreso de los Estados Unidos aprobó viajes a China y al Japón bajo el comando de Matthew Perry: el primero entre 1852-1854 y el segundo entre 1853-1855. Esas expediciones se hicieron famosas debido a que, a partir de esos hechos, los Estados Unidos fueron considerados responsables de la apertura comercial de Japón a Occidente. Incansables, se detuvieron solamente cuando se oyeron los primeros disparos de cañón que anunciaban la Guerra Civil.

En el último cuarto del siglo XIX, después de la reconstrucción del país, Estados Unidos fue elevado a potencia extraeuropea junto a Rusia y Japón. En 1890, el almirante Alfred Thayer Mahan escribió un libro importante e influyente que trataba temas relacionados a estrategia y geopolítica en el mar. Con *Influence of sea power upoun History*, 1660-1783, Mahan reivindicaba el lugar prominente que Estados Unidos merecía ocupar en el mundo, controlando ciertos puntos del planeta, como en el pasado lo habían hecho algunas naciones europeas. ¡Era la hora de Estados Unidos! Abogaba por el control del Mar Caribe en nombre de la "seguridad nacional" y también algunas islas del Pacífico, para facilitar que los barcos estadounidenses llegaran hasta Asia. Las ideas de Mahan influyeron, legitimaron y justificaron muchas de las anexiones en ultramar que Estados Unidos realizó en la última década del siglo XIX.

Sin embargo, ese lugar que los Estados Unidos conquistaron en el mundo, no nació de la noche a la mañana: fue consolidándose a lo largo de los últimos años del siglo XVIII y, principalmente, durante la primera mitad del XIX. La U.S. Exploring Expedition simbolizó claramente dicha ambición. A pesar de haber sido un proceso constante y efectivo, no se trató de una trayectoria lineal sino discontinua, motivada en buena parte, por la cultura imperialista presente en diferentes regiones del país, perceptible desde los primordios de la construcción del Estado nacional.

# FUENTES Y BIBLIOGRAFIA

ANDREWES, William (Org.) *The Quest for longitude. The proceedings of the longitude symposium Harvard University.* Cambridge, MA: Harvard University Press, 1996.

AZEVEDO, Cecília. "A santificação pelas obras: experiências do protestantismo nos EUA". *Tempo,* Rio de Janeiro: no. 11, 2001.

BAGGIO, Kátia Gerab. *A outra América: a América Latina na visão dos intelectuais brasileiros das primeiras décadas.* São Paulo: Tesis de doctorado, FFLCH-USP, Departamento de Historia, 1999.

BANTON, Michael. The American School. *Racial Theories.* Cambridge: Cambridge University Press, 1998.

BAEZA, Rafael Sagredo, LEIVA, José Ignacio González. *La expedición Malaspina en la frontera austral del imperio español.* Santiago de Chile: Editorial Universitaria, 2004.

BEDINI, Silvio A. *The pulse of time. Galileo Galilei, the determination of longitude and the pendulum clock.* Firenze: Leo S. Olschki, 1991.

BELUZZO, Ana Maria. A propósito d'O Brasil dos viajantes. *Revista USP – Dossiê dos viajantes –* São Paulo, n° 30, jun/jul/ago, 1996.

BERCOVITCH, Sacvan. The American Jeremiad. Madison: Wisconsin University Press, 1978.

BERNABEU, Salvador Albert. *El Pacífico ilustrado: Del lago español a las grandes expediciones.* Madrid: Mapfre, 1992.

BIEDER, Richardson. *Science encounters the Indian, 1820-1880. The early years of American Ethnology.* Norman: University of Oklahoma Press, 2003.

BIEDER, Robert. Samuel G. Morton and the calculations of inferiority. *Science encounters the Indian, 1820-1880. The early years of American ethnology.* Norman/London: University of Oklahoma Press, 1986.

BORM, Jam. Defining travel: on the travel book, travel writing and termilogy. In: YOUNGS, Tim; HOPPER, Glenn. *Perspectives on travel writing.* London: Ashgate, 2004.

BRADLEY, Peter. Las primeras expediciones de La Marina Real. *Navegantes britânicos.* Madrid: Mapfre, 1992.

BROSSE, Jacques. *Les tours Du monde de explorateurs. Les grands voyages maritimes, 1764-1843.* Paris: Borda, 1983a.

BROSSE, Jacques. *Great voyages of Discovery. Circumnavigators and scientists, 1764-1843.* New York: Facts on file publications, 1983b.

BRUCKNER, Martin. *Maps, literacy & national identity.* Chapel Hill: University of North Carolina, 2006.

BURKE, Peter. *La Revolución Historiográfica Francesa. La escuela de los Annales: 1929-1989.* España: Editorial Gedisa, 1999.

CASSIN, John. *Mammology & Ornithology*, 1858, v8.

CHARFIELD, Gerard. The Barbary Wars. In: *United States Diplomatic History. From revolution to empire.* Prentice Hall: Upper Saddle River, 1998.

CHAKRABARTY, Dipesh *Provincilizing Europe. Post-colonial tought and historical difference.* Princenton: Princenton University Press, 2000.

CHAPLIN, Joyce E. *Round about the Earth.Circumnavigation. From Magellan to orbit.* New York: Simon & Schuster, 2012.

CHARTIER, Roger (org.). *Prácticas de la lectura*. La Paz: Plural Editores, 1993.

CLEAVER, Anne Hoffman y STANN, Jeffrey (ed.) *Voyage to the Southern Ocean. The Letters of Lieutenant William Reynolds from the U. S. Exploring Expedition (1838-1842)*. Annapolis: Naval Institute Press, 1988.

CONRAD, Joseph. *Heart of Darkness*. New York: W.W. Norton & Company, 2019.

CORTESÃO, Jaime. *Cartografia portuguesa antiga*. Lisboa: Imprensa de Coimbra,1960.

----. O Tratado de Tordesilhas e a sua expressão cartográfica. In *História do Brasil nos velhos mapas*. Rio de Janeiro: Instituto Rio Branco, 1957.

DAIN, Bruce. *A hideous monster of the mind. American race theory in the early republic*. Cambridge: Cambridge University Press, 2002.

DANA, James. *Zoophytes*, 1846 v. 7.

DANIELS, George. H. The pursuits of science in America 1815-1845. *American Science in the age of Jackson*. Tuscaloosa-Alabama: The University of Alabama Press, 1984.

DARNTON, Robert. Historia de la lectura. In: BURKE, Peter, ed... [et. al.]. *Formas de hacer Historia*. Madrid: Alianza, 1993.

DARTON, Robert (Org.). História da leitura. In: *A escrita da História. Novas perspectivas*. São Paulo: Editora UNESP, 1991.

DEPETRIS, Carolina. *La escritura de los viajes. Del Diario cartográfico a la literatura*. México: UNAM, 2007.

DESMOND, Adrian; MOORE, James. *Darwin's sacred cause: race, slavery and the quest for human origins.* Chicago: Chicago University Press, 2011.

DICK, Steven. "Centralizing Navigational Technology in America: The U. S. Naval Depot of Charts and Instruments, 1830-1842". *Technology and Culture.* Baltimore, v. 33, Jul, 1992.

DOSSE, François. *La historia en migajas: de "Annales" a la "nueva historia".* España: Edicions Alfons el Magnànim, 1988.

DUPREE, Hunter A. The national pattern of American learned societies, 1769-1863. In: OLEOSON, Alexandra, BROWN, Sanborn (Org.) *The pursuit of knowledge in the early American republic. American scientific and learned societies from colonial times to the Civil War.* Baltimore: John Hopkins University Press, 1976.

EHRENBERG, Ralph, WOLTER, John, BURROUGHS, Charles. Surveying and charting the Pacific basin. In: VIOLA, Herman, MARGOLIS Carolyn. (Orgs.), Washington: Smithsonian Institution Press, 1985.

ERSKINE, Charles. *Twenty years before the mast.* s/c: R. R. Donnelley & Sons Company, 2006.

ERSKINE, Charles. *Twenty years before the mast.* Washington, Smithsonian Institution Press, 1985.

FABIAN, Johannes. *Out of our minds. Reason and madness in the exploration of Central Africa.* Berkeley: University of California Press, 2000.

FRANÇA, Susani Silveira Lemos (Org. y trad.) *Viagens de Jean de Mandeville.* Bauru: Edusc, 2007.

FRANCO, Stella Maris. Relatos de viagem: reflexões sobre seu uso como fonte documental. In: JUNQUEIRA, Mary Anne y FRANCO, Stella Maris Scatena (Orgs.). *Cadernos de Seminários de Pesquisa.* São Paulo: USP-FFLCH-Humanitas, 2010. Disponible en: http://historia.fflch.usp.br/sites/historia.fflch.usp.br/files/CSP2.pdf Accesado 12/07/21.

---. Três vidas, três dimensões: autobiografia, biografia e memória. *Peregrinas de outrora.* Viajantes latino-americanas no século XIX. Santa Catarina: Udunisc/Editora Mulheres, 2007.

FRANKLIN, Benjamin; CHAPLIN, Joyce (ed.) *Benjamins's Franklin Autobiography (First Edition).* New York: W.W. Company, 2012.

FRANTZEN, Allen y NILES, John D. Introduction. In: *Anglo-Saxonism & the construction of social identity.* Gainesville: University Press of Florida, 1997.

FREDRICKSON, George M. Science, polygenesis, and the proslavery argument. *The black image in the white mind. The debate on Afro-American character and destiny, 1817-1914.* New York: Harper & Row Publishers, 1971.

GALISON, Peter. O mapa-múndi elétrico. In: *Os relógios de Einstein e os mapas de Poincaré. Impérios do Tempo.* Lisboa: Gradiva, 2003.

GEBARA Alexander Lemos de Almeida. *A África de Richard Francis Burton.* São Paulo: Alameda, 2010.

GERBI, Antonello. Buffon: la inferioridad de las especies animales en América. In: *La disputa del Nuevo Mundo. Historia de una polémica, 1750-1900.* México: Fondo de Cultura Económica, 1995.

GIBSON, James R. *California through Russian eyes, 1806-1848.* Norman: Oaklahoma, 2013.

GINZBURG, Carlo. Señales. Raíces de un paradigma indiciario. In: GARGANI, Aldo (comp.): *Crisis de la razón. Nuevos modelos en la relación entre saber y actividades humanas.* México, Siglo Veintiuno Editores, 1983.

GOMES, Ângela de Castro (Org.) *Escrita de si, escrita da história.* Rio de Janeiro: FGV, 2004.

GOULD, Augustus A. *Molluscas & Shells*, 1852, v. 7.

GOULD, Stephen Jay. "Morton's ranking of races by cranial capacity. Unconscious manipulation of data may be a scientific norm. In: *Science*, v. 200, mayo/1978.

GRANDIM, Greg. *The empire of necessity. Slavery, freedom, and deception in the New World.* New York: Picador, 2014.

GRAY, Asa. *Botany-Phanerogamia*, 1854, v. 15.

GREENBLATT, Stephen. *Possessões maravilhosas.* São Paulo: Edusp, 1996.

HALE, Horatio, *Ethnology and Philology*, v. 4, 1844.

HARTOG, François. *Memória de Ulisses: narrativas sobre a fronteira na Grécia antiga.* Belo Horizonte: Editora UFMG, 2004.

HARVEY, Bruce. *American geographics: U. S. national narratives and the representation of the non-european world, 1830-1865.* Stanford: Stanford University Press, 2001.

HASKELL, Daniel. *The United States Exploring Expedition and it's publications 1844-1875.* New York: Greenwood, 1968.

HIBLER, Anita M. *The publications of the Wilkes reports, 1842-1877*. Washington: The George Washington University, Thesis PhD), 1989.

HORSMAN, Reginald. *Race and manifest destiny. The origins of American Racial Anglo-saxonism*. Cambridge, MA: Harvard University Press, 1981.

HULME, Peter. *Colonial encounters. Europe and the native Caribbean (1942-1797)*. London: Methuen, 1986.

HUMBOLDT, Alexander von. *Viaje a las regiones equinocciales del nuevo continente*. Caracas: Monte Ávila, 1991.

HUNTER, Mark. *A society of gentlemen. Midshipmen at the U. S. Naval Academy 1845-1861*. Annapolis: Naval Institute Press, 2010.

HUTTER, Lucy Maffei. Aprovisionamento e reparos dos navios no litoral do Brasil. In: *Navegação nos séculos XVII e XVIII. Rumo: Brasil*. São Paulo, Edusp, 2005.

JEHA, Silvana Cassab. *A galera heterogênea. Naturalidade, trajetória e cultura dos recrutas e marinheiros da Armada Nacional e Imperial do Brasil (1822-1854)*. Rio de Janeiro: Tesis de doctorado, Departamento de Historia/PUC-RJ, 2011.

JENKINS, John Stilwell. *United States Exploring Expedition. Voyage of the U. S. exploring squadron commanded by Captain Charles Wilkes of the United States Navy*. New York: Auburn and Rocester, 1857

JOHANNSEN, Robert W. *To the Halls of the Montezumas. The Mexican War in the American Imagination*. New York: Oxford University Press, 1985.

JOSEPH, Gilbert M. Close Encounters: Toward a new cultural history of U.S.-Latin American relations, in JOSEPH, Gilbert, LEGRAND,

Catherine y SALVATORE, Ricardo (Org.) *Close encounters of empire. Writing the cultural history of U. S.-Latin American relations.* Durham: Duke University Pres, 1998

JOYCE, Barry Alan. *The shaping of American ethnography. The Wilkes Exploring Expedition, 1838-1842.* Lincoln: University of Nebraska Press, 2001.

JUNQUEIRA, Mary Anne. *Estados Unidos. Estado Nacional e narrativa da nação (1776-1900).* São Paulo: EDUSP, 2018.

---. Revista *História, Saúde, Ciência – Manguinhos.* Rio de Janeiro: ene-mar, v. 1, n° 19, 2012.

---. Elementos para uma discussão metodológica dos relatos de viagem como fonte para o historiador. In: JUNQUEIRA, Mary Anne y FRANCO, Stella Maris Scatena (Org.) *Cadernos de Seminários de Pesquisa* (v. II). São Paulo: USP-FFLCH-Editora Humanitas, v. 1, 2011. Disponible en: http://historia.fflch.usp.br/sites/historia.fflch.usp.br/files/CSP2.pdf. Acceso el 18/08/2020.

JUNQUEIRA, Mary Anne. Ciência, técnica e as expedições da marinha de guerra norte-americana, U.S. Navy, em direção à América Latina. *Varia História.* Belo Horizonte: v. 23, 2007

KANTOR, Iris. Mapas para um novo império: cultura cartográfica na época da transferência da Corte. In: COUTO, Jorge. (Org.). *Rio de Janeiro, Capital do Império Português 1808-1821.* Lisboa: Tribuna/Fundação Calouste Gulbenkian, 2010, v.

KAPLAN, Amy. "Left Alone with America": The absence of empire in the study of American culture. In: KAPLAN, Amy; PEASE, Donald (Org.). *Cultures of United States imperialism.* Durham: Duke University Press, 1993.

KECK, Margareth y SIKKINK, Kathryn. *Activists beyond borders. Advocacy networks in international politics.* Ithaca: Cornell University, 1998.

KEYSSAR, Alexander. *The right to vote. The contested History of democracy in the United States.* New York: Basic Books, 2000.

KURY, Lorelai. *Comissão Científica do Império.* Rio de Janeiro: Andrea Jakobson Estúdio, 2009.

LA CONDAMINE, Charles-Marie. *Viagem pelo Amazonas 1735-1745.* (selección de textos, introducción y notas de Hélène Minguet). São Paulo: Nova Fronteira/Edusp, 1992.

LEEMAN, William. *The long road to Annapolis. The founding of the Naval Academy and the emerging American Republic.* Chapel Hill: The University of North Carolina Press, 2010.

LEITE, Miriam Lifchitz Moreiro. *Livros de viagem (1803-1900).* Rio de Janeiro: Editora UFRJ, 1997.

LEON, Arnoldo. *They called them greasers. Anglo attitudes toward Mexicans in Texas, 1821-1900.* Austin: University of Texas Press, 1983.

LINEBAUGH, Peter; REDIKER, Marcus. The many-headed hydra: sailors, sçaves, commoners, and the hidden History of the revolutionary Atlantic. Boston: Beacon Press, 2013.

LISBOA, Karen Macknow. *A Nova Atlântida ou o gabinete naturalista dos douto*res *Spix e Martius: natureza e civilização na viagem pelo Brasil (1817-1820).* São Paulo: Hucitec, 1997.

MAIER, Bernhard. The Celts of Iberia. In: *The celts. A history from earliest times to the present.* Notre Dame/Indiana: University of Notre Dame Press, 2003.

MANNING, Thomas. *U. S. Coast Survey vs. Naval Hydrographic Office. A 19$^{th}$-Century rivalry in science and politics.* Tuscaloosa/London: The University of Alabama Press, 1988.

MARTINS, Luciana de Lima. *O Rio de Janeiro dos viajantes. O olhar britânico.* Rio de Janeiro: Zahar, 2001.

MCNALLY, William. *Evils and abuses in the naval and Merchant service, exposed with proposal for their remedy and redress.* Boston: Cassady and March, 1839.

MEINING, Donald. W. Annexation and conquest: Texas and the Hispanic borderlands. *The Shaping of América. A Geographical Perspective on 500 Years of History. Continental America, 1800-1867.* New Haven/London: Yale University Press, 1986 (vol 2).

MELVILLE, Herman. *Moby Dick.* New York: W. W. Norton, 2018.

MELVILLE, Herman. *Typee: a peep at Plynesian life, during a four months residence in a valley of Marquesas.* New York: Wiley and Putnam, 1847.

MELLO, Leonel Itaussu Almeida. *Quem tem medo da Geopolítica?* São Paulo: EDUSP/Hucitec, 1998.

MILLS, Sara. *Discourses of difference.* An analyses of women's travel writing and colonialism. London, New York: Routledge, 1991.

NAXARA, Maria Regina Capelari. *Cientificismo e sensibilidade romântica. Em busca de um sentido explicativo para o Brasil no século XIX*. Brasília: Ed. UNB, 2004.

O'BRIAN, Patrick K. Trade, economy state and empire. In: MARSHALL, Peter James (Org.) *The Oxford History of the British Empire. The eighteenth century*. Oxford: Oxford University Press, 2001.

PAULINO, Carla Viviane. *O "Império do atraso": etnologia, política e religião nas impressões sobre o Brasil elaboradas pelo viajante norte-americano Thomas Ewbank (1846-1856)*. São Paulo: Alameda, 2014.

PASSETTI, Gabriel. *O mundo interligado: poder, guerra e território nas lutas na Argentina e na Nova Zelândia (1826-1885)*. São Paulo: (Tesis de Doctorado) FFLCH-Departamento de Historia. USP, 2010.

PATTERSON, Thomas C. *A social History of Anthropology in the United States*. New York: Berg Publishers, 2001.

PELLEGRINO, Gabriela. *Semear horizontes. Uma história da formação de leitores na Argentina e no Brasil 1915-1954*. Belo Horizonte: UFMG, 2007.

PENHOS, Marta. De la exactitude Del conoscimento. Malaspina em la Patagônia (1789). In: SALVATORE, Ricardo. *Los lugares del saber. Contextos locales y redes transnacionales en la formación del conocimiento moderno*. Rosario: Beatriz Viterbo, 2007.

PHILBRICK, Nathaniel. *In the heart of the sea. The tragedy of the whaleship Essex*. New York: Penguin Books, 2015.

PHILBRICK, Nathaniel. *Sea of glory. America`s voyage of discovery. The U. S. Exploring Expedition, 1838-1842*. Nova York, Penguim Books, 2003.

PHILBRICK, Nathaniel. Prefácio y Parte I. In: *Mar de glória. Viagem americana de descobrimento*. São Paulo: Companhia das Letras, 2003.

PINTO, Julio Pimentel. A Leitura e seus Lugares. Estação Liberdade, 2004.

POE, Edgard Allan. *Narración de Arthur Gordon Pym*. Buenos Aires: Libros del zorro rojo, 2015.

POLO, Marco. *El libro de las maravillas*. Madrid: Ediciones Generales Anaya, 1983. Disponible en pdf: https://nobispacem.com/sites/default/files/documents/el_libro_de_las_maravillas_marco_polo.pdf Accesado el 28/09/20.

POWELL, Thomas George Eyre. *The celts*. New York: Frederick A. Praeger, 1958.

PRADO, Maria Ligia Coelho. Diálogos entre o Velho e o Novo Mundo: Robinson Crusoe e Sexta-Feira. *História Revista*, Universidad Federal de Goiás, v.15, n.1, jan./jun. 2010.

PRADO, Maria Ligia C. "O Brasil e a distante América do Sul". Revista de História (USP), São Paulo, v. 145, 2001.

PRATT, Joseph Hyde. "American Prime Meridians". *Geographical Review*, New York: American Geographical Society, v. 32, n. 2, apr,1942.

PRATT, Mary Louise. Ciencia, conciencia planetaria, interiores. In: PRATT, Mary Louise. *Ojos imperiales. Literatura de viajes y transculturación*. México: Fondo de Cultura Económica, 2010.

PRATT, Mary Louise. *Os olhos do império. Relatos de viagens e transculturação*. São Paulo: Edusc, 1992.

PRATT, Mary Louise. *Os olhos do império. Relatos de viagem e transculturação.* Bauru: Edusc, 1999 y ORTIZ, Fernando. *Contrapunteo cubano del tabaco y el azúcar.* Barcelona: Ariel, 1973.

RANKIN, David. *Celts and the classical world.* New York: London/ New York: Routledge, 1999.

REDIKER, Marcus. *Between the devil and the deep blue sea. Merchant seamen, pirates, and the Anglo-American maritime world 1700-1750.* New York: Cambridge University Press, 1990.

*Revista Brasileira de História (Dossiê Viagens e Viajantes).* São Paulo: v.22, n. 44, 2002.

*Revista da USP (Dossiê Brasil dos Viajantes).* São Paulo: n. 30, 1996.

REYNOLDS, Susan. "What do we mean by 'Anglo-saxon' and 'Anglo-saxons"? Journal of British Studies. v. 24, n. 4, Oct, 1985.

REYNOLDS, William. *Journal U. S. ships Vincennes & Peacock 1838-1842* (manuscrito transcripto por Thomas Philbrick).

REYNOLDS, William. *The private journal of William Reynolds. United States Exploring Expedition, 1838-1842.* New York: Penguin classics, 2004.

RIEZNIK, Marina. El bureau des longitudes y la fundación del observatorio de La Plata en la Argentina (1882-1890). *História, Ciências, Saúde – Manguinhos.* Rio de Janeiro: v. 17, n. 13, jul-set, 2010.

RODRIGUES, Jaime. Saúde e artes de curar. In: *De costa a costa. Escravos, marinheiros e intermediários do tráfico negreiro de Angola ao Rio de Janeiro (1780-1860).* São Paulo: Companhia das Letras, 2005.

ROSSI, Paolo. *A ciência e a filosofia dos modernos*. São Paulo: Ed. UNESP, 1989.

ROYLE, Stephen. Company, Crown and colony: The Hudson's Bay Company and territorial endeavor in Western Canada. Londres: I. B. Taurus, 2011.

SAFIER, Neil. *Measuring the New World*. Chicago: University of Chicago Press, 2008.

SAID, Edward. *Orientalism*. New York: Pantheon Books, 1978.

SALVATORE, Ricardo D. Introducción y los lugares del saber. In: *Los lugares del saber. Contextos locales y redes transnacionales en la formación del conocimiento moderno*. Rosario: Beatriz Viterbo Editora, 2007.

SAN PIO, Maria Pilar de. *Expediciones españolas del siglo XVII. El paso del noroeste*. Madrid: Mapfre, 1992.

SAUNT, Claudio. *Unworthy Republic. The dispossession of Native Americans and the road to Indian territory*. New York: W.W. Norton & Company, 2020.

SELA, Eneida Maria Mercadante. A taxonomia das nações. In: *Modos de ser, Modos de ver*. Campinas: Unicamp, 2008.

SOBEL, Dava. *Longitude. The true story of alone genius who solved the greatest scientific problem of his time*. New York: Walker Publishing Company, 1995.

SPRAGUE, Roberta A. *The Wilkes expedition. Framework for American expansionism: The United States Exploring Expedition*. Lincoln: University of Nebraska Press, 2001.

SPROUT, Harold, SPROUT, Margaret H. *The rise of American naval power*, Annapolis: Naval Institute Press, 1990.

STANTON, William. *American scientific exploration 1803-1842*. Washington: Smithsonian Institution Press, 1985.

STANTON, William. *The Leopard's spots. Scientific attitudes toward race in America 1815-59*. Chicago: The University of Chicago Press, 1982.

STANTON, William Ragan. Republican longitude. In: *The great United States Exploring Expedition of 1838-1842*. Berkeley: University of California Press, 1975.

STANTON, William. *The leopard's spots. Scientific Attitudes toward race in America 1815-1859*. Chicago: University of Chicago Press, 1960.

STOCKING Jr., George W. Anglo-saxonism, polygenism, and physical Anthropology. *Victorian Anthropology*. New York/Oxford: The Free Press, 1987.

SUÁREZ, María Fernanda Valencia. *Los aztecas y la conquista de México en las ambiciones inglesas, 1519-1713*. México: UNAM, 2018.

SUSSEKIND, Flora. *O Brasil não é longe daqui. O narrador a viagem*. São Paulo: Companhia das Letras, 2000.

THOREAU, Henry D. *Walden ou a vida nos bosques*. São Paulo: Aquariana, 2001.

TORRÃO FILHO, Amilcar. *A arquitetura da alteridade. A cidade luso-brasileira na literatura de viagem (1783-1845)*. São Paulo: Hucitec, 2010.

VÁSQUEZ, Josefina Zoraida. Las décadas más difíciles. In: *México frente a Estados Unidos (Un ensayo histórico 1776-1988)*. México: Fondo de Cultura Económica, 1992.

VILARDAGA, José Carlos. *Lastros de viagem. Expectativas, projeções e descobertas portuguesas no Índico (1498-1554)*. São Paulo: Annablume, 2010.

VINKOVETSKY, Ilya. Circumnavigation, empire, modernity, race: The impact of round-the-world voyages on Russia's imperial consciousness. In: *AB Imperio*. 1-2, 2001. Disponible en: https://muse-jhu-edu.ez67.periodicos.capes.gov.br/article/538367/pdf Último acceso: 04/08/2020.

VIOLA, Herman J. The story of the U. S. Exploring Expedition. In: VIOLA, Herman J.; MARGOLIS, Carolyn (Orgs). *Magnificent voyagers. The U. S. Exploring ExpediTion, 1838-1842*. Washington: Smithsonian Institution Press, 1985.

VIOLA, Herman y MARGOLIS, Carolyn (Ed.) *Magnificent voyagers. The U. S. Exploring Expedition, 1838-1842*. Washington: Smithsonian Institution, 1985.

WATSON Jr. Ritchie Devon. *Normans and Saxons: Southern race mythology and the intellectual History*. Baton Rouge.LA: LSU Press, 2008.

WEINSTEIN, Barbara. História sem causa? A nova História cultural, a grande narrativa e o dilema do pós-colonial. *História*. Franca: UNESP, vol. 2, 2003.

WILFORD, John Noble. *The mapmakers*. New York: Vintage Books, 2000.

WILKES, Charles. *Autobiography of Rear Admiral Charles Wilkes. U.S. Navy 1798-1877, Washington*: Naval History Division, 1978.

WILKES, Charles. *Narrative of the United States Exploring Expedition, 1838-1842*, Philadelphia: Lea & Blanchard, 1845 (5 v.)

WILKES, Charles. *Narrative of the United States Exploring Expedition 1838-1842*. Philadelphia: Blanchard, 1845b.

WILKES, Charles. *Narrative of the United States Exploring Expedition 1838-1842*. Philadelphia: C. Sherman, 1844.

WILKES, Charles. South American Cruise in the Franklin 1821-1822. In: op. cit., Washington, D.C.: Naval History Division.

WILKES, Charles. *Autobiography of Rear Admiral Charles Wilkes. U.S. Navy 1798-1877, Washington*, D.C.: Naval History Division.

WILLIAMS, Glyndwr. The Pacific: exploration and exploitation. In: MARSHALL, Peter James.

WILLIAMS, Patrick; CHRISMAN, Laura. Introduction. In: *Colonial discourse and post-colonial theory. A reader.* New York: Columbia University Press, 1994

WILSON, Derek. *The circumnavigators. The pioneer voyagers who set off around the globe.* London: Robinson, 2003

YOUNGS, Tim; HOPPER, Glenn. *Perspectives on travel writing.* London: Ashgate, 2004.

YOUNGS, Tim, HULME, Peter. *The Cambridge companion to travel writing.* Cambridge,UK: Cambridge University Press, 2002;

ZIFF, Larzer. *Return passages: Great American travel writing. 1780-1910.* New Haven: Yale University Press, 2000

# LISTA DE IMÁGENES

1. Capitán Charles Wilkes.
2. Los seis veleros de la expedición, anclados en Orange Harbour, Tierra del Fuego.
3. Primer anclaje de la expedición en el Atlántico, Madera (Estroza Pass), por Joseph Drayton.
4. Ejemplo de mapeo por triangulación.
5. Ejemplo de mapeo a través del método de triangulación de las Islas Fiyi.
6. Modelo usado por John Cleves Symmes (*hollow earth theory*).
7. El velero *Vincennes* en *Disappointment Bay*, Antártida.
8. El velero Peacock en contacto con el hielo, por Alfred Agate.
9. Mapa de dirección de los vientos.
10. Aves de las Islas Tuamotu.
11. Papagayos de las Islas Fiyi.
12. Ejemplo de clasificación de especies encontradas en América del Sur.
13. Placas dibujadas por Joseph Drayton.
14. Zoofitos.
15. Primera página del volumen científico n° 15 del informe de viaje publicado en 1854, firmado por el botánico Asa Gray, quien no participó directamente en la expedición.
16. Primera página del libro de Charles Pickering. The races of man: and their geographical distribution, publicado en 1848. Volumen IX del informe de viaje.
17. Asa Gray; James D. Dana; Charles Pickering.
18. Vista del cráter del volcán Kilauea, Mauna Loa, Hawái.
19. Ficus o Banyan Tree Opulu, Hawái.
20. Tabla señalando el número de navíos estadounidenses que hicieron escala en Río de Janeiro entre 1838 y 1841.
21. Exportaciones de los principales productos de Brasil.
22. Población de Brasil.
23. Tabla con datos meteorológicos de la región de Río de Janeiro.

24. Primera página de la primera edición de 1844 v3, editado por C. Sherman.
25. Segunda página de la primera edición de 1844 v3, editado por C. Sherman.
26. Segunda reimpresión de la narrativa de viaje publicada en 1845, por Lea & Blanchard.
27. Vista del Corcovado desde la Bahía de Botafogo.
28. Los seis veleros de la expedición anclados en *Orange Harbour*.
29. Choza fueguina.
30. Nativo de Tierra del Fuego.
31. Portal de la ciudad de Lima.
32. Baños, Perú, por Alfred Agate.
33. Mapeo del río Columbia por el método de triangulación.
34. El naufragio del Peacock, por Alfred Agate.
35. Bosque de pinos en Oregón.
36. Astoria, puesto estadounidense en la región del Río Columbia.
37. Fuerte Vancouver, de la Hudson Bay Company, en las cercanías del Río Columbia.
38. Ramsey y George, indígenas Flathead que condujeron a los hombres de la expedición por el río Columbia para realizar el relevamiento topográfico.
39. Pesca de salmón en las cataratas del río Willamette, por Joseph Drayton.
40. Mapa de California.
41. Indígenas jugando en Sacramento, California.
42. Imagen de Charles Erskine publicada en Twenty Years Before the Mast.
43. Marinero descalzo, Alfred T. Agate (1840).
44. William Reynolds.
45. Uniformes de la U.S. Navy (1830-1841). De izquierda a derecha: Midshipmen (Guardiamarina), Boatswain´s Mate (Ayudante de

Contramaestre), Purser (Oficial encargado de las finanzas), Lieutenant (Teniente Capitán), Captain (Capitán) y Boatswain (Contramaestre).

46. Dos marineros trabajando en la cubierta (Alfred T. Agate).

# LISTA DE MAPAS

## A toda vela

1. Ruta seguida por la U. S. Exploring Expedition (1838-1842).
2. Ruta seguida por la U. S. Exploring Expedition en la Antártida.
3. Oregón y California.
4. Senderos terrestres hacia California y Oregón.

Otras publicaciones de Argus-*a*:

Lyu Xiaoxiao
*La fraseología de la alimentación y gastronomía en español.*
*Léxico y contenido metafórico*

Gustavo Geirola
*Grotowski soy yo.*
*Una lectura para la praxis teatral en tiempos de catástrofe*

Alicia Montes y María Cristina Ares, comps.
*Cuerpo y violencia. De la inermidad a la heterotopía*

Gustavo Geirola, comp.
*Elocuencia del cuerpo.*
*Ensayos en homenaje a Isabel Sarli*

Lola Proaño Gómez
*Poética, Política y Ruptura.*
*La Revolución Argentina (1966-73): experimento frustrado*
*De imposición liberal y "normalización" de la economía*

Marcelo Donato
*El telón de Picasso*

Víctor Díaz Esteves y Rodolfo Hlousek Astudillo
*Semblanzas y discursos de agrupaciones culturales*
*con bases territoriales en La Araucanía*

Sandra Gasparini
*Las horas nocturnas.*
*Diez lecturas sobre terror, fantástico y ciencia*

Mario A. Rojas, editor
*Joaquín Murrieta de Brígido Caro.*
*Un drama inédito del legendario bandido*

# Mary Anne Junqueira

Alicia Poderti
*Casiopea. Vivir en las redes. Ingeniería lingüística y ciber-espacio*

Gustavo Geirola
*Sueño Improvisación. Teatro.*
*Ensayos sobre la praxis teatral*

Jorge Rosas Godoy y Edith Cerda Osses
*Condición posthistórica o Manifestación poliexpresiva.*
*Una perturbación sensible*

Alicia Montes y María Cristina Ares
*Política y estética de los cuerpos.*
*Distribución de lo sensible en la literatura y las artes visuales*

Karina Mauro (Compiladora)
*Artes y producción de conocimiento.*
*Experiencias de integración de las artes en la universidad*

Jorge Poveda
*La parergonalidad en el teatro.*
*Deconstrucción del arte de la escena*
*como coeficiente de sus múltiples encuadramientos*

Gustavo Geirola
*El espacio regional del mundo de Hugo Foguet*

Domingo Adame y Nicolás Núñez
*Transteatro: Entre, a través y más allá del Teatro*

Yaima Redonet Sánchez
*Un día en el solar, expresión de la cubanidad de Alberto Alonso*

Gustavo Geirola
*Dramaturgia de frontera/Dramaturgias del crimen.*
*A propósito de los teatristas del norte de México*

Virgen Gutiérrez
*Mujeres de entre mares. Entrevistas*

# A toda vela

Ileana Baeza Lope
*Sara García: ícono cinematográfico nacional mexicano, abuela y lesbiana*

Gustavo Geirola
*Teatralidad y experiencia política en América Latina (1957-1977)*

Domingo Adame
*Más allá de la gesticulación. Ensayos sobre teatro y cultura en México*

Alicia Montes y María Cristina Ares (compiladoras)
*Cuerpos presentes. Figuraciones de la muerte, la enfermedad, la anomalía y el sacrificio.*

Lola Proaño Gómez y Lorena Verzero / Compiladoras y editoras
*Perspectivas políticas de la escena latinoamericana. Diálogos en tiempo presente*

Gustavo Geirola
*Praxis teatral. Saberes y enseñanza. Reflexiones a partir del teatro argentino reciente*

Alicia Montes
*De los cuerpos travestis a los cuerpos zombis. La carne como figura de la historia*

Lola Proaño - Gustavo Geirola
*¡Todo a Pulmón! Entrevistas a diez teatristas argentinos*

Germán Pitta Bonilla
*La nación y sus narrativas corporales. Fluctuaciones del cuerpo femenino en la novela sentimental uruguaya del siglo XIX (1880-1907)*

Robert Simon
*To A Nação, with Love: The Politics of Language through Angolan Poetry*

Jorge Rosas Godoy
*Poliexpresión o la des-integración de las formas en/desde* La nueva novela *de Juan Luis Martínez*

# Mary Anne Junqueira

María Elena Elmiger
*DUELO: Íntimo. Privado. Público*

María Fernández-Lamarque
*Espacios posmodernos en la literature latinoamericana contemporánea: Distopías y heterotopíaa*

Gabriela Abad
*Escena y escenarios en la transferencia*

Carlos María Alsina
*De Stanislavski a Brecht: las acciones físicas. Teoría y práctica de procedimientos actorales de construcción teatral*

Áqis Núcleo de Pesquisas Sobre Processos de Criação Artística
Florianópolis
*Falas sobre o coletivo. Entrevistas sobre teatro de grupo*

Áqis Núcleo de Pesquisas Sobre Processos de Criação Artística
Florianópolis
*Teatro e experiências do real (Quatro Estudos)*

Gustavo Geirola
*El oriente deseado. Aproximación lacaniana a Rubén Darío.*

Gustavo Geirola
*Arte y oficio del director teatral en América Latina. Tomo I México - Perú*

Gustavo Geirola
*Arte y oficio del director teatral en América Latina. Tomo II. Argentina – Chile – Paraguay – Uruguay*

Gustavo Geirola
*Arte y oficio del director teatral en América Latina. Tomo III Colombia y Venezuela*

## A toda vela

Gustavo Geirola
*Arte y oficio del director teatral en América Latina. Tomo IV Bolivia - Brasil - Ecuador*

Gustavo Geirola
*Arte y oficio del director teatral en América Latina. Tomo V. Centroamérica – Estados Unidos*

Gustavo Geirola
*Arte y oficio del director teatral en América Latina. Tomo VI Cuba- Puerto Rico - República Dominicana*

Gustavo Geirola
*Ensayo teatral, actuación y puesta en escena. Notas introductorias sobre psicoanálisis y praxis teatral en Stanislavski*

# Mary Anne Junqueira

**Argus-*a***
*Artes y Humanidades / Arts and Humanities*
Los Ángeles – Buenos Aires
2021

www.ingramcontent.com/pod-product-compliance

Lightning Source LLC
Chambersburg PA
CBHW050135240426
43673CB00043B/1682